21世纪普通高等教育规划教材

管理学

MANAGEMENT SCIENCE

主　编◎ 陈万金　周景浦

副主编◎ 张永力　李　辉

暨南大學出版社
JINAN UNIVERSITY PRESS

中国·广州

图书在版编目（CIP）数据

管理学／陈万金，周景浦主编；张永力，李辉副主编．—广州：暨南大学出版社，2011.6

（21 世纪普通高等教育规划教材）

ISBN 978-7-81135-805-6

Ⅰ．①管…　Ⅱ．①陈…②周…③张…④李…　Ⅲ．①管理学　Ⅳ．①C93

中国版本图书馆 CIP 数据核字（2011）第 064656 号

出版发行：暨南大学出版社

地　址：中国广州暨南大学
电　话：总编室（8620）85221601
营销部（8620）85225284　85228291　85228292（邮购）
传　真：（8620）85221583（办公室）　85223774（营销部）
邮　编：510630
网　址：http：//www. jnupress. com　http：//press. jnu. edu. cn

排　版：暨南大学出版社照排中心
印　刷：湛江日报社印刷厂

开　本：787mm×1092mm　1/16
印　张：15.25
字　数：370 千
版　次：2011 年 6 月第 1 版
印　次：2011 年 6 月第 1 次
印　数：1—3000 册

定　价：32.00 元

前　言

管理学是研究管理活动的基本规律和方法的科学。它是一门科学性与艺术性有机结合的、实用性很强的学科，是管理类及相关专业的重要专业基础课程之一。管理学作为管理学科体系中的基础学科，其主要任务就是研究管理活动的共性，总结和提炼管理工作的一般规律，使读者能正确地运用这些理论和方法。

目前，我国正处于市场经济建设的重要时期，要搞好市场经济建设，管理活动是不可或缺的。另外，管理学是近百年来发展最为迅速的学科之一，特别是社会主义市场经济条件下具有中国特色的管理学，它的许多特性和规律，还需要不断地去发掘和探讨。

本书编者在参考了国内外最新出版的各种管理学著作和参考资料的基础上，根据我国管理学的发展及要求，结合自身教学及科研的实践经验和体会编写了本教材。本书面向各种不同背景的管理学初学者。为使本书成为一本实用易懂的入门教材，我们在编写过程中努力以描述性的语言，由浅入深、循序渐进地介绍管理工作的实质、过程以及各项职能活动开展的原理和方法。在内容安排上，力争做到体系完整而又突出重点，并注重案例分析与点评，通过对反映现实管理工作情形的模拟试题进行思考，使一些重要的理论知识能在读书学习、做题思考和联系实际的过程中，在读者心中留下更深刻的印象。

全书共分八章，主要内容是：

第一章　管理与管理学

第二章　管理与管理者

第三章　管理与组织

第四章　管理与被管理者

第五章　管理与管理过程

第六章　管理与战略

第七章　管理与文化

第八章　成功组织构建

本书是在博采众长的基础上，为高校大管理类及相关专业学生量身定做的教材，在内容和形式上都有所创新，具有如下突出的特点：

一是既注重普及基本管理理论，又强调现代管理理论的新发展，特别引进了国外的先进管理理论。

二是体例新颖。每一章开篇，先给出本章知识结构图，以给读者提供主要的内容框架和学习思路，使读者学习起来更加轻松有效。

三是根据管理学的课程特点和学生的认知水平，加大课堂和课外实践的力度。每章后面提供大量的经典案例及分析与评述，以灵活、启发的方式点拨学生进行全方位的思考，以巩固所学的理论知识，从而培养学生发现问题、分析问题和解决问题的能力。

本书在编写过程中参考和借鉴了很多国内外的资料。为了便于教学，我们对引用的一些资料作了相应的修改和整合，在此向有关作者和出版社深表谢意！

参与本书编写的人员有马中磊、原霞、柏琳、高蓓、杨小溪、董婋 、陈万金、陈征澳、周景浦、王玲、任宏声、司勇、马焕灵、李辉、张永力、孟庆荣。本书由马焕灵、孟庆荣策划设计，由孟庆荣统稿。

现代管理的理论与方法，当前仍在不断研究与拓展当中，虽然我们为编写《管理学》一书付出了艰辛的努力，但由于水平有限，难免出现疏漏和错误，恳请读者批评指正，并将意见和建议及时反馈给我们，以便修订时完善。

陈万金

2011 年 4 月

目　录

第五章 管理与管理过程

第六章 管理与战略

第七章 管理与文化

第八章 成功组织构建

第一章

管理与管理学

知识结构图

- 管理与管理学
  - 管理概述
    - 管理的含义
    - 管理的性质
    - 管理的职能
  - 管理学概述
    - 管理学的含义
    - 管理学的研究对象
    - 管理学的特性
    - 管理学的研究方法
  - 管理理论的形成与发展
    - 古典管理理论
    - 行为科学理论
    - 现代管理理论
    - 现代管理理论的新进展
  - 管理和管理学的发展趋势
    - 管理的发展趋势
    - 管理学的发展趋势

学习目标

（1）了解管理的内涵和特性、管理的职能、管理学的研究内容与特征、现代管理理论。

（2）理解管理的二重性、管理学的含义及研究内容、掌握古典管理理论、霍桑实验的主要内容。

（3）掌握管理、管理学、管理者的概念以及管理学的研究方法。

第一节 管理概述

管理起源于人类的共同劳动。只有通过管理，人类的生产、生活和其他活动才能有目的、有秩序地进行。管理作为人类一种最基本的活动，广泛存在于现实生活中。管理学总结了人类的管理经验，对管理活动的过程及其规律进行了系统研究，是一门实践性非常强的应用型学科。学习、研究和应用管理理论对提高管理水平和管理效率具有重要的指导意义。

一、管理的含义

古今中外，管理无处不在。自从有了人类的共同劳动，就有了管理，它是人类生活中最基本、最重要的活动之一。综观人类社会的历史我们不难发现，小到家庭大到国家都需要管理，管理渗透在政治、经济、社会、军事、科技、文化和生活的方方面面。

“管理”这个词，在不同的国家有不同的含义。从字面意义上看，管理有管辖、处理、管人、理事等含义，然而，要给管理下一个简洁确切的定义却并非易事。关于管理的概念，不同的学者从不同的角度进行了表述，都从某一侧面反映了管理的内涵，比较有代表性的观点有以下几种：

科学管理理论创始人弗雷德里克·泰勒认为：管理就是“确切知道你要别人去干什么，然后设法使他们用最好的方法去完成它”。

法国管理学家亨利·法约尔认为：“管理，就是实行计划、组织、指挥、协调和控制”等职能。

美国管理学家赫伯特·西蒙认为：决策贯穿管理的全过程，“管理就是决策”。

哈罗德·孔茨则认为：“管理就是设计和保持一种良好的环境，使人在群体里高效率地完成既定目标。”

管理学家罗宾斯则认为：“管理是指同别人一起或通过别人使活动更有效地完成的过程。”

我国学者周三多认为：管理是“为了完成组织的共同目标而从事的对人、财、物等资源的协调活动”。

学者乐笑声认为：“管理是一种兼具科学性、艺术性的社会活动，其活动形式主要表现为决策、计划、组织、控制而达到既定目标的过程。”

以上各个学者的观点，从不同的侧面不同程度地揭示了管理含义的本质，对于全面理解管理的含义具有一定的借鉴意义和参考价值。据此，我们把管理的含义概括为：管理就是在特定环境下，管理者依据一定的权力，通过计划、组织、领导和控制等职能，对组织拥有的资源进行有效配置、协调或处理，以实现组织目标的活动。这一定义包含以下四层含义：

（1）管理的目标。管理的目的是实现组织目标。管理作为组织的一种有目的的活动，必须为有效实现组织目标服务，这是管理的出发点和归宿。管理活动的效果主要取决于组织目标的实现程度。离开组织目标的实现，管理就变得毫无意义。

（2）管理的对象。管理的实质是对组织拥有的各项资源进行协调和整合。一般组织拥有的资源包括人、财、物、信息、技术、时间、社会关系等。那么，管理的对象就是人力、物力、财力、信息、技术、时间等要素和各要素间的相互关系。

（3）管理的活动。组织的管理活动最终都是要通过计划、组织、领导和控制等一系列管理职能来进行的，它们是管理工作最基本的手段和方法，也是管理活动区别于一般活动的主要标志，它们构成了管理活动的基本过程，体现了管理的基本职能。

（4）管理的环境。管理活动是在一定的环境中进行的，环境给管理创造了一定的条件和机会，同时管理也受到环境的制约。管理活动能否适应内外环境的不断变化，能否审时度势、趋利避害、因势利导，是决定管理成败的重要因素。

二、管理的性质

管理作为一种普遍的社会活动，起源于社会成员劳动的集体性以及社会成员在劳动和社会生活过程中相互交往的必要性。作为一种特殊的实践活动，管理具有自己独特的性质。

（一）管理的二重性

马克思指出：“一切规模较大的直接社会劳动或者共同劳动都或多或少地需要指挥，以协调个人的活动，并执行生产总体的运动。”“凡是直接生产过程具有社会结合的过程形态，而不是表现为独立生产者的独立劳动的地方，都必然会产生监督劳动和指挥劳动，不过它具有二重性。”这就是说，管理是由人们的共同劳动引起的，是对人们共同劳动的协调指挥和监督控制。通过协调指挥表现出来的是自然属性，通过监督控制表现出来的是社会属性。

1. 自然属性

管理活动的产生具有客观必然性，是由分工协作的共同劳动引起的，是社会劳动过程的普遍形态，为一切社会化大生产所共有，由此形成了管理的自然属性。它是管理所具有的组织、指挥与协调生产的特性，反映了社会劳动过程的一般要求。在对组织资源进行组合、协调和利用的过程中，也存在着许多客观的、不因社会制度和社会文化的不同而变化的规律。管理活动必须遵循这些规律，利用与规律相适应的管理手段和方法，才能保证管理活动的有效进行。这种只与生产力、社会化大生产相联系的属性，就是管理的自然属性。

2. 社会属性

任何管理都是在一定的社会制度下进行的，都要反映一定的生产关系，体现生产资料所有者的意志和利益。同时，管理活动也要受到生产关系的制约和社会文化的影响。不同的生产关系、社会文化都会使管理思想、管理目的和管理方法表现出一定的差异性，从而使管理具有特殊的个性，这就是管理的社会属性，即管理同生产关系、社会制度相联系的属性。

理解管理的二重性，对于指导我们的管理实践和进一步发展管理理论具有十分重要的意义。管理的二重性表明，先进的管理理论、技术和方法是人们长期从事管理活动的产物，它同生产力的发展一样，具有连续性，是不分国界的，可以为我所用。但是，我们在学习他国的先进理论、方法和经验时，必须考虑这些管理理念和经验的社会制约性，切忌生搬硬套。

（二）管理的科学性和艺术性

1. 管理的科学性

管理的科学性，就是指它以反映客观规律的管理理论和方法为指导，有一套分析问题、解决问题的科学的方法论。管理作为一个活动过程，其间存在着一系列基本的客观规律。这些规律是大量的学者和实业家在长期的管理实践活动中总结出的反映管理活动过程客观规律的理论和一般方法。人们利用这些理论和方法来指导自己的管理实践，并通过管理活动的结果来衡量这些理论和方法是否正确，是否行之有效，从而使管理的科学理论和方法在实践中得到进一步的验证、丰富和完善。因此，管理具有科学性。然而，由于管理科学的发展历史相对较短，而且管理工作所处的环境和要处理的事物常常是复杂多变的，所以管理又是需要不断精确化的科学。不过，随着数学、运筹学、电子计算机和网络技术在管理中的不断应用，管理工作将更加趋于科学化和精确化。

2. 管理的艺术性

管理的艺术性，就是指能够熟练地应用管理理论知识和方法，并通过一定的技巧达到某种效果。管理的艺术性强调了管理的实践性，没有管理实践则无所谓管理艺术。然而，管理科学的不确定性，使它并不能为管理者提供一切问题的标准答案，也就是说，仅凭书本上的管理理论、管理原则和原理进行管理活动是不能保证成功的。管理人员必须在管理实践中，发挥积极性、主动性和创造性，以管理的普遍知识和基本方法为基础，灵活地与具体管理活动相结合，对具体情况作具体分析，才能有效地解决问题，实施有效的管理。20 世纪 70 年代的权变理论管理思想，就充分体现了管理工作的艺术性特点。

管理是科学与艺术的统一，二者是相互补充的。太注重或者不注重任何一方，都会导致管理工作的教条化、僵硬化或者随意化。所以要求管理者既要学习和掌握管理的理论知识和方法，又要发挥自己的积极性、主动性和创造性。只有这两方面有机结合，相互统一，才能有效地进行管理。

三、管理的职能

日常生活中，存在着各种各样的管理现象，尽管这些组织的目标不同，管理的要求也不同，但不同的管理过程中的关键性步骤之间仍然存在着某种相似之处，有共同规律可循。在管理学中，把管理过程中的主要要素或基本步骤程序或手段所产生的共性作用称为管理职能。也就是说，管理职能所讨论的是，为了有效实现组织目标，管理者在管理过程中应如何履行各项管理职能。

关于管理职能的划分和描述，不同的管理学者有不同的分类方法。20 世纪初期，法国工业家亨利·法约尔提出，管理具有计划、组织、指挥、协调和控制五大职能；20 世纪 30 年代时美国的卢瑟·古利克认为管理有计划、组织、人事、指挥、协调、报告和预算七大职能；到 20 世纪 50 年代中期，美国的两位教授哈罗德·孔茨和西里尔·奥唐奈采用计划、组织、人事、领导和控制五种职能作为管理学教科书的框架，他们合著的《管理学原理》一书成为当时销量最大的管理学教科书。时至今日，最普及的管理教科书仍按照管理职能来组织内容，不过一般将五种职能简化为四种基本职能：计划、组织、领导和控制。

（一）计划

计划就是对组织未来目标的分析、制定和调整以及为实现目标制定对策和行动步骤。计划的主要内容是确定目标。它首先要确定组织追求的目标，然后根据目标制定战略，编制为了实现这一目标需要采取的行动方案，同时派生出一系列子计划以协调行动，最后决定如何配置组织资源以实现上述目标。计划职能是全部管理职能中最基本的职能，也是管理各种职能中的首要职能。它是管理活动的出发点，它为管理过程规定方向，具有导向作用。计划职能能使组织对未来的变化作出积极的反应，使组织的其他活动都围绕组织的整体目标而展开，有利于提高组织各项活动的工作效率，有利于对组织各项工作的控制。

（二）组织

组织是指管理者以既定计划为依据，将各种组织资源按一定方式组成一个有机整体，使有限的资源得到合理配置的过程。为确保制订出来的计划能够顺利实现，组织活动要根据组织目标设计组织机构，规定各部门的职权和协作关系，合理地进行人员配置，还必须根据内外部环境的变化，不断对组织机构进行调整。具体来说，组织职能就是要明确组织要完成的任务是什么，谁去完成这些任务，这些任务应该怎样分类组合，谁向谁报告以及各种决策应在哪一级制定等。在组织活动中，组织结构设计一定要科学，因为组织职能主要是通过组织结构体现的，一定条件下的组织结构决定组织职能和活动的功能。组织职能活动是实施计划方案的依托，是实现管理目标的重要保证，是实现有效领导的重要前提。合理有效的组织对于实现有效管理，实现组织目标，满足组织成员的需求都有十分重要的意义和作用。

（三）领导

领导是指管理者利用组织所赋予的职权和自身拥有的权力去指挥、影响和激励组织成员为实现组织目标而努力工作的一门艺术性很强的管理活动。任何一个组织都离不开领导，否则就无法完成自己的目标和战略，科学的领导在管理职能中变得日益重要。领导是管理工作的重要职能，是管理活动的高级表现形式。领导还是一门艺术，它贯穿于整个管理活动之中，发挥着指挥、激励和协调的作用。领导的重要工作内容和需要掌握的重要技能是沟通、协调和激励。沟通是消除误解和隔阂、解决矛盾和冲突的有效途径；协调，可以使员工的思想和行动保持一致，增强组织的凝聚力；激励，可以激发和强化员工工作的动力，使员工努力工作。另外，在领导工作中应注意两个要点：一是努力搞好组织的工作；二是努力满足组织成员的个人需要。

（四）控制

控制是为了保证组织各部门各环节按既定的计划开展工作从而实现组织目标的管理活动，包括检查、监督、纠正偏差等一系列管理活动。由于管理环境和条件不断变化，管理活动可能会偏离计划和目标，出现各种偏差。为了保证事情按照既定的计划进行，管理者必须监控组织的绩效，必须将实际的表现与预先设定的目标进行比较。如果出现了任何显著的偏差，则要分析偏差产生后对业务活动的影响程度及偏差产生的具体原因，制定并实施纠正偏差的措施，以确保组织目标和计划的不断完善和有效实现。控制既是实现组织目标和计划的保证，也是修正组织发展目标和制订下一轮计划的基础和前提。

上述各项管理职能是带有普遍性的，所有管理人员不论在何岗位，处于哪一管理层次，都要执行这些基本管理职能，同时它们又相互关联、相互作用，共同为实现组织目标服务。其中，计划是管理的首要职能，是组织、领导和控制职能的依据；组织是承载计划、领导和控制实施的基本保障；领导是保证计划、组织和控制相互协调的力量源泉；控制是矫正计划、组织和领导偏差的基本保证。只有统一协调这四个方面的职能，使之形成相互关联、连续进行的管理活动整体过程，才能保证管理工作的顺利进行和组织目标的完满实现。

经典案例

信心与微笑

——希尔顿酒店集团的管理之道

希尔顿于1887年生于美国新墨西哥州，其父去世时，只给年轻的希尔顿留下了2 000美元遗产。希尔顿加上自己的3 000美元，只身去得克萨斯州买下了他的第一家旅馆。凭借着精准的眼光与良好的管理，很快希尔顿的资产就由5 000美元奇迹般地扩增到5 100万美元，他欣喜而又自豪地把这个好消息告诉了自己的母亲。可是，他的母亲却意味深长地对希尔顿说："照我看，你跟从前根本就没有什么两样，不同的只是你已把领带弄脏了一些而已。事实上你必须把握比5 100万美元更值钱的东西，除了对顾客诚实之外，还要想办法使每一个住进希尔顿旅馆的人住过了还想再来住，你要用一种简单、容易、不花本钱而又行之久远的办法去吸引顾客。这样你的旅馆才有前途!”

母亲的话让希尔顿猛然醒悟，自己的旅馆确实面临着这样的问题，那么如何才能用简单、容易、不花本钱且能行之久远的办法来吸引顾客呢？到底什么东西才比5 100万美元更值钱呢？

希尔顿想了又想，始终没有想到一个好的答案。于是，他每天都到商场和旅馆里参观，以一个顾客的身份来感受一切，他终于得到了答案：微笑服务。只有微笑才符合简单、容易、不花本钱且行之久远这四个要求，也只有微笑才能发挥如此大的影响力。

于是希尔顿订出了他经营旅馆的四大信条：微笑、信心、辛勤、眼光。他要求员工照此信条实践，他要求员工即使非常辛劳也必须对旅客保持微笑，就连他自己都随时保持微笑的姿态。

从1919年到1976年，希尔顿旅馆从1家扩展到70家，遍布世界五大洲的各大城市，成为全球最大规模的旅馆之一。即使在美国经济危机爆发的几年中，虽然有很多大旅馆倒闭，最后仅剩下20%的旅馆，但是在这样残酷的环境中，希尔顿旅馆的服务人员依然保持着微笑。因此，经济危机引起的大萧条一过去，希尔顿旅馆就率先进入了黄金时代，并将触角延伸到世界各地。希尔顿旅馆总公司的董事长，89岁高龄的希尔顿在这50多年里，不断到他分设在各国的希尔顿旅馆视察业务，他每天至少与一家希尔顿旅馆的服务人员接触，他向各级人员（从总经理到服务员）问得最多的一句话，必定是：“你今天对客人微笑了没有？”

57年来，希尔顿旅馆生意如此之好，财富增加得如此之快，其成功的秘诀之一就是服务人员的“微笑的影响力”。微笑，是一个人内心真诚的外露，它具有难以估量的社会价值，它可以创造难以估量的财富。正如卡耐基所说：“微笑，它不花费什么，但却创造了许多成果。它丰富了那些接受的人，而又不使给予的人变得贫瘠。它在一刹那间产生，却给人留下永恒的记忆。”

案例分析

希尔顿欣然接受母亲的建议，并到许多商场和旅馆实地考察，寻求行之久远的有效管理方法，反映了希尔顿管理的科学性；采取吸引顾客的策略，要求员工保持微笑为顾客服务，反映了希尔顿管理的艺术性。希尔顿的管理精髓是管理的科学性和艺术性的有机结合。

讨论题

1. 希尔顿管理的科学性、艺术性体现在哪些方面，希尔顿的管理精髓是什么？
2. 希尔顿式的管理是否也适合我国的企业？
3. 员工的“微笑”是与生俱来的还是后天养成的？

思考与练习

1. 什么是管理？管理具有哪些性质？

2. 管理概念的多种表述反映了哪些管理的本质特征与属性？

3. 如何理解管理的二重性？

4. 怎样理解管理既是一门科学，又是一门艺术的含义？并举例说明。

5. 结合国内外关于管理职能的多种表述，分析说明提出管理的四大职能的根据何在。

6. 构成管理活动的四项基本职能活动是什么？怎样理解管理的四大职能之间的关系及其应用的普遍性与特殊性？

第二节　管理学

管理实践一直伴随着人类社会的发展，人们也在不断对管理活动进行探索和研究，人类的工业革命大大促进了管理理论的发展。1911 年，泰勒发表的《科学管理原理》标志着管理科学的诞生。1954 年，彼得·德鲁克出版的《管理实践》标志着管理学的诞生。管理越来越受到人们的关注，管理已经成为人类社会生存和发展不可缺少的一项活动，管理学的社会价值和经济价值也在日益提升。

一、管理学的含义

管理学是在自然科学和社会科学相互交叉的领域中建立起来的一门综合性学科，它是专门研究管理实践活动的基本原理、普遍规律和一般方法的学科，是经济管理、行政管理和企业管理等各种专门管理学科的基础理论。

管理学作为一门独立的学科，拥有自己独立的研究对象，构建和发展了以管理的性质、方法、职能和过程为基本框架的理论体系，对管理实践产生了巨大的、积极的指导作用。尤其是近几十年来，随着社会的不断进步、科学技术的飞速发展以及管理活动内容和方法的日益丰富，管理在人们的社会生活和生产实践中的作用越来越受到广泛关注和重视。这为全面、系统、深入地研究管理活动过程的客观规律提供了条件，而且更加体现了管理理论对于管理实践的指导意义。

不仅如此，管理学发展到今天，已经成为一个较庞大的谱系，几乎每一个专门领域都已经形成了自己的专业管理学，如企业管理学、行政管理学、军队管理学、文化管理学、公共管理学、家政管理学等。管理学阐释适用于各领域管理的一般原理和原则，各专门领域的管理学则以此为基础，着重研究该领域管理活动的特殊规律。前者不仅成为后者的基础，还从后者中吸取带有共性的新理论和新观点，推动管理学自身不断地发展。

二、管理学的研究对象

任何一门学科都有自己的研究对象，管理学也不例外，它以管理活动中的普遍规律、普遍原理和方法为研究对象。管理活动是普遍存在的，尽管人们从事的管理工作千差万别，不同性质的组织活动各有差异，方法也不尽相同，但都有一定的共性，这就是人们通过计划、组织、领导、控制等职能对资源、任务、利益、职责和权力进行分配，从而实现组织目标的活动。这是各行各业管理的共性，也就是管理的一般规律。准确地讲，管理学的研究对象应当是各类管理活动共同的特点、本质、内在联系和要求。具体说来，管理学的研究对象有三个：

(一) 研究内容

根据管理活动总是在一定的社会生产方式下进行的特点，可将其研究内容分为三个方面：一是生产力方面；二是生产关系方面；三是上层建筑方面。

在生产力方面，管理学主要研究生产力诸要素相互间的关系，即合理组织生产力的问题，研究如何根据组织目标的要求和社会的需要，合理配置组织中的各项资源，使之创造最好的经济效益和社会效益。在生产关系方面，管理学主要研究如何正确处理人际关系；研究如何建立和完善组织机构以及管理体制；研究如何激励组织成员，从而最大限度地调动组织成员的积极性和创造性，为实现组织目标而努力工作。在上层建筑方面，管理学主要研究如何使组织内部环境与不断变化的外部环境相适应；研究如何使组织的规章制度与社会的政治、经济、哲学、法律、道德等上层建筑保持一致，从而维护现行社会的生产关系，促进生产力的发展。

(二) 研究管理实践、管理思想及管理理论的发展史

管理思想和管理理论的发展史包括古代管理思想、近代管理理论、现代管理流派及其发展趋势。从管理的实践出发研究管理思想和管理理论的发展史，可追溯其发展进程，透视不同时期的管理环境，全面而深刻地理解管理发展的历史进程。管理学通过这种历史研究，把握管理思想、理论和方法演变的历史脉络，以便总结管理的经验教训，更好地继承和发展管理理论和方法。

(三) 研究管理活动的原理、规律和方法

从管理者出发研究管理过程。管理活动是由一系列活动组成的动态的过程，要研究管理活动涉及哪些职能，还需要对执行这些职能所涉及的组织要素进行研究，对执行各项职能中应遵循的原理、采用的方法和技术进行研究。管理的基本原理及其原则是在对管理的实质内容进行科学分析的基础上而得出来的，有利于管理者在实践中掌握行动的准则。管理方法、技术和艺术是贯彻管理原则的工具，是研究管理目标的实现途径和手段。

总之，管理学有自己独立的研究对象，已经构建了较为成熟和稳定的研究体系，并且已经在科学领域占据了不可或缺的一席之地。目前，管理学在学术领域和实践价值方面吸引着愈来愈多的研究者和实践者的目光。

三、管理学的特性

管理学作为一门独立的学科，是20世纪初才逐渐形成的。管理学如果同“精确的”自然科学相比，只能算是一门“不精确的”科学，还有待不断发展和完善。与其他学科相比较，管理学具有如下特点：

（一）一般性

管理学研究管理活动的一般规律和共性原理，是其他具体的或专门的管理学科的共同基础。它属于基础理论学科，其他具体的或专门的管理学科的研究均以管理学原理作为理论基础，并由此区别于宏观管理学和上述各专门领域的管理学。

（二）实践性

管理学是一门实践性很强的科学，这是指管理学的理论来源于实践又进一步地指导管理实践活动。管理学是对社会管理活动的内容、方式和方法的概括和总结，它的思想、理论和方法来源于管理活动的社会实践，它的目的是为管理者有效地从事管理活动提供必要的理论、原则和方法，即指导今后的管理实践活动，并从中提取经验，进一步丰富和发展自己。将管理学的理论与其他学科领域的知识相结合，融合到实践中去，可以带来更高的经济效益和社会效益。

（三）边缘性和综合性

通过分析管理学与许多学科的相互关系，可以断定它是一门边缘学科。管理学的边缘性产生于管理活动影响因素的多样性。管理学是一门典型的“软科学”，同时又是一门不精确的学科。因为管理工作中遇到的因素、问题，许多都是无法用数字来表示的，也是无法精确度量的。“软科学”综合运用现代自然科学和社会科学的理论、方法和技术，研究科学、技术、教育、经济和管理等多方面之间的内在联系及发展规律，去解决现代科学、技术和生产发展带来的各种复杂的社会现象和问题，因而又具有综合性。

管理学的主要目的是要指导管理实践活动，管理实践活动包括的范围非常广，涉及的知识也异常复杂。人们的管理活动通常要受到生产力、生产关系、上层建筑以及自然的、地理的、心理的、文化的甚至感情因素的影响，要做好管理工作，必须依靠多种学科知识及多种手段和方法。所以，管理学在其发展过程中，不是简单的拼凑和组合，而是综合应用和借鉴其他学科，如数学、统计学、哲学、信息科学、心理学、社会学、经济学和政治学等学科的知识和成果，以寻求提高管理效率的方法和规律。可见，管理活动的复杂性、多样性决定了管理学内容的综合性，因而管理学是一门综合性的科学。

(四) 科学性和艺术性

管理学的基本思想来源于人们的生产实践，同时吸取了其他门类的科学思想并经过科学的抽象和概括。这种抽象和概括反映了管理工作的内在规律，且在实践中得到了验证，因而管理学具有科学性。

管理学又是一门艺术。管理学同其他学科不同，即使背会了所有管理原则，也不一定能够有效地进行管理。管理科学和理论中找不出所有具体情况都适用的“最好的管理方法”，只有培养灵活运用管理知识的技能，才能根据自己的体会不断创新。这种技能在课堂上是很难培养的，正如其他种类的艺术一样，管理技能需要在实际管理工作中去掌握。

科学的观点是将管理既视为科学又视为艺术。有科学知识而没有技能（艺术）是毫无用处的，或者说是危险的；有技能（艺术）而没有科学知识则意味着在学习方面的迟缓与无能，管理学就是这样一种科学与艺术相结合的学科。

(五) 历史性

任何一种理论都是实践和历史的产物，管理学尤其如此。管理学是对前人的管理实践和经验、管理思想和理论的总结、扬弃和发展。因此，不了解管理活动和管理理论的发展史，就不能理解管理学形成和产生的渊源和依据；不分析历史的变革和时代的进步，就难以推动管理学的发展。

四、管理学的研究方法

管理学也是一门生命力很强的学科，要用创造性的方法，以探讨和研究的态度来学习，坚持边学习、边研究、边实践、边创新的指导思想。学习和研究一门科学，就应该根据该门科学的特点，选择适当的学习和研究方法。对于管理学来说，明确了管理学的研究内容，确定了研究管理学的指导思想，对如何进行研究工作，也就有了一套科学的研究方法。目前主要有以下几种：

（一）基础研究方法

1. 唯物辩证法

马克思主义的辩证唯物主义和历史唯物主义是研究和学习管理学根本思想和方法论的基础。从辩证唯物主义的认识论出发，实践是检验真理的唯一标准。管理学的基本思想都来源于人们的社会生产实践，是管理实践经验的科学总结和理论概括。这些理论概括又在实践中加以验证，并不断完善和深化，才形成了管理学这门学科。同时，管理实践是不断发展变化的，我们还必须运用历史的观点和发展的眼光去考察和分析问题。由此看出，我们学习和研究管理学必须坚持实事求是的态度，深入到管理实践中去研究和解决管理中的问题。

2. 系统科学法

任何管理的组织都是一个系统，而每一个系统都是由若干个相互关联、相互作用、相互制约的因素有机结合的整体，而每一个组织系统又是一个更大系统的组成部分。任何一项管理活动都是整个管理工作的有机组成部分，都是为了更好地利用资源，有效地达到组织目标。其中任何一项出了问题都会影响其他部分的运作。

（二）具体研究方法

管理学的研究，必须以马列主义、毛泽东思想为指导，必须以辩证唯物主义和历史唯物主义为方法论基础，并科学地运用一些具体方法，其具体方法如下：

1. 归纳法

归纳法是一种从典型到一般的研究方法，即通过对一系列典型事物或经验进行观察，分析事物之间的因果关系，从中找出事物变化发展的一般规律。这种研究方法也称为实证研究。目前已成为管理学研究中案例研究的经典模式，是一种典型的经验积累和归纳的研究方法。案例分析法是通过对客观存在的一系列有代表性的实例的观察，获取组织运行状况和实施管理的完整特征资料，从分析其中的因果关系及典型规律入手进行经验性总结并加以结果验证，从而得出研究结果的归纳方法。

在管理学研究中，归纳法的应用十分广泛。其主要原因是，影响管理过程的因素非常多，在对管理规律进行研究时，很难对这些复杂的因素进行准确的量化分析，因此，只能通过归纳法进行实证研究。例如，管理学中许多理论如领导行为理论、权变理论等都是通过归纳法加以总结的。

归纳法也有其局限性，如样本的代表性可能不足、只能对已有的事实进行归纳等。所以，选择此种方法要注意以下几个方面：要选择有代表性的典型事物作为样本；样本应有足够的数量；设计合适的调查方案；对调查结果的分析整理要本着实事求是的原则，按照辩证唯物主义的要求加以分析整理。

2. 试验法

所谓试验法，是指人为地为某个实验创设一定条件，并观察实验的结果，再与对照组的实际结果进行比较，分析变化的条件与实验结果之间因果关系的研究方法。如果经过多次实验，总是得到重复或相同的结果，那就可以得出，某种条件与实验结果具有必然关联。这种关联就是管理中蕴涵的基本规律的体现。

管理中的许多问题，特别是微观组织内部的一些管理问题，比如生产管理、设备布置、工作程序、操作方法、现场管理、质量管理、营销方法以及工资奖励制度等问题都可以采用试验法进行研究。泰勒的一些科学管理理论以及后来的人际关系学说，都是在实验中得到多次证明后才成为人们认可的、具有普遍适用性的理论。

试验法的优点是可以发现管理中存在的某种规律性，符合马克思主义认识论中的理论来源于实践的观点。但是，试验法也存在明显的缺陷：管理问题涉及非常多的内外部影响因素，这些因素之间的联系具有复杂性和多变性，要想通过实验来证实某种因素与某种结果之间存在因果关系十分困难；而且，由于实验研究条件要求较高，费用较大，加上资源和时间的有限性，反复进行管理试验也是不可能的。

3. 演绎法

演绎法是从某个概念或原理出发，建立起反映某种逻辑关系的模型，这种模型是对原型的一种抽象，它完全合乎逻辑推理，然后通过计算或推理得出某个特定问题的结论的研究方法。对于较为复杂的管理问题，管理学家往往会采用演绎法。演绎法可以使原有的知识得到扩展和深化，为新理论的建立提供指导线索。

演绎法的使用十分广泛，不仅用于管理学领域，而且应用于各种预测和公共政策研究等领域。近年来，由于计算机技术的迅速发展，管理中的各种复杂模型都可以借助计算机进行演练和模拟，如投入产出模型、决策模型、预测模型、库存模型等，大大促进了演绎法在管理领域的应用和发展。演绎法的运用还促进了管理学与数学、计算机技术的结合，使得管理学的定量分析得到发展，在实践中处理问题的速度和精度得到了进一步的改善。

4. 比较研究法

比较研究法是确定对象间异同的一种逻辑思维方法，也是一种具体的研究方法。有比较才有鉴别，当代世界各国都十分重视管理和对管理的研究，各自都形成了带有特色的管理科学。管理学的比较研究通过对某些管理现象在不同时期、不同地点、不同情况下的不同表现进行比较分析，揭示管理的普遍规律及其特殊表现，从而得出符合客观实际的结论。然而，借鉴、应用他国的管理理论与方法，不能简单地照搬。这就要求我们要通过运用比较研究的方法，对他国的管理实践与管理理论进行比较分析，分辨出一般性和特殊性规律、可为我借鉴和不可为我借鉴的经验，真正做到兼收并蓄，丰富我国管理学的内容。

5. 历史研究法

历史研究法就是运用管理理论与实践的历史文献，考察管理的起源、历史演变、重要管理思想家的理论及重要的管理案例，从中找出规律性的东西，寻求对现在仍有意义的管理原则、方式和方法。“以史为鉴，可以知兴替”，研究历史，才能分析现状和预测未来。所以，无论是中国的历史，还是外国的历史，都有大量的关于管理的文化典籍仍值得研究和发展。只要我们坚持正确的指导思想、细致的工作方法，深入地研究前人留下的管理学精华，将会大有收获。

除以上主要方法外，管理学研究的方法还包括管理工程方法、管理投入—产出分析法、社会调查方法、决策科学方法、要素分析方法、控制论方法以及多学科交叉的多种方法等。这些方法构成了管理学研究的方法体系。

经典案例

像李超人一样掌控你的集团

多数人认为集团管控是一个虚实难辨的东西：既不知道它有多重要，也不想过多地去碰触它。但有些人却始终很在意集团管控的问题，后来他们的公司变成了和记黄埔，变成壳牌石油和IBM。“这些知名公司所处行业有着天壤之别，但它们的成功都少不了强有力的集团管控”，王吉鹏说。王吉鹏是北京任达方略管理咨询有限公司的董事长。这间公司一直专注于组织行为与组织变革的实证研究与咨询服务，主要从事发展战略、集团管控、企业文化、组织变革、人力资源等方面的管理咨询。

谈起集团管控，王吉鹏总有说不完的话。在刚刚上市的新书《集团管控》中，王吉鹏按照集团集权程度的不同，将集团管控划分为三种经典的模式。

1．财务控制型——老超人的和记黄埔

这种模式可以形象地表述为“有头脑，没手脚”。老超人李嘉诚旗下的和记黄埔集团，员工超过18万人，在全球45个国家经营港口及相关服务。地产和酒店、零售、制造、能源与基建业务也在集团中占有相当大的比重。老超人甚至让和记黄埔在互联网和电讯服务领域也频频崭露头角。

如此庞杂的一个集团，李嘉诚选择了财务为主的管控模式。总的来说，和记黄埔的总部只是作为一个投资决策中心，李嘉诚将注意力更多地集中在财务管理、投资决策和实施监控上。他关注的只是下属单位的盈利情况和自身投资的回报、资金的收益，而对子公司的生产经营不予过问——它们只要达到财务目标就可以。

2．战略控制型——大多数集团公司的选择

目前世界上大多数集团公司都采用或正在转向这种管控模式，壳牌石油是其中最具代表性的集团之一。壳牌石油集团在2005年的世界500强中排名第四，年利润高达200多亿美元。

壳牌石油集团为了保证下属单位目标的实现以及集团整体利益的最大化，对各下属单位业务的相关性要求很高。与大集团形象形成鲜明反差的是，壳牌石油的集团总部很小，且主要在进行综合平衡、提高集团综合效益上做工作，如协调各下属单位之间的矛盾、平衡各企业间的资源需求、高级主管的培育、经验的分享等。

3．运营控制型——随需应变的IBM

采用运营控制型管控模式的企业集团，往往对集团资源采取高度的集中控制和管理，以追求企业经营活动的统一和优化。它们大多直接管理各种生产经营活动和具体业务，总部从战略规划制定到实施几乎什么都管。

IBM公司可以说是这种管控方式的典型。为了保证其全球“随需应变式”战略的实施，各事业部都由IBM总部进行集权管理，计划均由总部制订，下属单位则只负责保障实施。

案例分析

世界著名的和记黄埔集团公司、壳牌石油集团公司和IBM公司之所以能在经济全球化的激烈竞争中立于不败之地，其中关键因素之一是公司高层管理者有效地控制了集团的财务、战略、运营等重要环节。但是，这需要掌握一定的管理学理论知识，只有积累了一定的管理经验，才能在复杂的管理实践中成功应用相关的管理方法、手段及策略，并取得良好的管理绩效。

讨论题

1. 依据上述案例中的三种典型管理方式，谈谈你对管理学的基本认识。

2. 请充分理解上述“集团管控三种模式”，并从全球各找出一例同样的集团案例，其中必须包括一个中国的案例，然后对此三种模式进行对比分析。

思考与练习

1. 简述管理学的研究对象有哪些，怎样理解管理学研究对象的特殊性？
2. 如何理解管理学的特点？
3. 管理学的研究方法有哪几种？各是什么？

第三节　管理理论的形成与发展

管理活动作为对人们共同劳动的协调和指挥，可以说是古已有之。人类为了追求管理活动的有序化、合理化而进行的思考和探索，也可以说是源远流长。人类社会有了管理活动，也就有了管理思想的萌芽。管理思想的产生与发展同管理实践活动有着密切的联系，管理思想总是随着人类的交往实践的发展而不断地发展、丰富、变化。管理思想是对管理活动系统化的认识，这种认识反过来又对管理实践活动起着指导和推动作用。

管理学者对管理学形成与发展的阶段划分各有不同，以下表为例，把管理学从形成至今划分为七个阶段（见表 1-1）。

表 1-1　管理学形成与发展阶段划分

时间	理论	特点
人类劳动产生至 18 世纪	早期管理实践与管理思想阶段	
19 世纪	管理思想萌芽	工业革命、管理职能、劳动分工
20 世纪初至 30 年代	古典管理理论	标准化、制度化、以物为本
20 世纪 30 年代至 50 年代	新古典管理理论	重视人的因素，以人为本
20 世纪 50 年代至 80 年代	现代管理理论丛林	全面、系统、精确
20 世纪 90 年代以后	学习型组织	突破式改进、创新
进入 21 世纪	管理理论发展的新趋势	战略管理、跨文化管理、人本管理、知识管理、信息管理、全面质量管理、创新管理

人们真正系统地研究管理问题，开始于18世纪英国产业革命以后。直到20世纪初泰勒的《科学管理原理》的发表，管理学才开始成为一门独立学科。一般认为，管理理论发展至今，经历了古典管理理论、行为科学理论和现代管理理论三个发展时期。20世纪80年代以来，随着组织内外环境的深刻变化，管理领域也随之出现了许多新的理论和方法。

一、古典管理理论

19世纪末到20世纪初，西方开始形成了所谓的“古典管理理论”。古典管理理论是管理理论最初形成阶段，它的出现标志着管理学作为一门独立的学科正式成立。在这一阶段，理论研究侧重于从管理职能、组织方式等方面研究企业的效率问题，对人的心理因素考虑很少或根本不去考虑。代表人物主要有泰勒、法约尔和韦伯，分别反映了那个时代在管理理论发展中的三个重要方面，即“科学管理”理论、“一般管理”理论和“行政组织”理论。这些理论成为现代管理学的先驱，对现代管理思想有很大影响。

（一）科学管理理论和“科学管理之父”——弗雷德里克·温斯洛·泰勒

弗雷德里克·温斯洛·泰勒（Frederick Winslow Taylor，1856—1915）出生于美国费城一个富有的律师家庭，1875年他进入一家小机械厂当徒工，1878年转入费城米德瓦尔钢铁厂当机械工人，由于在此期间工作努力，业绩优秀，于1884年被提升为总工程师。从学徒、工人、工长、总机械师到后来成为总工程师的经历使泰勒深切地体会到：当时的工厂领导不懂得用科学方法进行管理，工人缺乏必要的训练、没有正确的操作方法和适用的工具，极大地影响了劳动效率。为了解决上述问题，从1880年开始他不断在工厂进行实地试验，系统地研究和分析工人的操作方法和动作所花费的时间，逐渐形成其管理体系——科学管理。

泰勒一生致力于“科学管理”，他在管理方面的主要著作有：《计件工资制》（1895年）、《工厂管理》（1903年）、《科学管理原理》（其中包括在国会上的证词，1911年）。泰勒通过这一系列的著作，总结了几十年实验研究的成果，归纳了自己长期管理实践的经验，概括出了一些管理原理和方法，形成了“科学管理”的理论。泰勒在管理理论方面做了许多开拓性工作，为现代管理理论奠定了基础。他于1911年出版的著作《科学管理原理》标志着系统的管理理论的诞生，泰勒被誉为“科学管理之父”。

1．“科学管理”理论的主要内容

（1）制定工作定额。

科学管理的中心问题是提高生产效率。泰勒发现，当时工人中普遍存在着消极怠工的现象。他认为，为了发掘工人们劳动生产的潜力，要针对工人制定出有科学依据的“合理的日工作量”。为此首先应该进行工时和动作研究，其方法是选择合适且技术熟练的工人，把他们的每一项动作、每一道工序所使用的时间记录下来，经过比较、分析之后，去掉多余的动作和不必要的时间，加上必要的休息时间和其他延误时间，就得出完成该项工作所需要的总时间，据此定出一个工人“合理的日工作量”，这就是所谓工作定额原理。

（2）挑选“第一流的工人”。

所谓“第一流的工人”，并不是指体力和智力上最优秀的人，而是指：“每一种类型的工人都能找到某些工作使他成为第一流的，除了那些完全能做好这些工作而不愿做的人。”在制定工作定额时，泰勒以“第一流的工人在不损害其健康的情况下维护较长年限的速度”为标准，这种速度以工人能长期维持的正常速度为基础。泰勒认为，健全的人事管理的基本原则是：使工人的能力同工作相配合。管理部门的职责在于为雇员找到最合适的工作，培训他成为完成所从事工作的“第一流的工人”。

（3）标准化原理。

标准化原理是指工人在工作时采用标准的操作方法，使用标准化的工具、机器和材料，并使作业环境标准化，以提高劳动效率。泰勒认为，必须用科学的方法对工人的操作方法、工具、劳动和休息时间的搭配、机器的安排和作业环境的布置等进行分析，消除各种不合理的因素，把各种最好的因素结合起来，形成一种最好的方法。他把这叫做管理当局的首要职责。

（4）实行计件差别工资报酬制度。

泰勒认为，工人怠工的重要原因之一是报酬制度不合理。为了鼓励工人努力工作，完成定额，泰勒提出了这一原则。这种刺激性的差别计件工资制度，即按照工人是否完成其定额而采取不同的工资率。对完成和超额完成工作定额的工人，以较高的工资率计件支付工资，一般为正常工资率的125%；对完不成工资定额的工人则以较低的工资率支付工资，一般仅为正常工资率的80%。工资支付的对象是工人而不是职位，即根据工人的实际工作表现而不是根据工作类别来支付工资。泰勒认为，这样既能激发工人的劳动热情，调动工人的积极性，提高劳动效率，又能有效克服消极怠工的现象。

（5）工人和雇主双方的“精神革命”。

雇主的利益联系着雇员的利益，双方必须认识到提高效率对双方都有利，都必须进行一次“精神革命”，相互协作，为共同提高劳动生产率而努力。他指出，对雇主来说最关心的是成本的降低，而对工人来说最关心的则是工资的提高，但是当他们用友好合作和相互帮助来代替对抗时，能够生产出比过去更多的盈余。因此，泰勒认为，这就是劳资双方进行“精神革命”，从事合作的基础。

（6）计划职能同执行职能相分离。

泰勒认为，应该用科学的工作方法取代原来的经验工作方法。所谓经验工作方法是指每个工人用什么方法操作、使用什么工具等都是根据自己或师傅等人的经验来决定的。泰勒主张明确划分计划职能与执行职能，由专门的计划部门根据标准化的要求来制订计划标准，下达任务。至于现场工人则从事执行的职能，即按照计划部门制定的操作方法和指示，使用规定的标准工具，从事实际的操作，不得自行改变。

（7）实行职能工长制。

泰勒主张实行“职能管理”，即将管理工作予以细分，使所有的管理者只承担一种管理职能。他设计出8个职能工长代替原来的一个工长，其中4个在计划部门，4个在车间。每个职能工长负责某一方面的工作，在其职能范围内可以直接向工人发出命令。他认为，这种制度有三个优点：①对管理者培训花费的时间少；②管理者的职责明确，因而可以提高效率；③便于降低成本。事实表明一个工人同时接受几个职能工长的多头领导，容易引起混乱。因此，没有得到推广，但，这种职能思想为以后职能部门的建立和管理的专业化提供了有益的思路和理论基础。

（8）在管理上实行例外原则。

泰勒认为，规模较大的企业组织和管理不能只依据职能原则，还必须应用例外原则。所谓例外原则，即企业的高级管理人员把例行的一般日常事务授权给下级管理人员负责处理，自己只保留对例外事项的决策权和监督权，如重大的企业战略问题和重要的人员更替问题等。例外原则至今仍然是管理原则中极为重要的原则之一，这种以例外原则为依据的管理控制原则，为以后管理上的分权化原则和实行事业部制等提供了借鉴。

2. 科学管理理论的其他代表人物

泰勒是科学管理的先锋，其追随者和同行者也对科学管理作出了重要的贡献，丰富和发展了科学管理理论。其中比较著名的有：

（1）亨利·甘特。

甘特是泰勒推行科学管理亲密的合作者，并对泰勒的科学管理作了进一步的发展。他的“甘特图”是当时计划和控制生产的有效工具，现代工业中安排生产进度的图表绘制方法就由此而来；他还提出了“计件奖励工资制”，弥补了泰勒的差别计件工资制的不足；此外，还很强调人的因素在管理中的作用。

（2）吉尔布雷斯夫妇。

吉尔布雷斯夫妇在科学管理中的功绩主要是进行动作研究和工作简化研究。他们毕生都致力于通过减少劳动中的动作浪费来提高效率的研究，所以被人们称为“动作专家”。

（3）哈林顿·埃默森。

埃默森在科学管理原则方面，提出了提高效率的 12 条原则；在组织机构方面，提出了直线和参谋制组织形式等；还在职工的选择和培训、心理因素对生产的影响、工时测定等方面作出了贡献。

以泰勒为代表的科学管理理论是适应历史发展的需要而产生的，它在实践中研究和分析如何取得最高的工作效率，把社会生产中的管理从经验常识系统地总结为科学理论，首次提出了要求将计划部门和执行部门的职责明确分工的理念。该理论在实践中产生了巨大的影响，给生产力带来了根本性的变革，对当时的企业管理从最传统的经验式管理走向科学化管理起到了重要的作用。当然，由于特定历史条件的局限性，尽管泰勒及其追随者在许多方面不同程度地发展了“科学管理”理论和方法，但总的来说，他们研究的范围始终没有超出劳动作业的技术过程，没有超出车间管理的范围。

（二）一般管理理论和“管理理论之父”——亨利·法约尔

亨利·法约尔（Henry Fayol，1841—1925）出生于法国一个富裕的家庭，受过良好教育，1860 年毕业于圣艾蒂安国立矿业学校，并以一名矿业工程师的身份进入科芒特里——富香博公司担任工程师，1888 年被任命为总经理。他一生长期从事公司和企业的高级管理工作。1916 年法约尔出版的代表作《工业管理与一般管理》详细地阐述了他对一般管理理论的研究和思考，成为全面论述一般管理理论最早的权威著作。后人称他为“管理理论之父”。

法约尔一直居于企业的高层领导职位，他的管理经验使得他不可能像泰勒那样关注生产第一线的工时效率问题，而思考较多的是一般管理的原理、原则、职能和方法等问题。因此，他的管理理论虽然是以大企业为研究对象，但除了可应用于工商企业之外，还适用于政府、教会、慈善团体、军事组织以及其他各种组织。因此，人们一般认为法约尔是第一个概括和阐述一般管理理论的管理学家。一般管理理论的主要内容包括以下几个方面：

1. 企业的经营活动

法约尔认为，经营与管理是两个不同的概念，管理只是经营的一部分。任何企业不论大小，其经营活动都可以分为六大类：

（1）技术活动，如生产、制造和加工。

（2）商业活动，如采购、销售和交换。

（3）财务活动，如资金的运筹、使用和控制。

（4）会计活动，如货物盘点、成本统计和核算。

（5）安全活动，如设备维护和职工安全。

（6）管理活动，包括计划、组织、指挥、协调及控制。

在这六种工作中，处于核心地位的就是管理活动。法约尔认为，任何企业都需要对人员进行这六项工作能力的培训，相对于其他的活动，在企业管理中对领导人员的管理能力必然会有更高的要求。

2. 管理的基本职能

法约尔的一般管理理论将管理活动划分为五大职能——计划、组织、指挥、协调和控制。他认为，计划就是对企业的将来进行规划和制订发展计划；组织就是建立企业的基本结构；指挥就是分配其工作人员进行工作，发挥各自作用；协调就是连接和调和企业的所有活动；控制则是要求企业的所有活动都按照计划进行工作。法约尔详细论述了管理各项职能的作用和相互关系，同时也强调了管理各项职能的密切配合和协作的重要性。

3. 管理的一般原则

法约尔根据自己多年的管理经验，提出了十四项一般管理原则：

（1）劳动分工。将技术工作和管理工作进行分工，适当的劳动专业化分工可以提高劳动效率。

（2）权力和责任。权力越大，责任越大。权力和责任是相互依存的，在行使权力的同时，必须承担相应的责任。

（3）纪律。任何组织活动的进行都必须有统一的纪律来规范个人的行为。纪律的实质是遵守组织内部各方达成的协议或规定。严格的纪律对组织至关重要，任何人都必须遵守。

（4）统一指挥。为了避免组织出现指挥和领导的混乱，必须做到统一指挥。每个员工只能服从并接受一个上级的命令。

（5）统一领导。为达到相同目标而进行的集体活动，只能有一个领导，一个计划。

（6）个人利益服从整体利益。在企业中，个人利益和部门利益不能置于企业整体利益之上。当三者不一致时，主管人员要设法公正地将它们协调起来。

（7）合理的报酬。任何企业的薪酬制度必须做到公平合理，奖惩分明。

（8）集中。主要指管理权力集中与分散的问题。法约尔认为，提高下属积极性的做法是分权，根据管理人员和其他人员的素质和企业所处的环境和自身条件，适度的分权是必须的。

（9）等级链和跳板。在管理机构中，最高一级到最低一级管理人员的等级系列构成了等级链，这既是执行权力的路线，也是信息传递的渠道，不能违背这个顺序。但这有时会延误信息传递速度，为解决这一矛盾，法约尔建议利用一个“跳板”，即同级之间建立直接联系，事后要马上向上级汇报。

（10）秩序。法约尔指出，为了避免工作杂乱无章，任何企业必须建立秩序，即组织中的成员和物料都各有其位，并且都各在其位。

（11）公平。主管人员要以善意和公道相结合的方式对待下属，下属才可能忠于职守，热心履行自己的职责。

（12）人员的稳定。人员的稳定对工作的正常进行、活动效率的提高非常重要。任何组织都要鼓励自己的员工选择长期合同，与此同时还要不断补充新鲜的血液。

（13）首创精神。管理人员要有首创精神，还要鼓励和发展员工的首创精神。

（14）团结精神。法约尔强调，团结是任何组织生存与发展的前提条件。要营造组织内部团结、和谐与协作的氛围。

法约尔强调指出，以上原则是灵活的，不是固定不变的。在实际工作中不能盲目、刻板地套用这些原则，而要做到以上几点的关键是把握好尺度问题。这些管理原则至今仍在许多管理领域中具有重要的实践指导意义，但是由于这些原则过于僵化，难以全面实践。

4. 管理教育

法约尔认为，人的管理能力可以通过教育来获得，也可以像技术能力一样，首先在学校学习，然后在车间里得到。他指出，单凭技术教育和业务实践是不够的，管理教育应该普及。同时他认为，缺少管理教育的真正原因是缺少管理理论。为此，他的研究正是在弥补这种短缺。他对管理的五大职能的分析为管理科学提供了一套科学的理论构架，后人根据这种构架建立了管理学并把它引入课堂。目前，大多管理学教材中的管理实务和思想，在某种程度上也可直接追溯到法约尔的一般管理理论的研究。

法约尔的一般管理理论是管理理论发展史上的一个里程碑，其主要贡献就在于：提出了企业的六项经营活动，指出管理是任何企业活动中的核心部分；提出了管理的职能，并确定了管理的基本原则；提出了管理理论的普遍性和进行管理教育的必要性。法约尔关于管理过程和管理组织理论的开创性研究，特别是其中关于管理职能的划分以及管理原则的阐述对后来的管理理论研究具有非常深远的影响。

（三）组织管理理论和“组织理论之父”——马克斯·韦伯

马克斯·韦伯（Max Weber，1864—1920）是德国著名社会学家、经济学家和管理学家。他在管理理论上的研究主要集中在组织理论方面，他提出的“理想的行政组织体系”在管理学的历史中具有极其重要的地位。因此，他被称为“组织理论之父”。他在其代表作《社会组织和经济组织》中提出，建立一种高度结构化的、正式的、非人格化的“理想行政组织体系”是对个人进行控制的有效手段，也是达到目标、提高劳动生产率的最有效方法。

组织管理理论的主要内容有以下几个方面：

1. 三种权力理论

韦伯认为，任何组织都必须以某种形式的权力作为其存在的基础。他提出了三种被社会所接受的权力：一是神授权力，它是在对某一个人特殊的、超凡的神圣、英雄主义和模范品质的崇拜、敬仰和热爱的基础上形成的权力。神授权力带有浓厚的个人感情色彩，是非理性的权力。二是传统权力，它是古老的、传统的、不可侵犯的且以行使权力者地位的正统性为基础的权力。这种权力附带着历史沿袭下来的习俗与规矩，进行的管理是低效的。三是法定权力，它是由社会公认的法律规定的，在依法任命基础上形成的权力。这种类型是理性的，它提供了管理连续性和稳定性的基础，使管理的活动能够有序进行。韦伯认为，在这三种权力中，只有法定权力才能成为理想行政组织的基础。

2. 理想的组织体系的特点

韦伯提出的行政组织体系是一种理想的组织形态。他认为理想的行政组织体系具有如下特点：

（1）明确的分工。组织中每个成员的权力和责任都要有明文规定。

（2）自上而下的等级体系。将各种职位按权力等级组织起来，形成一个自上而下的指挥链或等级体系。

（3）人员的任用。从通过正式教育培训和考试获得一定技术资格的人群中选拔组织所需的成员，并完全根据职务上的需要任用。

（4）职业管理人员。行政管理人员是“专职的”管理人员，有固定的薪金和明文规定的升迁制度，是一种职业管理人员。

（5）遵守规则和纪律。管理人员必须严格遵守组织中规定的规则和纪律以及办事程序。

（6）组织中人员之间的关系。组织中人员之间的关系是一种职位关系，完全以理性准则为指导，不受个人情感的影响。这种公正的态度不仅适用于组织内部，而且适用于组织与外界的关系。

总的来说，韦伯提出的这种理想的行政组织体系代表了组织非人性化管理的最后阶段，因此是效率最高的。他认为，这种高度结构的、正式的、非人格化的理想行政组织体系是对人们进行强制控制的最合理的手段，是达到目标、提高劳动生产率的最有效的形式。

3. 组织管理理论的行政原则

韦伯的行政组织管理理论所遵循的原则主要有：行政组织管理应该提倡理性化原则；组织管理必须按照严格的等级制度来订立原则；管理中遵守对事不对人的公平原则。

韦伯的行政组织管理理论相对而言带有很大的理想色彩，但是在当时，这一理论对前面两种理论提供了重要的补充。他的理论在实际中虽有许多可取之处，但也有几个不能忽视的问题要解决：一是过于强调组织形式的作用，忽视了对人格的尊重和组织成员之间的相互交流，可能导致人情关系淡薄；二是比较死板地应用固定的制度，不能根据实际情况而灵活变通，会使组织的效率降低，也桎梏了组织成员的积极性和创造性。

韦伯的组织管理理论的主要贡献就在于他的理论适应当时的时代要求，因为这种理论在组织形式上的稳定性、纪律性都比其他的组织形式更高，也更多地适合当时日益增多的大型组织。韦伯的理论在当时和其后的社会上产生的巨大而深刻的影响力，也为他赢得了“组织理论之父”的崇高荣誉。

古典管理理论在20世纪初的迅速发展为当时的社会带来了深刻的影响并且产生了巨大的作用。三种不同的学派从各个方面对这一理论进行了相对全面而系统的研究和分析，让我们充分地认识到：首先，它确定了管理学是一门科学，古典管理理论强调应用科学管理方法取代传统的经验管理方式；其次，古典管理理论建立和提出的管理理论方面的原则和方法，在实际中对企业的帮助作用巨大；最后，古典管理学派的学者们提出的一些理论原则为后来的管理学研究和思考奠定了思想基础，也体现了古典管理理论的重要意义。

二、行为科学理论

20世纪20年代，美国的工人和工会力量增强，人们普遍要求调节劳资和管理关系，不愿意接受传统组织理论的那种权威——服从领导与被领导的关系。而且，尽管科学管理思想在提高劳动效率方面取得了显著的成绩，但由于它片面强调对工人的严格控制和动作的规范化，忽视了工人的社会需求和情感需求，从而引起了工人的不满和社会的责难。行为管理理论正是在这种背景下应运而生的。

行为科学理论是继古典管理学派之后管理科学发展的一个重要阶段。行为科学的管理家们将有关人性的研究课题由“经济人”转向“社会人”，是管理学的一个重大突破。行为科学理论始于20世纪20年代，早期被称为人际关系学说，以后发展为行为科学。一般认为，行为科学理论产生的标志是著名的霍桑实验以及梅奥的人际关系学理论。

（一）人际关系学说和乔治·埃尔顿·梅奥

乔治·埃尔顿·梅奥（George Elton Mayo，1880—1949）是原籍澳大利亚的美国行为科学家。1924—1932年间，梅奥应邀在西方电气公司所属的霍桑工厂负责进行了著名的霍桑实验，它是为测定各种相关因素对生产效率的影响程度而进行的一系列实验，由此产生了人际关系学说。

1. 霍桑实验。

实验分四个阶段：

（1）照明实验

工厂照明实验的目的是研究照明强度对生产效率的影响。专家们认为工作的物理环境是影响工作效率的主要因素之一。实验结果表明照明强度的改变对生产率的影响不大，从而排除了影响工人积极性发挥的物理因素。

（2）继电器装配室实验。

继电器装配室实验又称“福利实验”，目的是研究福利待遇的变换与生产效率的关系。在实验中，改变和控制劳动条件、工作方法、工作时间（如缩短工作日、工作周）、工资支付方式等一系列福利条件，结果产量上升；去掉这些变化，产量仍然保持不降。研究人员经过分析得出结论，生产效率的提高与社会条件和督导方式的变化、改善有关。要提高工作效率，最重要的是改善社会条件及人与人之间的关系。

（3）访谈实验。

为了进一步考察影响工人工作态度的因素，研究人员决定进行大规模访问交谈。他们共花了两年时间对两万名职工进行访问交谈。发现所得的结论与上述实验所得相同，即影响生产力最重要的因素是工作中发展起来的人群关系而不是待遇及工作环境。并且还发现，每个工人的工作效率的高低不仅取决于他们自身的情况，而且还与他所在的小组中的其他同事有关。

（4）群体实验。

在实验中发现工人既不会为超定额而充当“快手”，也不会因完不成定额而成为“慢手”，当他们达到他们自认为“过得去”的产量时就会自动松懈下来。其原因是，生产小组无形中达成默契的行为规范，让大多数工人是为了避免工厂主提高总定额、防止失业、保护速度慢的同伴而这样做。梅奥将其命名为非正式组织。实验结果表明，这种群体有自己特殊的行为规范，对人的行为起着调节和控制作用。同时，加强了内部的协作关系。

通过霍桑实验，梅奥等人认识到，人们的生产效率不仅要受到生理方面、物质方面等因素的影响，更重要的是受到社会环境、社会心理和人际关系等方面的影响，这个结论是相当有意义的，这对“科学管理”只重视物质条件，忽视社会环境、社会心理对工人的影响来说，是一个重大的修正。

2. 人际关系学说的内容

“霍桑实验”的影响是巨大的，梅奥等人根据研究结果，于1933年出版了《在工业文明中人的问题》一书，主要包括以下几个方面：

（1）工人是“社会人”，而不是“经济人”。以前的理论都把人进行的活动看成是仅仅为了追求最大经济利益而进行的。作为复杂的社会系统成员，金钱并不是刺激积极性的唯一动力，社会和心理因素等方面构成的动力，如安全感、归属感、相互尊重和友情等，对效率也有极大的影响。

（2）企业中存在着“非正式组织”。这种非正式组织是企业成员在共同工作的过程中，产生的共同的社会感情、态度和认知倾向而形成的非正式团体。这种无形组织以一种默契左右着成员的行为。非正式组织同正式组织是相互依存的，对生产率的提高有很大影响。

（3）企业的领导在于通过提高职工的满意度，来提高工人的士气，从而达到提高效率的目的。生产率的高低主要取决于工人的士气，而士气的高低则取决于社会因素特别是人群关系对工人的满足程度，满足程度越高，士气也越高，生产效率也就越高。因此，领导者除了有技术、经济方面的技能外，还要善于处理人际关系，适时、合理、充分地激励工人，达到提高劳动生产率的目的。

梅奥的人际关系理论，将工人视为“社会人”，从改善人际关系的角度寻求提高生产率的途径。它开辟了管理和管理理论的一个新领域，弥补了古典管理理论的不足，为以后行为科学的发展奠定了基础。

（二）行为科学理论

行为管理思想产生之初因为侧重于研究人们之间的相互关系，所以被称作“人际关系学说”。经过 30 年的大量研究工作，许多来自心理学、社会学、人类学、管理学等众多领域的研究者逐步完善了人际关系理论。在 1949 年美国芝加哥召开的一次学术会议上，正式将之定名为“行为科学”。20 世纪 50 年代以后，行为科学迅速发展起来，成为研究人的行为的一门综合性科学。行为科学理论主要侧重于对个人在生产中的行为以及这些行为产生的原因进行分析，其内容包括：人的本质与需要、动机与行为、生产中的人际关系。具体来说，就是从人的需要、欲望、动机、目的等心理因素的角度研究人的行为规律，特别是研究人与人之间的关系、个人与集体之间的关系，以提高对人的行为的预测以及对人的激励、引导和控制能力，从而实现组织目标。

半个多世纪的时期内，行为科学得到了迅速发展，其研究涉及众多领域，内容丰富，在管理科学领域独树一帜，成为现代管理理论中的一个重要流派。“二战”后行为科学比较著名的理论主要有：马斯洛的需要层次理论；麦格雷戈的关于人性假设的 X 理论和 Y 理论；美国心理学家赫茨伯格的双因素理论；美国心理学家弗鲁姆在 1964 年出版的《工作与激励》一书中提出的期望理论；美国心理学家麦克利兰提出的成就需要理论以及强化理论、公平理论等。

行为科学既是对管理实践的总结又是对管理理论的发展，其贡献主要表现为：

（1）行为科学引起了管理对象重心的改变，提出了以人为中心来研究管理问题。古典管理理论强调了对事和物的管理而忽视了人的要求，行为科学思想则主张以人为中心来研究管理问题，这是管理科学思想的一个重大转变。

（2）否定了“经济人”的观点，提出了“社会人”的假设。行为科学注意吸取心理学、社会学、人类学、经济学等多学科的研究成果，对人的行为规律进行了多方面剖析，认为人们工作不仅是为了物质利益，也不仅是为了建立社会关系，人的行为动机和需要是非常复杂的，行为科学研究的重点就是人的动机、人的需求、人的行为的激励和领导方式等问题。

（3）随着人性的认识和管理对象重点的变化，管理的方法也发生了重大变化。由监督管理转变为人性化管理，更加强调满足人的需要和尊重人的个性，以及采用激励和诱导的方式来调动人的主观性和创造性。由于研究的目的与方法不同，行为科学思想出现了许多不同的理论和假说。

行为科学重视发挥人的主动性、创造性以及参与式的领导方式。行为科学思想的发展，使古典管理理论僵化的、专制式的管理方式逐渐向灵活的、激励式的管理方式转变。

三、现代管理理论

第二次世界大战之后，现代科学技术的发展、生产力的迅速提高和企业规模的急剧扩大，引发了人们对管理工作的普遍重视。科学技术，特别是运筹学、计算机技术等与管理密切结合。除了管理工作者和管理学者外，社会学家、经济学家、生物学家和数学家等也纷纷加入了研究管理的队伍，这些学者都从各自不同的角度发表自己对管理学的见解。这其中主要的代表学派有：管理过程学派、社会系统学派、系统管理学派、决策理论学派、经验主义学派、管理科学学派、权变理论学派等，这些管理学派研究方法众多，管理理论不统一，各个学派都有自己的代表人物。孔茨（H. Koontz）形象地把这种现象称为“管理理论丛林”。

这些学派之间并非是互不联系的，有些学派之间有很深的渊源关系，他们之间相互联系、相互渗透。

（一）管理过程学派

该学派又称为管理职能学派，其创始人是亨利·法约尔，20 世纪 50 年代以后，其主要代表人物是哈罗德·孔茨。

这个学派强调对管理过程和职能进行研究，认为管理是在组织中由管理者通过别人或同别人一起有效完成一定工作的过程。管理过程和管理职能是分不开的。管理过程就是由不同的管理职能构成的。管理职能具有普遍性，无论是什么性质的组织，什么层次的管理人员，他们的职能在实质上是相似的。组织和组织中的层次不同，只是决定了各类管理人员在拥有的职权和处理问题上有所不同。管理过程学派是管理各学派中最具影响力的学派，因为它提供了一种分析管理的理论框架。

（二）社会系统学派

社会系统学派的代表人物是系统组织理论的创始人切斯特·巴纳德。1938 年在他的《经理的职能》一书中系统地阐述了社会系统理论。

巴纳德认为社会上每一个人，要达到某个目标，必须同他人协作。该学派从系统理论出发，运用社会学的观点进行全面分析，认为组织是一个协作的社会系统。它包含三个基本要素：信息交流、协作的意愿和共同的目标。同时强调了经理人员在企业组织与管理中的重要领导作用，经理人员的作用就是在一个正式组织中充当系统运转的中心，并对组织成员的活动进行协调，指导组织的运转，实现组织的目标。

（三）系统管理学派

系统管理学派产生于20世纪60年代，该学派的主要代表人物有理查德·约翰逊、弗里蒙特·卡斯特、詹姆斯·罗森茨韦克，代表著作是《系统理论与管理》。

系统管理学派是在一般系统理论的基础上发展起来的。该学派认为组织是由一个相互联系的若干子系统组成、受环境影响又反过来影响环境的开放系统，这一系统又是环境大系统的一个子系统，它们不断地进行着资源的交换。所以，管理者必须把内部和外部环境的各种因素看作是一个有机整体，必须从组织的整体出发，研究组织与环境之间、组织各部分之间的关系，使它们互相协调，使组织能够更好地运转。

（四）决策理论学派

决策理论学派的代表人物是著名的诺贝尔经济学奖获得者赫伯特·西蒙和詹姆士·马奇。

该学派认为管理就是决策，决策贯穿于管理的全过程。任何作业开始之前都要先做决策，制订计划就是决策，组织、领导和控制也都离不开决策。决策是管理者的主要任务，管理人员应集中研究决策问题。然而，由于人或组织具有的理性是有限的，不可能作出最优决策，因此选择“令人满意”的决策才是可行的。西蒙将决策分为程序性决策和非程序性决策。组织中的基层管理者主要利用常规的、标准的程序化决策处理日常事务中常见的、重复性的问题。高层管理者主要采用非程序化决策处理非稳定的、复杂性的问题。

（五）经验主义学派

经验主义学派又称经理主义学派，主要代表人物有彼得·德鲁克和欧内斯特·戴尔。

该学派以研究分析经验（各种实际案例）来研究管理，以向大企业的经理提供管理企业的成功经验和科学方法为目标。主要通过对管理者在个别情况下成功和失败的经验教训进行研究，在分析和概括的基础上，探索其共性之处，并加以理论化和系统化，使人们懂得在将来相应的情况下如何运用有效的方法来解决现实中的管理问题。这个学派的学者把管理理论的研究集中在对实际管理者管理实践活动的研究上。

（六）管理科学学派

管理科学学派也称计量管理学派、数量学派。它作为一个正式的管理学派出现是在第二次世界大战之后，主要代表人物有布莱克特和伯法。

管理科学理论是继科学管理、行为科学理论之后管理理论与实践发展的结果。就其本质而言，这一理论是泰勒的科学管理原理在现代的发展。该学派认为，管理就是制定和运用数学模型与程序的系统，就是用数学符号和公式来表示计划、组织、控制等合乎逻辑的程序，求出最佳方案，从而实现组织的目标。他不是探索有关管理的科学，而是设法把科学的原理、方法和工具应用于管理。也就是说，以系统的观点，运用数学、统计学的方法和计算机技术，为现代管理决策提供科学依据，解决各项生产、经营问题。

（七）权变理论学派

权变理论学派形成于20世纪70年代，主要代表人是卢桑斯，卢桑斯的著作《管理导论：一种权变学》是系统地论述权变管理理论的代表作。

权变理论学派认为，在企业管理中要根据企业所处的内外条件随机应变，没有什么一成不变、普遍适用的、“最好的”管理理论和方法。任何理论和方法不见得绝对有效，也不见得绝对无效。因此，管理者应根据企业所处的内部条件和外部环境来决定采取何种管理手段和管理方法。

四、现代管理理论的新进展

除了上面提到的众多学派，还有一些新的管理思想不断出现。以下是当前几个比较流行的管理理论。

（一）战略管理理论

20世纪70年代后，世界进入到科技、信息、技术全面发展的时期，同时竞争加剧，风险日增。由于国际环境的剧变，这时的管理理论以战略管理为主，研究企业组织与环境之间的关系，重点研究企业如何适应充满危机和动荡的环境。

1980年，迈克尔·波特（M. E. Porter）的《竞争战略》把战略管理的理论推向了高峰，在战略理论研究中产生了重要影响。他强调通过对产业演进的说明和各种基本产业环境的分析，得出不同的战略决策。波特认为，决定行业盈利能力的重要因素和根本因素是行业的吸引力，所以在竞争战略的选择中，应注意考虑选择有吸引力的高潜在利润行业。波特提出的五种竞争力包括：潜在加入者的威胁、购买者的讨价还价能力、替代品生产者的威胁、供应者的讨价还价能力及现有竞争者的抗衡。这五种竞争能力决定了行业的盈利能力，也决定了行业结构。在其理论分析的基础上，他提出了使企业制胜的三大战略：总成本领先战略、差异化战略和专一化战略。波特认为，企业只有在其经营领域内选择上述战略的一种，企业才能发展，才能在竞争中取胜。但值得注意的是，竞争优势是所有战略的核心，企业要想具有竞争优势，就必须作出选择，选择希望在哪一方面取得优势。价值链是一套分析优势来源的基本工具。它可以将企业的各种活动以价值传递的方式分解开来，借以了解企业的成本特性。同时企业可以通过价值链活动和价值链关系的调整来实施基本战略。

（二）企业再造理论

企业再造理论是20世纪80年代末和90年代初出现的新理论，该理论的创始人是美国当代管理学家迈克尔·哈默与詹姆斯·钱皮。他们于1994年出版了《公司再造》一书，该书一出版就引起了管理学界和企业界的高度重视，于是迅速流传开来。

迈克尔·哈默与詹姆斯·钱皮认为，企业再造是指现代企业为了改善成本、质量、服务、速度等重大的运营基准，而对工作流程做根本的重新思考和彻底翻新。流程再造是企业针对业务流程的基本问题进行反思，并对它进行彻底的重新设计，打破了原有分工理论的束缚，树立"以流程为导向"的管理理念，其目的就是要重建完整和高效率的新流程。企业再造理论的新思想是坚持三个中心：以顾客为中心，以员工为中心，以效率和效益为中心。流程改革是建立在信息技术得以高度发展的基础上的，这是因为信息技术的发展使得效率不一定产生于分工，而是可能产生于整合之中。

企业再造工程一旦推行，就会带来以下多种变化：职能部门转变为流程执行小组；工作内容由单一转变成丰富；人员的角色由受控者转变为决策者；职业教育由业余培训转向专职培训；绩效考核和奖励从重视任务转化为重视成果；人员的晋升由以效绩为主转变为兼顾效绩与技能；员工的价值观由为主管工作转变成为顾客工作；基层管理者由监工转变为教练；组织结构由层次型转变为扁平型；高层管理者由事后评分转变为对员工主动引导。

（三）企业文化理论

20世纪80年代初，随着日本企业的兴起，人们注意到了文化差异对企业管理的影响，进而发现了社会文化与组织管理的融合。经过深入的分析，在企业的竞争过程中，文化在企业的竞争和发展中以及在企业的管理中发挥着十分重要的作用。因此进入20世纪80年代后，西方企业界掀起了一股企业文化风潮。

美国管理界通过对日本管理经验的总结研究以及在长期的企业管理研究中积累的丰富的资料，最终由哈佛大学教授特伦斯·迪尔（Terrence E. Deal）和麦肯锡咨询公司顾问阿伦·肯尼迪（Allan Kennedy）写成了《企业文化——企业生存的习俗和礼仪》一书。

关于企业文化的概念，不同的学者有不同的认识和表达。一般来说，企业文化是指企业在生产经营实践中逐步形成的，为全体员工所认同并遵守的，带有企业的经营理念、价值体系、历史传统和工作作风，表现为企业成员的整体精神、共同的价值标准、统一行为的准则、习惯的沉淀、职业的习惯、一定的道德规范和文化素质。企业文化在经营管理中发挥着重要的功能，主要表现在导向、约束、凝聚、激励、辐射五个方面。

肯尼迪和迪尔在《企业文化》一书中认为，企业文化组成的因素是多方面的，其中最主要的因素是：企业环境、价值观、英雄、礼节和仪式、文化网络。企业环境是决定企业成功的关键，因而这是对企业文化形成和发展影响最大的一个因素。价值观是一个组织的基本思想和信念，构成企业文化的核心。英雄就是这些价值的化身和组织机构力量的集中体现。员工在企业中的礼节和各种仪式是企业文化的重要体现，是公司不可分割的一部分。文化网络是组织内部的主要（但非正式的）沟通手段，它所传递的信息往往能反映员工的愿望和心态，有利于企业文化的形成和传播。

（四）学习型组织理论

20 世纪 80 年代末，信息化和全球化浪潮迅速席卷全球，企业面临着前所未有的竞争环境的变化。因此，研究企业组织如何适应新的知识经济环境、增强自身的竞争能力、延长组织的寿命成为世界企业界和理论界关注的焦点。

1990 年，彼得·圣吉（P. M. Senge）在所著的《第五项修炼》中提出了以“五项修炼”为基础的学习型组织理论，明确指出企业唯一持久的竞争优势源于比竞争对手学得更快更好的能力，学习型组织正是人们从工作中获得生命意义、实现共同愿望和获取竞争优势的组织蓝图。所谓学习型组织，是这么一个组织——“在其中，大家得以不断突破自己的能力上限，创造真心向往的结果，培养全新、前瞻而开阔的思考方式，全力实现共同的抱负，以及不断一起学习如何共同学习”。

学习型组织具有下面几个特征：组织成员具有一个共同的愿景；善于不断学习；以地方为主的扁平式组织结构；自主管理；组织的边界将被重新界定；员工家庭和事业的平衡；领导者的新角色。圣吉认为，这种学习是通过每个组织成员乃至整个组织“修炼”完成的，即五项修炼：自我超越、改善心智模式、建立共同愿景、团队学习和系统思维。这五项修炼中，锻炼系统思维能力是最重要的。

学习型组织的真谛在于：学习不仅是为了保证企业的生存，使企业组织具有不断改革的能力，提高企业组织的竞争力；而且更是为了实现个人与工作的真正融合，使人们在工作中体现生命的意义。在实践中，建立学习型组织不是最终目的，重要的是在长期迈向学习型组织发展过程中，引导出一种不断创新、不断进步的新观念，从而使组织日新月异，不断创造未来。

经典案例

福特的财富革命

大工业革命的时代主题，是“科学管理”旗帜下流水线标准化作业模式的规模扩张与组织创新，并在此基础上激活市场上前所未有的消费需求，创造更大的市场。对此，“科学管理之父”泰勒完成了标准化管理体系的理论建构，而汽车大王福特则在生产实践上采取了行动。

已故管理学大师、现代管理之父彼得·德鲁克认为，人类 20 世纪世界革命的中心人物是亨利·福特而非其他人，世界革命的中心是 1914 年的底特律而非其他城市。他说：“真正的革命是大生产思想。在亨利·福特制造出第一辆 T 型车以来的 40 年里，这一个革命对社会基础带来的变革，其发展速度、普遍性和影响都是人类历史上前所未有的。”

事实上，在20世纪20年代美国大学生的心目中，亨利·福特是仅次于拿破仑与耶稣的伟人。

“标准化是他的嗜好”，“弯腰从地板上取一件工具或一个零件是一项毫无任何意义的劳动。因此，（装配流水线上的）所有材料都要被送到与腰部一样高的地方”。

1913年的某一天，福特让工人用绳索把汽车底盘拉到其他工人面前进行装配，于是批量生产的原则首次被应用到汽车工业中，人类管理历史上第一条最原始的流水生产线由此诞生。在此后20多年里，福特对该流水生产线不断地进行标准化革新，大大提高了生产效率。大规模流水线生产作业带来了工业生产方式上的革命，福特公司也因此连创世界汽车工业时代的生产纪录：1920年2月7日，1分钟就可以生产1辆汽车，到了1925年10月30日，10秒钟就可以生产1辆汽车。

福特的汽车流水生产线思维并不仅仅表现在汽车的生产装配上，还表现在包括生产汽车所需要的铁矿石、煤炭、木材等各类原材料（这些原材料有相当部分是福特公司自己开采的）以及运输、熔炼、加工，直到最后通过渠道通路将成品汽车交付到购车者手中的这一系列过程中。这所有的一切，福特都力求做到严丝合缝，不差分厘。从某种意义上讲，福特当时所创立的汽车全产业生产作业模式，是单个企业在人类历史上时空、行业跨度最长也最具效率的一条流水生产线。在这里，我们不妨删繁就简地来看一下福特的这条超长生产线。

从铁矿石、煤炭、木材等各类原材料运输开始，交通运输和生产部门之间就开始密切合作，以保证所有生产出来的零件同时到达车间。在货物运载平衡方面，通过将每辆货车的载货量标准化来解决。同时，在产品刚被装上货车时，汽车的数目就用电报的形式告知车间。工厂运输指挥部将仔细追踪运输，以保证沿途不会出现差错，直到抵达车间。车间的工人接到了开来的货车后，又一路上押着车来到卸货台。在运输的途中，全国各地的每个角落都有人看守着，保证货车不会在中途耽搁，运输指挥部详细掌握了各地区的运输时间。如果一辆车迟到超过了1个小时，总部就会知道是什么原因。从矿场算起，船运到岸卸货10分钟后货物就被运到高层运输线，矿砂经过筛选后紧接着又被投入鼓风炉中去冶炼，到最后造好整辆汽车装到货车中，总共需要大约81小时。再随后，带着高炉冶炼余温的汽车被卖出去，由它的主人驾驶，奔驰在回家的路上。

事实上，在标准化管理实践过程中，福特对管理过程中的时间动作等细节始终保持高度关注，这实际上就是泰勒科学管理方法的具体运用。如，在新厂选址方面，福特主要关注的是选址地方的电力价格、产品成本和交通运输的便利程度。他说：“如果一个地方每个零件的运输费可以节省1美分，那么这里通常就可以被确定为厂址。”再如，福特撤除公司集中性的工具库房，是因为他发现工人们在库房窗前排着队取他们所需要的工具所花费的时间价值通常为25美分，而所取工具的价值也不过30美分。

正是通过对工具、设备、生产线与整个生产管理流程的标准化，才使成本低廉的标准化商品被大规模地制造出来。于是，规模经济诞生了，劳动生产率提高了，原来买不起相关商品的人成为新的消费群体，需求市场最终被有效地创造出来了。而福特自己，也成为20世纪大工业革命时代真正的王者。

很有意思的是，福特甚至将其所开创的产业标准化思维转化成自己的生活哲学。他的一位朋友说："标准化是他的嗜好。他脚上穿的鞋子，头上戴的帽子，身上穿的衣服多少年来都是一种样式。"

有钱有闲是动力——"最恰当的工资则是雇主能够持续支付的最高工资。如果你降低了工资水平，那就相当于减少了你自己的消费者"。

在大工业革命时代，流水线标准化的生产只是为工业产能大规模释放提供可能，而高工资与质优价廉的产品所驱动的消费需求，才是工业大规模持续扩张的动力基础。在创造消费需求方面，福特同样是他所处时代的弄潮者。

1914 年1月5日，率先实行8 小时工作制的福特公司宣布向工人日支付5 美元的最低工资（几年后又提高到每天6 美元，在经历1929 年底股市崩盘后又将这个标准提高到每天7 美元），这是当时许多实行9 小时工作制企业日支付工人工资的两倍。1926 年9 月，福特公司又开始将每周8 小时工作日由6 天减为5 天。在公布实施每周工作5 天的制度时，福特说："美国已经做好了5 天工作制的准备，这一制度最终将推广到所有的产业部门。"

福特实行高工资，每周5 天，每天8 小时的工作时间安排，理由非常简单，即让工人们有钱也有时间来购买企业生产的产品。他说："如果人们工作的时间越长，休闲的时间就越短，那么他们购买的商品也就越少。缩短每周的工作时间，对于消费的影响是显而易见的。如果工厂都回到原来的状态，即每天工作10 小时，那么整个国家的工业将归于衰退，因为人们没有时间消费他们生产出来的产品。如果工人一天到晚在车间忙着，那么对他们来说汽车就毫无用处，这又将对其他方面产生连锁性的消极影响，因为汽车将使人们的行动更加快捷和方便，使他们知晓世界上发生的变化，从而进一步扩大他们的生活圈子，消费更多的食品、更多的书籍、更多的音乐制品以及其他更多的商品。"福特认为，要想提高劳动生产率，绝不能通过占用工人更多的时间或类似的愚蠢行为来实现。提高劳动生产率，主要依靠采用更先进的生产方法、提高机器工作效率以及提高工人的劳动积极性来实现。

案例分析

福特公司主要依靠采用先进的生产方法、提高机器效率和提高工人的劳动积极性来提高劳动生产效率的做法，充分体现了泰勒科学管理思想的本质要求。通过对劳动操作方法、工具、设备、生产线等方面的科学化、标准化管理，降低公司运作成本、减少工人劳动时间、提高工人薪酬等方面待遇，是对泰勒科学管理方法的具体运用。泰勒科学管理思想的应用，使福特成为20 世纪工业革命时代真正的汽车王者，同时也给美国工业管理带来了深刻的变革。

讨论题

1. 福特公司的管理从哪些方面体现了泰勒的科学管理思想？泰勒的科学管理思想对福特公司及美国工业产生了怎样的影响？

2. 福特公司的管理做法有哪些可以借鉴给中国的企业？

思考与练习

1. 泰勒“科学管理”的主要内容及其对管理学发展的贡献有哪些？
2. 什么是组织管理？为什么法约尔被尊称为“现代经营管理之父”？
3. 梅奥的霍桑实验有什么意义？梅奥对行为科学的主要贡献有哪些？
4. 论述古典管理理论与行为科学管理理论的差异？
5. 为什么现代管理理论被称为“管理学丛林”？
6. 讨论“管理理论丛林”中，各种不同管理流派的特点以及对管理理论的贡献和局限性。
7. 理解企业再造理论产生的背景和基本思想，结合本学校的学生管理工作和教学管理工作，你认为有哪些不合理之处，拿出你的合理化建议。
8. 什么是学习型组织？你怎样理解学习型组织？你认为学习型组织与传统组织相比有什么不同的特点？

第四节　管理和管理学的发展趋势

一、管理的发展趋势

随着社会的发展和时代的进步，管理在社会活动中越来越多地占据着主导地位，并且不断地在凸显其重要性，管理是任何组织机构和部门实现其目标的基础。影响管理在现代社会中的发展的最主要因素就是社会生产力的发展，社会生产力的飞速发展推动着管理也向着更科学、更先进的方向前进；其次就是很多与管理相关的学科的产生与发展，例如计算机技术、计算机网络技术、信息科学等学科的发展都对管理的发展起着积极的作用；还有就是管理科学在人类社会经济活动中的不断产生与运用和实践，从而产生了更多的管理方面的理论思想。

现代社会的快速发展和各种各样的先进科学技术在管理实践活动中的应用，使得管理科学在其功能、组织和理论上发生了根本性的变化。总的来说，伴随着社会的发展进步，现代管理呈现出以下的发展趋势：

（一）管理的信息化趋势

21 世纪是信息社会的时代。微电子技术以及新型材料、生物工程和能源技术开发等新技术革命的兴起与发展，正在广度和深度上不断推动着科学技术和社会经济生活的变化。尤其是信息技术日新月异的发展，使信息网络的覆盖面日益扩大，形成了全球范围的网络，各种各样的信息在网络上传播和流动，人们在第一时间得到了广泛的信息，这些变化极大地促进了经济全球化的进程。信息技术给管理带来了深刻的革命，信息化正在逐步渗入到人类生活与生产的各个方面，对经济发展方向、经营策略和组织人事管理的影响也在逐步显现。

信息的重要性不言而喻，它已经成为经济发展和企业经营最宝贵的资源。企业要在激烈的竞争中得以生存和发展，取决于它的产品和服务能否跟上时代的步伐，取决于管理者能否掌握必要和准确的信息，能否正确地加工和处理信息并且使之迅速地在员工之间传递和分享，特别是能否把信息融合到产品和生产服务的过程之中，融合到企业的整个经营与管理工作之中。各级管理者在这个瞬息万变的时代，越来越重视信息的作用，都把如何获取有效的信息作为自己的首要任务。

随着信息技术的推广应用和信息资源的不断开发利用，管理信息化正在朝着更具广度和深度的方向发展，信息管理在整个管理系统中的地位已经上升至第一位。信息管理体现在政府管理和企业管理的整个过程之中。管理要想跟得上时代的脚步和满足社会发展的要求，就要及时而全面地调整信息化的发展方向。总之，现代企业和组织在信息管理上如果做不到紧跟社会发展的步伐，任何管理都无从谈起。

（二）管理的创新化趋势

不可否认，创新已经是新世纪的主旋律。信息时代的管理也在复杂多变和飞速发展的社会变革中摸索着创新发展的道路。面对严峻的社会变化和经济发展的要求，企业要在这种环境里立足并且发展，就要求具有很强的应变能力和适应能力。而在迎合这些要求的过程中，企业自身也不断在技术改革方面进行努力。但是在经济发展的速度、企业的改革进度和市场需要不断变化的过程中总是产生各种各样的矛盾，渗透在全部过程中的管理功能就有了更为重要的使命和责任。

管理不是照本宣科，不是因循守旧，更不是故步自封，经验在管理中固然重要，但是如果一成不变地沿着传统和固定的方法思路使用的话，任何企业都不会发展长远，因此，创新就是必然的选择。首先，在管理思想上要创新，不仅要符合时代的要求，还要满足社会的需求，要让企业在经营理念和发展模式上得到提升；其次，在管理方式上要创新，死板陈旧的管理方式只会让企业和组织陷入前途无路的困境；最后，管理制度的创新使得企业的生产管理制度、财务管理制度、安全责任制度和知识产权管理制度等都要创新。

可以说，新时期的管理就是创新的管理，只有在管理理念上认识到创新的作用和重要性，才能在实际的管理工作中做到创新管理。

（三）管理的人性化趋势

管理，是人的管理。管理的对象不论有多少，其主体都是人。信息时代，管理活动中最缺乏的不是资金和机器，而是高素质的人才。组织中人的重要性越来越突出，这就促使管理部门愈加重视人的因素。管理工作的中心就是人，这是现代管理的一个重要特征。

在任何管理中，人都是决定因素。管理的这一以人为中心的特征，使其把对人的研究作为管理理论研究的重要内容。事实上，几乎所有的管理理论的研究都是在以人为中心的前提下进行的。

那么，在现代管理中，如何把人性化更好地表现出来和怎样显示人的重要性就成了最重要的问题。人性化就是要在管理中以人为中心，努力提高人的素质，更好地处理人际关系，更大地满足人的需求，更强地调动人的积极性、主动性和创造性。在管理方式上，现代管理更强调用温和的方法，尊重个人的价值和能力，强调激励制度，最充分地调动所有员工的工作积极性，以实现人力资源的优化配置。

（四）管理的全球化趋势

21 世纪的世界，全球化是不可阻挡的一场革命，其规模和影响之深远超过 19 世纪的世界性工业革命。各国在发展经济的过程中，资金、技术、设备等的差距不再是不可跨越的鸿沟，而都可以在全球范围内不停地流动和转让，市场的国际化造成了竞争的国际化。随着国家之间的交往和交流，世界性的大公司不断产生，这些跨国公司对全世界的经济发展有着举足轻重的影响，它们将各个国家的政治、经济、技术不断地进行融合和推进，起到了推动作用。

世界性的企业管理是典型的国际化管理。它不以国家而区别对待，不会受到社会制度的影响，也不会受到各国不同的文化差异的干扰，而只是单纯地从经济发展的角度来看待和考量管理在其中的巨大作用。现代管理就是在各种管理理论与管理实践不断地相互借鉴、交流、融合，找到最适合的管理模式，总结最正确的管理经验的管理方式。

世界各国之间不同的政治、经济、科学、文化以及其他方面的相互影响和制约已经成为人类文明进步的重要条件。如何在继承本民族传统管理经验的基础上，借鉴世界先进的管理思想，吸收人类文明成果，实现管理理论、管理方法与国际“接轨”，创造一种更加开放的管理模式，也是当代管理学研究的重要课题。

经济发展的全球化当然也需要管理方式作出相应的调整和发展，这就为管理发展的全球化提供了一个恰当的时机和环境。

研究管理的发展趋势，也是在为我们的社会发展和经济生活的发展作准备。通过各个时期的学者和专家的研究我们不难发现，管理活动已经深入到我们的社会经济生活中的各个方面，管理也在不断帮助和影响着我们的生活。

二、管理学的发展趋势

管理学从最初创立到现在经历了一个多世纪的发展，在此阶段，随着社会生产力的发展，人类社会的不断进步，以及 20 世纪后半叶科学技术的发展，管理在社会生活和经济活动中越来越受到人们的重视和关注，而管理活动的日益增多以及管理方法的不断创新，也对管理学提出了更高的要求，这也从根本上要求我们要更加系统地研究和总结概括出更为详细的客观规律和研究方法。

社会生产力的发展对现代管理学的研究和发展起到了重要的推动作用，而世界经济水平的显著提高也为管理学的理论研究和创新提供了更为便利的物质条件和基础，使得管理学的研究不断向前。但是，作为一门新兴学科，管理学还有很多问题需要解决。从管理学的发展过程中出现的一些亟待解决的理论和实践的问题中，可以认识到我们在管理学方面还有很多不足。所以，我们需要认真地思考和研究管理学未来的发展趋势，这样才能不断完善管理学学科体系，而从管理学长远发展的角度来看，以下一些方面是值得我们深刻关注和讨论的。

（一）管理职能的系统化

现代管理学最明显的发展趋势就是：管理从最初的单一性朝着全面系统的方向在发展，管理学将不再独立于其他学科之外，不仅仅在企业发展或者行政组织方面起作用，而且将会在更广泛的领域发挥更大的作用。现代管理学认为，管理工作必须形成一个范围不断扩大、能力不断提升的循环体系，而且随着全球经济的信息化，管理工作也必定朝着系统化、信息化的方向发展。

管理系统的信息化可以在很大程度上促进管理系统内部的优化升级，对组织工作效率的提高作用更大。管理系统化的发展在企业发展和组织管理中将信息时代的优点发挥到极致，有力地提高了计划与决策的科学性和时效性，在信息时代成了企业生存发展的重要武器。

管理学的系统化发展在很大程度上将传统的管理学和现代管理学在理论方面的差距有效地拉近了，传统管理学在稳定性方面的优势弥补了现代管理学在理论创新上的一些缺陷，二者相互影响相互促进，更好地符合了新时期的管理学要求。

（二）研究范围的扩大化

管理学从产生开始，就应用在工厂的生产和提高工人工作效率上，随着生产规模和经营范围的扩大和组织机构的变化，管理的范围扩展到了企业的各个方面，如生产加工、销售、原材料等。同时，企业管理也变得更加全面。而经济社会的飞速发展，对管理的要求更高了，使管理学的研究范围也必须不断地扩大。

因此，管理学的研究范围就从最初的企业生产管理扩展到其他各种组织的行政管理，大到一个国家的管理，小到一个企业各个部门和各单位的管理，从生产管理发展到经济管理、行政管理等，管理的范围不断扩大直接使得管理学成为一门综合各类具体组织和管理领域的科学。

大量的研究发现，人类管理实践活动以及对管理的研究，从物质生产领域到国家行政领域再到精神生产领域的扩展，充分表明管理并不是人类社会中某一领域的特殊活动，而是存在于社会生活各个领域普遍的职业性活动。所以，管理学研究范围的逐步扩展，也恰好表明了管理学研究对象的普遍化趋势。从这个意义来说，管理学的研究对象就是人类社会普遍存在着的管理活动的一般关系及其运动规律。管理学研究范围的扩大化，既强调了它是对人类各种管理活动的管理关系和运动规律在理论上的概括和总结，也强调了它是指导人类管理实践活动和管理分支学科发展的理论基础。正确认识这一发展趋势，有助于解决管理学基础理论研究中存在的许多问题，使管理学的研究对象定位更准确，使管理学的发展始终沿着正确的方向前进。

（三）理论体系的完善化

从管理理论的发展过程来看，我们可以发现，管理学的理论研究在不断地完善。从最初的生产管理扩展到一个公司、一个企业的经营管理；从单独的工人再到一个工作组的群体研究；从个体研究到组织机构的管理体系形成研究，管理学的研究范围在扩大，理论体系也在不断完善。

管理学已经从局部的研究发展到整体全面的研究，管理系统不再是一个独立的系统，而是一个开放的兼容并包的系统，从早期的集中研究组织内部问题逐渐延伸到外部研究，全面的研究更合理地发挥了管理学内容丰富、涉及面广的特点。

管理理论的研究必须系统化、全面化。管理学从开始的单一理论发展到了如今的综合研究，虽然不同管理学理论与研究学派各自有不同的研究方向、方法和角度，但是对于管理学理论在深层次上的认识和得出的研究成果是共通的。因为，这些理论成果都是我们人类在发展和进步的过程中取得的成就，而管理学者们要做的就是在已有的这些理论基础上更加全面地总结和归纳，使得这一学科的理论发扬光大。

管理学理论研究的完善也使得各个不同的流派得到统一，在现有的基础上可以创新发展，这也是人类在对管理学的理论规律的认识上的客观要求。管理学的完善化不会停止，而我们的任务自然也是根据管理环境的变化不断研究，将理论研究的完善工作不断进行。

（四）管理方法的多样化

管理方法是人类将管理学应用到实践的科学方式。在人们的管理活动中，管理学不是客观的规律和枯燥的理论知识，而是人们实施管理职能的一种手段。因此，管理方法也是管理学的一个重要方面，需要详细系统地研究。

管理方法不是单一的、死板的，而应根据实际情况不断变化和发展。对于管理方法的研究，需要多层次多角度去分析总结，由于管理实践的多样性和不可预测性，而且在不同的环境里，任何企业和组织都会产生多种多样的问题，所以管理方法就要应时而变、顺势而为。现代管理学的研究范围不断扩大也相应地增加了管理方法科学研究的难度，但是，也提供了一个更加便利和开放的平台，可以把管理过程作为一个信息和控制系统，多角度多层面地探讨决策、计划、组织、激励和控制等各种现代化的管理方式和手段。

管理学是一门交叉学科，管理方法也会伴随管理学研究领域的扩展而产生新的研究方法。管理方法的研究与运用，必须将传统方法和创新方式相联系、相统一。任何方法，总是为了一定的需要而产生的，相对于一定的条件，有它产生的必然性和存在的合理性。但随着条件的变化，它的合理性、作用及其形式也必将发生变化，任何一种方法都不是一种凝固不变的东西。

管理方法的多样性趋势，是管理思想对丰富多彩和灵活多样的管理手段的自然反映，是管理理论步入管理实践的必经之路。一方面，强调管理方法要不断创新，根据管理的具体情况灵活应用；另一方面，强调管理活动必须重视各种方法的综合运用。这也是提高管理效率的必然要求。

人类的生产活动和社会活动大都是集体进行的，要组织和协调集体活动就需要管理。但是社会生产力水平直接影响到管理水平、管理范围和管理的复杂程度，因而对管理学的发展也会产生相应的影响。社会在发展，管理也必须相应发展，这是时代的要求。

从管理学的发展历史来看，各个阶段、各种学派的管理理论都有一个核心的问题，就是必须结合当时的实际环境和时代背景。管理是一门科学，管理作为一个活动过程，存在着自身不变的内在规律，管理学就是从管理实践中总结出的一系列反映管理活动过程中客观规律的管理理论和一般方法。管理学的科学性，反映了管理职能的普遍性，说明了各个管理领域以及管理过程的结构和原理是基本相同的，因而管理学具有普遍的理论和实践意义。

管理学的发展是人类社会发展的必然要求。管理学在其发展过程中，必定会出现管理职能的系统化、研究范围的扩大化、理论体系的完善化、管理方法的多样化等趋势。这是管理学发展的自然规律在现代社会的必然反映和要求，正确认识管理学的发展趋势，正确面对在这一过程中出现的问题，认真总结、理解管理学发展中的问题，不断完善、充实管理理论研究，这也是我们研究管理学的任务和职责。

经典案例

案例一：通用电气公司的管理风格

韦尔奇为通用电气公司创立了一种21世纪公司仿效的、现代的管理新模式，积极引入提高质量计划，把发放优先认股权作为奖励措施。正是这种模式促使通用电气公司得到了迅猛发展，在他离开公司之后，仍然产生重大影响。

当他接任通用电气公司总裁职位时，手头有一系列义不容辞的公司事件要处理。他把这些事件变成了各种有意义的领导手段。这些事件使得他有机会制定或突然改变公司的议事日程，对公司的战略和在公司十几个部门担任职务的人提出问题并加以考验，在所有人面前发表咄咄逼人的意见。

韦尔奇还比大多数人更懂得“突然”一词的价值。他每周都会突然视察工厂和办公室；匆匆安排与比他低好几级的经理共进午餐；无数次向公司内的员工发出手写的告示，不时展示他醒目而又整洁的手写体便条。

韦尔奇决定在公司进行“六西格玛计划”，这项计划能够在2000年之前给通用电气公司增加数亿美元的净收入。然而，实行一项提高质量的计划需要进行大量投资以及训练几万员工掌握充满着各种数据的严格的技术，需要训练所谓的“黑带主管”、“黑带选手”和“绿带选手”。这项计划取得了惊人的成功，获得的利润远比韦尔奇当初想象的要高。1997年，“六西格玛计划”在提高生产率和利润方面赢得了32亿美元，比韦尔奇当初15亿美元的目标高出一倍还多。1998年，他估计通用电气公司的纯利润可达75亿美元。

韦尔奇发现，不能从主观上迫使事情发生，也不能简单地只同处于公司最上层的几百人进行交流，然后就指望着发生变化。因此，他总是不厌其烦地重复着一些重要的信息，而且一有机会就加以强调。

通用电气公司优先认股权原来只留给那些公司中最资深的官员，在韦尔奇的领导下其发放范围已经大大扩大了。大约有2.7万人——约占公司被雇用的专业人员的1/3获得了这种认股权，其中包括800多名高级经理以下的员工。

韦尔奇认为，必须充分了解下属，以便信任他们，相信他们的判断。韦尔奇凭外貌就能叫出公司上层至少1 000人的名字，知道他们从事什么工作。

案例二：通用电气“大家庭”式的企业文化

现代企业管理已经走进一个以人为本的管理新时代，通用电气非常重视在搞好员工关系的基础上来实施管理。前总裁斯通努力培养公司特有的“大家庭”式的企业文化。通用创造了与大家庭式企业文化相匹配的管理制度。

1. 面对面管理

面对面管理，是以走动管理为主的直接亲近员工的一种开放式的管理，它洋溢着浓厚的人情味，其外延广阔，内涵丰富，富于应变性、创造性，以因人、因地、因时制宜取胜。实践证明，高技术企业竞争激烈，风险大，更需要这种“高情感”管理。它是医治企业官僚主义顽疾的“良药”，也是减少内耗、理顺人际关系的“润滑剂”。

2. 门户开放政策

从公司的最高领导到各级领导都实行“门户开放”政策，欢迎本厂职工随时进入领导的办公室反映情况，对于职工的来信来访都能负责妥善地处理。

3. 自由讨论

公司的最高首脑与全体职工每年至少举办一次生动活泼的“自由讨论”。通用电气公司像一个和睦奋进的“大家庭”，从上到下直呼其名，无尊卑之分，互相尊重，彼此信赖，人与人之间关系融洽、亲切。

4. 建言报告

近年来改变了以往的人事调配的做法（由企业单方面评价职工的表现、水平和能力，然后指定其工种岗位），而是反其道而行之，开创了由职工自行判断自己的品格和能力、选择自己希望工作的场所、尽其可能由其自己决定工作前途的“民主化”人事管理制度，称为“建言报告”，引起管理界的瞩目。专家认为，“让棋子自己走”的这种“建言报告”式人事管理，比传统的人事管理更能收集到职工容易被埋没的意见和建议，更能发掘人才和对口用人，从而对公司发展和个人前途更加有利。

5. 一日厂长

通用电气公司还别出心裁地要求每位雇员写一份“施政报告”，从1983年起每周三由基层员工轮流当一天“厂长”。“一日厂长”9点上班，先听取各部门主管汇报，对全厂营运有了全盘了解后，即陪同厂长巡视部门和车间。“一日厂长”的意见，都详细记载在《工作日记》上。各部门、车间的主管依据其意见，随时改进自己的工作，并在干部会上提出改进后的成果报告，获得认可后方能结案。各部门、车间或员工送来的报告，需经“一日厂长”签批后再呈报厂长。厂长在裁决公文时，“一日厂长”可申诉自己的意见供其参考。这项管理制度实行以来，成效显著。第一年施行后，节约生产成本就达200万美元，并将节约额的提成部分作为员工们的奖金，全厂上下皆大欢喜。所谓员工第一，不但强调尊重员工，而且表现在企业发展中的作用优先性。1990年2月，通用电气公司的机械工程师伯涅特在领工资时，发现少了30美元，这是他一次加班应得的加班费。为此，他找到顶头上司，而上司却无能为力。于是他便给公司总裁斯通写信：“我们总是碰到令人头痛的报酬问题。这已使一大批优秀人才感到失望了。”斯通立即责成最高管理部门妥善处理此事。

案例分析

作为世界上最成功的企业之一，通用电气公司的管理一直为人所称道。通用电气的成就，与它所采用的创新管理和注重员工情感的人本管理方式是分不开的。案例一中，韦尔奇为通用电气公司创立了一种21世纪公司仿效的、现代的管理新模式，积极引入提高质量计划，把发放优先认股权作为奖励措施。正是这种模式促使通用电气公司得到了迅猛发展，在他离开公司之后，仍然产生重大影响，促进了公司的发展。案例二中，前总裁斯通非常重视在搞好员工关系的基础上来实施管理，他努力培养公司特有的“大家庭”式的企业文化。通用创造了与大家庭式企业文化相匹配的一些管理制度，如：面对面管理，门户开放政策，自由讨论，建言报告，一日厂长等。这些制度的实施使公司领导和职工都对该企业特有的文化身体力行，爱厂如家，同时有利于更好地处理人际关系、更大地满足人的需求、更强地调动人的主动性、积极性和创造性。上述材料分别突出了管理发展的创新性和人性化趋势。

讨 论 题

1. 韦尔奇是如何在通用电气公司确定其管理风格的？通用电气公司的管理方式有什么特点？

2. 通用电气公司管理制度的特色是什么？通用电气公司“大家庭”式的企业文化给我们的启示是什么？

3. 结合上述通用电气公司的材料谈谈，管理有哪些新的发展趋势？

思考与练习

1. 结合实际谈谈现代管理的发展趋势是什么？

2. 现代管理学的发展趋势是什么？

3. 查阅相关资料，对我国现代管理的创新提出一定建议。

第二章

管理与管理者

知识结构图

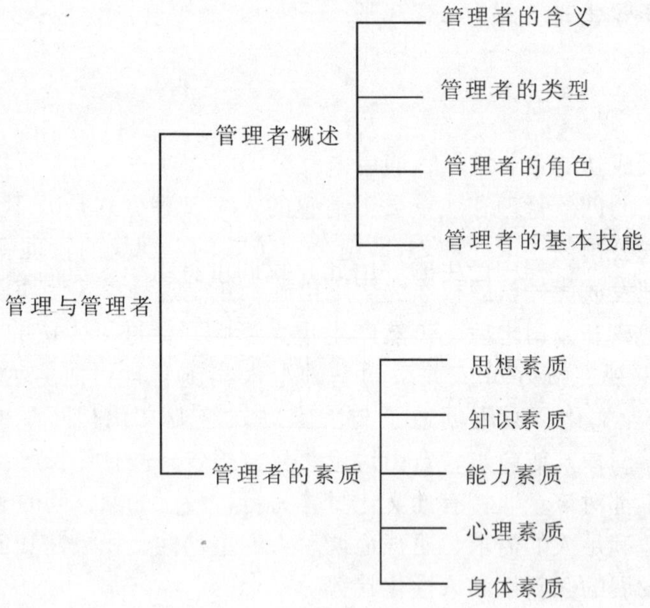

学习目标

（1）了解管理者类型的标准。

（2）理解管理者的分类、管理者的角色、管理者所具备的基本素质。

（3）掌握管理者概念、管理者应具备的技能、管理者三个基本技能对不同层次的要求。

第一节　管理者概述

一、管理者的含义

组织是管理的载体，管理是在一定的组织中实施的，是组织中的实践活动之一。著名的组织学家巴纳德认为，由于生理的、心理的、物质的和社会的限制，人们为了达到个人的和共同的目标，就必须合作，于是形成群体，群体又发展为组织。管理学上的组织是“为完成特定的工作，达成管理目的，把分散的人或事物构成一定的关系，有秩序地组合在一起的有机体”。

组织中有许多成员，一般可分为两类：一类是直接从事组织业务活动的作业人员或操作人员，即人们亲自动手，作用于客体，产生直接效果，例如工厂的工人，医院的医生等；另一类是为了保证组织业务活动的有效运行和组织目标的实现而从事管理活动的管理人员，即通过作用于作业者，产生间接效果，这种效果是在执行计划、组织、领导和控制等一系列职能的过程中产生的。由此，我们可将组织人员简称为操作者（operatives）和管理者（managers）。管理者和操作者的划分只是相对的，并不是绝对的，但是两者的区别也是十分明显的。操作者直接从事某项工作和任务，不具有监督指挥其他人工作的职责；而管理者处于操作者之上的组织层次中，是指挥别人活动的人。管理者虽然有时候也完成某些作业，但他们主要是从事管理工作，他们更多的时间在于制订计划，安排人力、物力、财力，指导、协调和检查他人去完成各项任务。

总之，不管是从事一线的操作工作，还是从事生产辅助性工作，或是从事管理事务，大家各有分工。从事管理工作，组织和利用人力、物力、财力等资源，负有领导、指挥和协调下级成员去完成组织目标的人员称为管理者。管理者是组织的心脏，是组织最重要的资源，他们工作业绩的好坏直接影响到组织的兴衰成败。所以，美国管理学家德鲁克曾这样说：“如果一个企业运转不动了，我们当然是去找一个新的总经理，而不是另雇一批工人。”

二、管理者的类型

一个组织中从事管理工作的人可能有很多，可以从不同角度对管理者的类型进行划分。通过对管理者类型的划分，可以使不同层次和领域的管理者进一步明确自己的工作职责与细节，这对组织管理工作的完善十分重要。依据不同的分类标准，管理者可分为不同的类型，通常以管理者在组织中所处的层次或管理的领域作为分类标准。

（一）按管理者的层次分类

如果我们按管理者在组织结构中的层次来区分的话，可分为高层管理者、中层管理者、基层管理者。如图 2－1 所示：

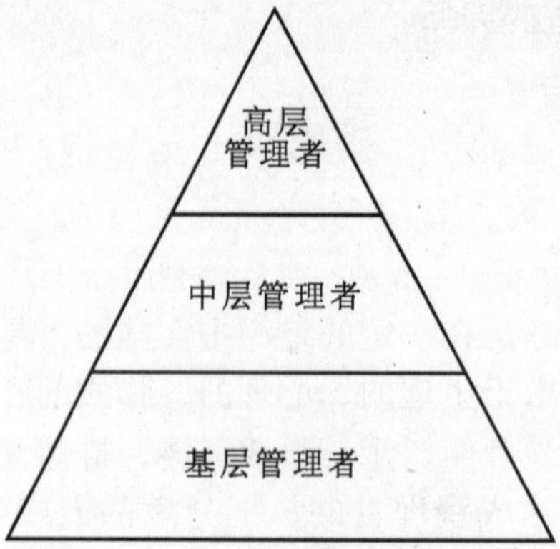

图 2－1　管理者的层次

高层管理者（top managers）是指对组织的管理负有全面责任的人。由组织中的少数人组成，通俗地说就是一个组织的头头。高层管理者一般被冠以首席执行官、总裁、副总裁、总经理或者校长等名衔。大学、中学、小学的校长，都是他所代表的那个学校的高层管理者。大公司的头头称总裁或总经理，部门的头头称经理，但这个经理和一般小公司的经理就大不一样了。他们处于组织的最高层，主要负责制定组织的总目标、总战略，掌握组织的大政方针并评价整个组织的绩效，并在对外交往中以代表组织的"官方"身份出现。由此，组织的高级管理人员应具备较高的文化素质和较强的战略意识。高层管理者负责确立组织的目标，决定公司应该提供何种产品或者服务，决定不同部门之间如何联系协作。高层管理者制定的决策包括收购其他公司、投资于研发、进入或放弃某一市场、制造新的工厂或办公设施。高层管理者对于组织的成败负有最终责任，他们的工作绩效受到组织内外的员工、投资者等的细致考察。

中层管理者（middle managers）是指处于基层与高层管理者之间的各个管理层次的管理者。他们通常是一个组织中各个部门的负责人，享有部门或办事处主任、科室主管、项目经理、地区经理或事业部经理等头衔，如公司中的部门经理、企业中的车间主任、大学中的系部主任等。中层管理者指导更低层的管理者的活动，有时也直接管理员工。他们的主要职责是要贯彻、执行高层管理者的决策和意图，把任务落实到基层单位，并检查、督促、协调基层管理者的工作；他们要完成高层管理者交办的工作，并向他们提供进行决策所需的信息和各种方案；为了提高效率，他们要想办法找出能够帮助基层管理者和非基层管理人员更好地利用资源、降低成本的方法，找出改进顾客服务的手段。他们总的作用主要是上情下达、下情上达、承上启下。随着社会经济从工业化时代进入知识经济时代，大量高科技手段在管理中的运用以及组织结构发生了深刻的变化，大公司的管理层次减少，企业对中层管理者的需求量锐减。

基层管理者或一线管理者（first-line managers），他们是组织中最底层的管理者，直接管理在第一线工作的所有非管理头衔的组织成员。如：工厂生产车间的一个班组的组长、医院妇产科的护士长等。基层管理者的头衔通常是主管、部门主管或办公室经理。

他们的主要职责是给下属业务人员分派具体工作任务，直接指挥和监督现场业务活动，保证各项任务的完成，以实现高效生产、提供技术援助和监督下属中对规则和程序的应用情况。他们所接到的指令是具体的、明确的，所能调动的资源是有限的，工作目标也是比较明确的，即带领和指挥一线工作人员有效地完成任务。他们遍布在组织的各个部门，是组织整个管理系统的基础，因此，基层管理者的工作对组织目标的实现和实际业绩起着直接的决定作用。传统的基层管理者接受上层的指导和控制，但是在今天优秀的公司里，他们的执行作用在变弱，而对其创新性和创造性的需求在增加，这样有助于实现组织的成长和新业务的开展。

由图 2－1 可以看出，组织中的层次具有这样的特点：高层管理者少，中层管理者多一些，基层管理者更多，整个组织呈现出一个金字塔式的层次结构。这三层管理者应是一个有机的整体，保证整个组织的管理工作正常进行。但不同层次管理者履行各项职能的程度和重点有所不同。高层管理者花在计划、组织、控制职能上的时间较多，基层管理者花在领导职能上的时间较多。总的来说，第一线管理人员所关心的主要是具体的战术性工作，而最高层管理人员所关心的则主要是抽象的战略性工作。即使是同一管理职能，不同层次管理者所从事的具体管理工作的内涵也不完全相同。

（二）按管理者的领域分类

管理者按照其所从事管理工作领域宽度及专业性质不同，可划分为综合管理者和专业管理者两大类，如图 2－2 所示：

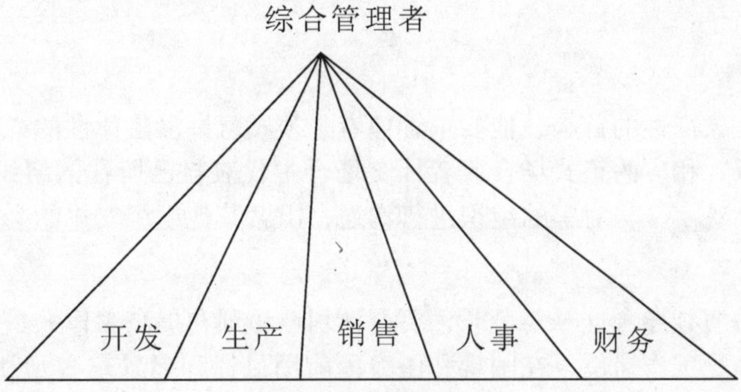

图 2－2　按领域分类

综合管理者是指负责管理整个组织或组织中的某事业部的全部活动的管理者。对于一个小型组织（如一个小工厂）来说，可能只有一个综合管理者，那就是总经理，管理组织中生产、销售、人事、财务等全部活动；而对于大型组织（如跨国公司）来说，可能会按产品类别分设几个产品分部，或按地区设立若干个地区分部，可能会有多个综合管理者，那就包括总经理和每个产品或地区分部的经理，每个分部经理要统管该分部的生产、销售、人事、财务等全部活动。

专业管理者是指仅承担管理的某一类职能的管理者。依据管理领域性质不同，可以将专业管理者具体划分为生产、销售、人事、财务以及研究开发等部门的管理者，他们被称为生产经理、销售经理、人事经理、财务经理和研究开发经理。生产部门的管理者负责计划、控制日常的运作活动，典型的任务包括生产控制、库存控制、质量管理、厂址选择、设施布置以及工作规划等；销售部门管理者负责市场调查、产品调拨、定价与销售、促销与推广以及消费者心理研究等；财务部门管理者负责资金筹集、预算、核算及投资等；人事部门管理者负责人力资源规划、职工的招聘与挑选、培训与发展、设计报酬福利制度、制定绩效评估制度以及解雇不称职的雇员等；研究开发部门管理者负责协调组织的科研项目中科学家和工程师之间的活动。随着现代组织规模的不断扩大和环境的复杂多变，现代大型组织对专业管理者的需求越来越多，专业管理者的地位也将越发重要。

三、管理者的角色

20 世纪 60 年代后期，亨利·明茨伯格（Henry Mintzberg）对五位总经理的工作进行了仔细的现场观察和研究，在此基础上提出了管理者角色理论。在有关管理者的工作方面，他的发现对当时流行的关于管理者工作的传统看法提出了挑战。他认为管理者扮演着十种不同的但却高度相关的角色。这十种角色可以归纳为以下三个方面：

（一）人际关系方面

在人际关系方面，所有管理者都要履行一些具有礼仪性和象征性的职责。管理者通常扮演着三种角色：

1. 挂名首脑

挂名首脑是象征性的首脑，他要求管理者必须履行许多法律性的或社会性的例行义务。管理者可以在相应的正式场合或者社交场合中代表自己所在的组织，迎接来访者，在相应的文件上签字，与对等的组织进行沟通，出席其他组织安排的会议等。

2. 领导者

管理者在扮演领导者这个角色时，要有计划地培训和提高工作人员的知识素质和专业技能，合理分配工作岗位，在困难和压力面前用目标和愿景来激励和动员下属员工，对员工的奖励和惩戒要公平合理。

3. 联络者

管理者有时还要充当联络者的角色，也称为沟通者角色。管理者除了在向自己的上级汇报任务执行情况、向下属布置工作时经常联系外，还需要与其他部门同级的管理人员、职能部门的专家、非本部门的员工联系，进行沟通。有时必须与组织外部的个人或团体联系来获取所需要的信息。作为联络者，管理者要注意开发、建立和维护组织发展所必需的各种关系资源。

（二）信息传递方面

这方面的角色是指所有的管理者要负责组织内部承上启下地接收和传递信息，还要注意保持与各部门以及有关外部组织和机构的信息接受和传递。

1. 监听者

管理者经常从不同的渠道，利用各种方法和手段去收集和处理各种特定的信息，以便透彻地了解组织与环境的变化。如通过阅读报纸、杂志和私下谈话来了解公众的兴趣变化、各种意见和倾向、竞争对手可能采取的行动等等。

2. 传播者

管理者还起着向组织成员传递信息的作用。作为传播者，管理者要利用现代信息网络等多种通讯方式，利用各种渠道，把从外界和上级那里得到的信息，传递给组织的相关成员，实现信息共享，以保证组织目标的实现。

3. 发言人

管理者利用正规渠道，一般都是通过媒体、会议和演讲等形式，在正式场合中代表组织向外界发布有关组织的计划、政策、行动、结果等信息，使外界对组织的政策和信息有所了解，从而给组织及其合作伙伴创造更多的发展机会。

（三）决策制定方面

1. 企业家

管理者根据外界环境的变化和组织内部发展的要求，确定组织的方向、制定组织的战略；不断地提出新的思路、新的方法改善组织的目前状况，推动组织的变革；监督检查决议执行情况。以上这些都是企业家的角色。

2. 混乱驾驭者

当组织面临重大问题或发生意外混乱时，管理者有能力应付那些未预料到的问题并积极果断地采取补救措施。这种角色集中表现在管理者控制、统领组织全局工作的能力上。这种处理危机、化解冲突的能力是一个成熟的管理者必须具备的。

3. 资源分配者

管理者负责在组织中进行调度、授权、预算，适当安排下属工作，负责配置各种资源，不仅分配财力、物力、人力等资源，而且分配时间、信息等资源。管理职责的核心在于根据组织目标的需要对组织或管理范围内拥有的各种资源进行配置。在很大程度上，作出管理决策就是对组织资源作出合理有效的配置。

4. 谈判者

当管理者所在的组织与其他组织之间发生重大纠纷或进行重要合作时，管理者需要代表组织与对方进行面对面的协商和会谈。有时，管理者为了所在组织的利益要花大量时间与其他团体讨价还价，在这些过程中，管理者扮演的是谈判者的角色。

管理理论与实践证明，明茨伯格的管理者角色理论有一定的科学道理。首先，不论何种类型的组织和在组织的哪个层次上，管理者都扮演着大体相似的角色。但是，管理者角色的侧重点随管理者所处的组织等级层次不同而变化。对于高层管理者来讲，挂名首脑、传播者、谈判者、联络者和发言人的角色比基层管理者更重要。而对于基层管理者，领导者角色要比中、高层管理者更重要。其次，管理者的角色实质上与四种职能是一致的。明茨伯格提出的很多角色，基本上可以归入一种或几种职能中。比如，资源分配者角色就是计划职能的一部分，企业家角色也属于计划职能。

四、管理者的基本技能

管理者在履行管理职能时，能否有效进行管理，在很大程度上取决于管理者是否具备了作为一个管理者应该具备的管理技能。不论管理者属于何种类型，处于什么层次，都需要具备管理技能。20 世纪 70 年代初期，罗伯特·卡兹（Robert Katz）在管理技能理论中指出，管理者需要三种基本的管理技能：技术技能、人事技能、概念技能。

（一）技术技能

技术技能是指使用某一专业领域内有关的工作程序、技术和知识完成组织任务的能力。对于一个管理者来说，虽然没有必要成为精通某一专业领域或专业技能的专家（因为他可以依靠有关专业技术人员来解决专门的问题），但仍需要掌握与其管理的专业领域相关的基础知识、基本要领及运作规律，否则管理者就很难与其所主管的组织内的专业技术人员进行有效的沟通，从而也就难于对自己所管辖的义务范围内的各项工作进行具体、有效的指导。相反，培养并提高管理者的技术技能，可以增加管理工作的便利性，可以使管理者和专业技术人员进行良好的沟通，可以更好地依靠技术人员对某些技术的开发和应用作出正确的选择。

（二）人事技能

人事技能又称人际关系技能，是指与处理人际关系有关的技能，即理解、激励他人并与他人共事的能力。一位专家这样评论过："在许多公司，一个管理者失败的原因不是他没有技术技能，而是缺乏人际关系的技能。"可见，人事技能是管理者必须具备的最重要的技能之一，因为管理活动最根本的是对人的管理，而对人的管理的每一项活动都要处理人与人之间的关系。这种能力包括领导能力，因为管理者不仅要与下属人员沟通并影响下属人员的行为，还得与上级领导及同级同事打交道，同时还要联络组织外部的单位以求得各方面力量的配合。这就要求管理人员具有说服上级、团结同级、带动下级和协调组织与外界关系的能力，而且能创造一种使上级信任、下级感到安全并能自由发表意见的氛围。这样，对外就有利于争取对方的合作；对内则可以了解、协调下属，调动其积极性和创造性；对上有利于争取上级的满意与支持，最终有利于工作目标的实现。

（三）概念技能

概念技能也称观念技能，是能够洞察组织与环境要素间相互影响和相互作用的复杂性，预测本行业未来发展趋势，并在此基础上作出正确决策、引导组织发展方向的能力。概念技能具体来说分为分析和概括问题的能力以及预测判断的能力。任何管理都会面临一些混乱和复杂的环境，管理者应该看到组织的全貌和整体，敏锐地辨清各种因素之间的相互关系，准确地抓住问题的实质，果断地作出正确决策。同时，管理者要不断分析环境的发展和变化对组织的影响，预见形势发展的趋势，以便于充分利用机会，避开威胁。工作中也会遇到新问题、新矛盾，这就要求管理者具有创新能力，形成新的概念和思想。这种技能有利于管理人员胸怀全局、认清左右形势和正确评价各种机会并决定如何采取行动，使本组织在激烈的竞争中处于有利地位。概念技能的提高需要通过一定的学习，它是一个潜移默化的过程。

成功的管理者应具备上述技能，但不同管理层次的管理者，对其技术技能要求的程度也不同。对于基层管理者而言，最为重要的是技术技能，概念技能要求相对较低，因为他们需要直接与从事具体作业活动的工作人员打交道，他们必须掌握与本单位工作内容相关的各种技术技能；对于中层管理者而言，对技术技能的要求相对基层管理者而言有所降低，但在概念技能上对其要求有所提高；对于高级管理者而言，概念技能尤为重要，因为高层部门的战略思想和决策关系到组织的发展方向和事业的成败，相对而言，技术技能则处于次要地位，完全可以有效地利用下层的业务技术能力实施管理。一般而言，管理层次越高，其概念技能程度也越高。所有的管理者都在与他人打交道，不管是哪一层的管理者，都必须在与上下左右进行有效沟通的基础上，相互合作完成任务。因此，人事技能对各个层次的管理者来说都是重要的。各层次管理者对技能需要的比例如图 2－3 所示：

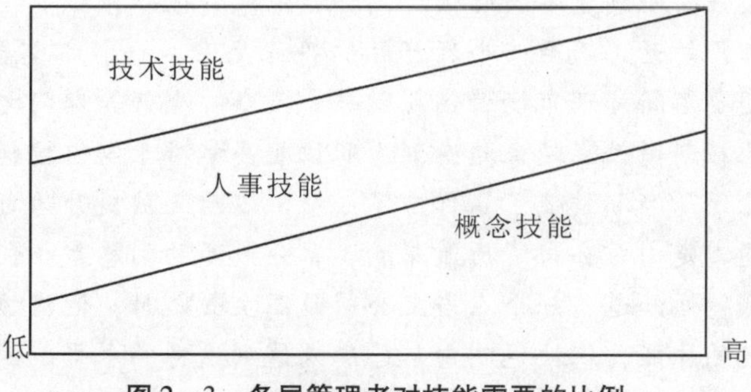

图 2－3　各层管理者对技能需要的比例

经典案例

升任公司总裁后的思考

郭宁最近被一家生产机电产品的公司聘为总裁。在他准备去接任此职位的前一天晚上，他思绪万千，回忆起他在该公司工作30多年的情况。

他在大学时学的是工商管理，大学毕业获得学位后就到该公司工作，最初担任液压装配单位的助理监督。他当时真不知道如何工作，因为它对液压装配所知甚少。在管理上实际经验的缺乏，也使他感到几乎每天都手忙脚乱。可是他非常认真好学，一方面仔细参阅该单位所定的工作手册，并努力学习有关的技术书刊；另一方面监督长也对他主动指点，使他渐渐摆脱了困境，胜任了工作。经过半年多时间的努力，他已有能力独担液压装配的监督长工作。可是，当时公司没有提升他为监督长，而是直接提升他为装配部经理，负责包括液压装配在内的四个装配单位的领导工作。

在他当助理监督时，他主要关心的是每日的作业管理，技术性很强。而当他担任装配部经理时，他发现自己不能只关心当天的装配工作状况，还得作出此后数周乃至数月的规划，还要完成许多报告和参加许多会议，而没有多少时间去从事自己过去喜欢的技术工作了。当上装配部经理不久，他就发现原有的装配工作手册已基本过时，因为公司已安装了许多新的设备，吸收了一些新的技术，这令他花了整整一年时间去修订工作手册，使之切合实际。在修订手册的过程中，他发现要让装配工作与整个公司的生产作业协调起来是有很多讲究的。他还主动到几个工厂去访问，学到了许多新的工作方法，他也把这些吸收到修订的工作手册中去。由于该公司的生产工艺频繁发生变化，工作手册也经常需要修订，郭宁对此都完成得很出色。他工作了几年后，不但自己学会了做这些工作，而且还学会如何把这些工作交给助手去做并教他们如何做好，这样，他可以腾出更多的时间用于规划工作和帮助他的下属工作得更好，以及花更多的时间去参加会议、批阅报告和完成自己向上级的工作汇报。

当他担任装配部经理6年之后，正好该公司负责规划工作的副总裁辞职应聘于其他公司，郭宁便主动申请担任此职务。在同另外5名竞争者较量之后，郭宁被正式提升为规划工作副总裁。他自信拥有担任此一新职位的能力，但由于此高级职务工作的复杂性，仍使他在刚接任时碰到了不少麻烦。例如，他感到很难预测1年之后的产品需求情况。可是一个新工厂的开工乃至一个新产品的投入生产，一般都需要在数年前做准备，在新的岗位上他还要不断处理市场营销、财务、人事、生产等部门之间的协调，这些他过去都不熟悉。他在新岗位上越来越感到：职位越高越难于仅仅按标准的工作程序去进行工作。但是，他还是渐渐适应了，作出了成绩，以后又被提升为负责生产工作的副总裁，而这一职位通常是由该公司资历最深的、辈分最高的副总裁担任的。到了现在，郭宁又被提升为总裁。他知道，一个人当上公司最高主管之时，他应该自信自己有处理可能出现的任何情况的才能，但他也明白自己尚未达到这样的水平。因此他想到自己明天就要上任了，今后数月的情况会是怎么样？不免为此而担忧！

案例分析

郭宁在20多年的工作中曾经担任过各种层次的管理者，在担任这些不同层次的管理者过程中，管理范围与职能均有所不同。郭宁在担任助理监督、装配部经理以及负责规划工作的副总裁职务时，掌握了大量的相关技术，有着丰富的相关技术管理经验，说明他具备良好的技术技能。郭宁主动帮助下属把工作做得更好，说明他具有良好的概念技能。郭宁升任总裁以后，将成为决策指挥者，这一职能与他以前担任的管理者的职能是不一样的。显然，他担心自己在概念技能方面存在薄弱环节，因此，他应该努力锻炼和提高自己独立地、创造性地思考并解决全局性、战略性及长远性重大问题方面的能力。

讨论题

1. 请结合管理者技能理论分析，你认为郭宁当上总裁后，它的管理职责与过去相比有了哪些根本改变？

2. 郭宁在任职公司总裁后担忧的主要因素是什么？郭宁要胜任这一职务还需要从哪些方面作出努力？

思考与练习

1. 怎样理解管理者的概念及类型？
2. 说出不同层次和不同领域的管理人员的不同类型。
3. 简单描述明茨伯格所提出的十种管理者角色，并逐一列举。
4. 管理者可以扮演哪些角色？每个角色又有什么活动？
5. 管理者所处的管理层次与管理者所需具备的技能有怎样的关系？
6. 说明管理者的三项基本技能并解释不同管理层次对所需技能的侧重面。
7. 假设你从推销员提升为销售部经理，请问你将如何完成自己的角色转换以适应新的岗位？
8. 你的任课教师是管理者吗？请从管理者的职能和管理者的角色来讨论这个问题。

第二节　管理者的素质

管理者的素质是指一个管理者应具备的各种条件在质量上的综合。管理者应该具备的素质是多方面的，不同的管理岗位要求的素质又是不尽相同的，但是优秀的管理者都应该具备的素质却是相同的。人是管理的主体，管理者的素质决定管理效率的高低。因此，一个优秀的管理者应该具备以下几个方面的素质。

一、思想素质

管理者是管理实践的领航员和决策人，因此他的政治素质、思想水平、道德品质和个人修养就要达到更高的要求。

1. *政治素质*

管理者要正确处理国家、企业和个人三者之间的利益关系。因此，管理者必须学习和掌握国家的政策理论，努力提高自身的政治觉悟，在管理实践中培养和形成对国家、社会和企业的高度责任感和无私奉献精神。

2. 思想水平

管理者首先要有大局观，要有清晰的头脑和清楚的组织观念，既不把自己排除在组织之外，又要保持自己的独立性，不要因为身处不同的环境而忽视自己的责任。管理者时刻要保持判断的准确性和高度的预见性。

3. 道德品质

管理者要有良好的道德品质，首先要学习中华民族的传统美德，遵守社会公德。要使管理者树立道德观念，培养管理者的道德责任感，影响管理者的行为，以求扬善抑恶，改善管理系统中的人际关系。在日常的管理活动中能够做到正直公道、言行一致、以身作则、严于律已、关心他人、平易近人，从而使管理者在被管理者心中是一种亲切感人的形象，因此得到被管理者的敬佩和爱戴。

4．个人修养

一个优秀的管理者，他的个人性格往往可以影响和决定自己的团队和队伍。要性格开朗，并有涵养、宽容、积极乐观，真诚坦荡地面对别人，能够吃苦耐劳，心胸开阔，谦虚待人。

二、知识素质

管理工作是一门知识性很强的工作，因而对于管理者的专业知识、管理知识和其他相关知识以及求知态度有很高的要求。

1. 专业知识

专业知识是管理者必不可少的知识，只有自身的专业知识达到很高的层次，才能在管理过程中灵活应用。懂得管理的内在规律，按照事物的客观发展规律办事，自然事半功倍，也可以避免在工作中形成虚无官僚主义，失信于人。只有全面掌握了必要的专业知识，才能在管理中树立威信，言之有物，令人信服。

2. 管理知识

管理是一门技术，更是一门艺术。优秀的管理者要学会在管理中将个人性格深刻地融入到管理工作中，用自己的言行去影响和改变自己的团队和组织；要把一个行业、一个领域的管理知识科学地运用和转移，即使放在其他的方面也可以推而广之；要懂得现代管理技术的方式方法，不止是对事务的管理，更加要关注的是对人的管理。

3. 求知态度

任何一个人都不可能掌握所有的知识，一个优秀的管理者要扬长避短，在管理实践中不断增强自身的优势，同时也要正视自己的弱点，对于自己不太懂的方面要虚心学习，对于工作中相关领域的知识要抱有强烈的求知欲，要不断充实和完善自己。

三、能力素质

管理工作要求管理者具备复合型、多元化的能力，要求管理者在自身涉及的各个方面都可以做到独当一面。处于不同管理层级的管理者，要面对的人和事是不同的，但是一些共同的素质是处理问题和做好管理工作的前提。

1. 创新能力

“创新乃当今商界的制胜之道”。“人无我有，人有我优”就是管理者创新能力连续运作的产物。创新是管理的灵魂，只有不断地创新才可以使管理工作充满活力和生命力，在管理的每一个过程中都少不了创新。管理者要应时而变，不能抱着传统的管理思想因循守旧，要善于分析和总结在不同的环境里发现的新问题，并且提出新的解决方法，在当今信息化发达的时代，创新是管理的唯一出路。

2．组织协调能力

管理者的组织协调能力主要表现在以下几个方面：知人善任，优化和合理使用人力资源；善于处理工作中的矛盾和冲突，善于和员工沟通，受到员工的尊敬和爱戴；具备公关意识和能力。管理者在管理实践中对人们的心理把握和观察会形成一种职业反映，这种反映会帮助管理者在处理人际关系和沟通交流中自然地做出令对方比较欣赏和接受的举动。管理者的优秀之处就在于他有很强的交际能力，与任何人交流都不会有问题。因此，管理者的公关能力一是要求他们可以正确地把握他人的感受、态度，可以得到对方的信任和好感，这是管理工作有效进行的前提；二是要学习他人的优点，通过对别人言行举止的学习可以不断提高和完善自己，承认自己的不足，接受别人的优势。这样，在管理中才可以加强沟通和交流，使双方和谐相处，加深双方的信任。

3. 驾驭能力

在经济全球化格局中，善于判断瞬息万变的形势，采取合理的应对策略，是管理者驾驭能力的体现。管理者不是自己去亲力亲为、事必躬亲，而是安排别人去做。管理者要控制管理一个团队，他的驾驭能力在管理活动中的计划、决策、实施等阶段都要得到体现。管理者要有睿智的眼光和机敏的头脑；要有正确的判断力和决策能力；而在控制管理方面，管理者的命令和意志要在实施阶段得到全面的贯彻，就要做到审时度势、随机应变，这样才可以让管理的效果得到有效体现。

四、心理素质

心理素质是一个人的心理品质，指的是一个人在心理活动过程和个性方面表现出来的持久而稳定的基本特点。心理素质是影响一个管理者工作作风和管理风格的重要因素，也是选择各级管理者的重要标准。

1. 坚强的意志

坚强的意志，不仅可以反映一个人的原则及其个人立场，而且是反映其个人心理素质是否成熟的标志。对于管理者而言，坚定的意志就是要在面对困境时坚忍不拔和忍受责难时坚定自己的判断和信心，就是在作出一些重大决定时坚定自己的选择。管理者的意志可以使他的命令得到最彻底的执行，也可以给人一个明确的目的和方向。

2. 宽容的心胸

管理者的宽容大度可以最大限度地减少管理双方之间的摩擦和碰撞，提高组织的默契和团结。一个受人尊敬和佩服的管理者首先要得到众人心理上的信服，这种品质不能凭借武力或者口舌之力而取得，必须要管理者自身的品行和宽容的胸怀得到一致的认可和敬重。当然，宽容大度也不是放任自流，而是在管理者坚守自己原则的前提下做到相互尊重、宽以待人和严于律己。

3. 科学的时间观念

时间就是生命。在信息化的时代，时间是最宝贵的，管理要有效而且高效，就要把时间作为最重要的资源。管理者要树立科学而严格的时间观念，浪费时间就是浪费资源。这就要求：一是有效地管理时间，善于合理安排时间；二是有效地利用时间，在工作中要一心一意不能分散精力；三是要珍惜时间，不光要珍惜自己的时间，更要珍惜被管理人员的时间。

4. 积极乐观的心态

对于一个管理者来说，要面对各种各样的情况，尤其是在困境中，稳定而乐观的心态会感染自己的团队，积极的态度也可以引导组织成员在工作中更加拼搏向上。管理者要以积极乐观的态度随时激励自己的成员积极面对工作，在任何情况下都要临危不乱、从容应对。一个心理素质极强的团队在面对任何困难的时候只会去想解决问题的办法而不是去寻找搪塞的借口。

五、身体素质

戴尔·卡耐基认为，身体健康与否，可以决定一个人勇气与自信心之有无，而勇气与自信，又是成就任何事业必备的条件。身体衰弱的人，遇事往往感到畏难、犹豫，不大会有创造的精神。圆满的成功，依赖健全的精神；而健全的精神，寓于健康的身体。如果一个人在做事的时候，有气无力，在血液里、大脑里，也没有多余的力量，那么一旦大事临头，往往就无力应付。身体素质包括以下几个方面：体质、体力、体能、体型和精力。

管理工作的性质和特点决定了对管理者自身身体素质的要求应比一般人要严格得多。作为管理者，在身体素质和工作强度方面，必须忍受和适应管理工作对自己提出的许多特殊要求，忍受杂乱而无规律的生活方式。管理者要身体健康、精力旺盛并且行动敏捷。在管理工作中，不可能只是发号施令或坐在办公室里总结规划，很多时候也要亲临工作的第一线，不管是深入工作底层还是运筹帷幄，都需要管理者有健康的体质来应付繁重的工作压力。时刻保持着充沛的精神状态就是对工作负责。任何工作都需要管理者有高度的注意力和强健的体魄来完成，这是对管理者最起码的要求。

所以说，一个合格的管理者对任何企业和组织的发展都起着很重要的辅助作用。在经济时代的大环境中不断完善自我，努力提高自身素质，为社会作出更大的贡献，这是每一个管理者都应该树立的人生目标。

经典案例

一次重大的人事任免

某钢铁公司领导班子会议正在研究一项重大的人事任免议案。总经理提议免去公司所属具有2 000名职工的主力炼钢厂一厂长姚成的厂长职务，改任公司副总工程师，主抓公司的节能降耗工作；提名炼钢二厂党委书记林征为炼钢一厂厂长。姚成、林征两人都是公司的老员工了，从年轻时就在厂里工作，他们对厂里的情况可以说了如指掌。

姚成，男，48岁，中共党员，高级工程师。20世纪60年代从南方某冶金学校毕业后分配到炼钢厂工作，一直搞设备管理和节能技术工作，勤于钻研，曾参与和主持了几项较大的节能技术改进工作，成绩卓著，在公司内引起较大轰动。1983年晋升为工程师，先被任命为炼钢一厂副总工程师，后又任生产副厂长，1986年起任厂长至今。去年被聘为高级工程师。该同志属技术专家型领导，对炼钢厂的生产情况极为熟悉，上任后对促使炼钢一厂能源消耗指标的降低起了巨大的推动作用。工作勤勤恳恳，炼钢转炉的每次大修理他都亲临督阵，有时半夜入厂抽查夜班工人的劳动纪律，白天花大量时间到生产现场巡视，看到有工人工作时间闲聊或乱扔烟头总是当面提出批评，事后通知违纪人所在单位按规定扣奖金。但群众普遍反映，姚厂长一贯不苟言笑，从没和他们谈过工作以外的任何事情，更不用说和下属开玩笑了。他到哪个科室谈工作，一进办公室大家的神情便都严肃起来，犹如“一鸟入林，百鸟压音”，大家都不愿和他接近。对他自己特别在行的业务，有时甚至不事先征求该厂总工程师的意见，直接找下属布置工作，总工程师对此已习以为常了。姚厂长手下有几位很能干的“大将”，却都没有发挥多大作用。据他们私下说，在姚成手下工作，从来没受过什么激励，特别是当他们个人生活有困难需要厂里帮助时，姚厂长一般不予过问。用工人的话说就是“缺少人情味”。久而久之，姚厂长手下的骨干都没有什么积极性了，只是推一推就动一动，维持现有局面而已。

林征，男，50岁，中共党员，高中毕业。在基层工作多年才转为正式干部，后任车间党支部书记。该同志脑子灵活，点子多，宣传、鼓动能力强，具有较突出的工作协调能力。1984年出任炼钢二厂厂办主任，1986年调任公司行政处副处长，主抓生活服务，局面很快被打开。1988年炼钢二厂党委书记离休，林征又回到炼钢二厂任党委书记。林征擅长做人的思想工作，善于激励部下，据说对行为科学很有研究。他对属下非常关心，周围的同志遇到什么难处都愿意和他说，只要是厂里该办的，他总是很痛快地给予解决。民主作风好，工作也讲究方式方法，该他做主的事从不推三阻四。由于他会团结人（用他周围同志的说法是“会笼络人”），工作能力强，因此在群众中享有一定的威望。他的不足之处是学历较低，工作性质几经变化，没有什么专业技术职称（有人说他是“万金油”），对工程技术理论知之不多，也没有独立指挥生产的经历。

姚、林两人的任免事关炼钢一厂的全局工作，这怎么能不引起公司领导们的关注？公司领导们在心里反复掂量，考虑着对公司总经理这一重大人事变动提议应如何表态。

（本案例选自杨先举主编《工商企业管理案例》，第 76～77 页）

案例分析

一个企业管理得好坏，企业的文化建设，企业的形象树立，很大程度上取决于管理者的管理水平，然而管理者的水平又是由管理者的素质决定的。因此，管理者的素质直接影响到企业的管理水平，影响到一个群体的利益。从林征和姚成两个人的对比表现可以看出，管理者应该具备的素质是多方面的。如姚成同志属技术专家型领导，对炼钢厂的生产情况极为熟悉，上任后对促使炼钢一厂能源消耗指标的降低起了巨大的推动作用。说明他具有专业知识，但是他一贯不苟言笑，从没和下属谈过工作以外的任何事情，大家都不愿和他接近；对他自己特别在行的业务，有时甚至不事先征求该厂总工程师的意见，直接找下属布置工作；姚厂长手下有几位很能干的“大将”，却都没有发挥多大作用；用工人的话说就是“缺少人情味”。说明他缺少公关能力、驾驭能力和管理知识。相反，林征缺乏专业知识，但是具有很好的公关、驾驭能力，也具有一定的创新和管理知识，这些都是管理者应具备的基本素质。

讨 论 题

1. 企业文化建设与企业管理者的管理水平有必然的联系吗？
2. 请你分别从姚成、林征的角度分析这次人事任免会产生的结果。

思考与练习

1. 企业管理者的专业知识与管理能力哪个重要？
2. 企业的领导者对企业的发展真的那么重要吗？
3. 请阅读下列案例，并加以评论。

人品无价——24 岁忠厚小伙成就大事业

——从“神州”到“马可·波罗”

对西班牙巴塞罗那的中国餐饮业来说，徐乙兵是个佼佼者。他的“神州”饭店是中餐业界公认的生意最好的饭店之一。2003 年，遭受“非典”风暴打击，西班牙中国餐饮业一度陷入困境，但是，“神州”岿然不动，生意仍然十分“红火”。在巴塞罗那纺织城萨巴德耶，“神州”是当地老百姓众所周知的一家中国餐馆，是他们所喜爱和信任的中餐馆。

"神州"饭店在巴塞罗那也可以称得上是个大饭店。大门进去，是长长向上的过道，有十多级台阶。两面高大宽阔的墙壁上雕塑着蜿蜒连绵的中国万里长城，长城上空是两组栩栩如生的敦煌"飞天"，这是青田县国家级石雕艺术大师杨楚昭的作品。一步一步拾级而上，恍如登上富丽堂皇的宫殿。大堂的入口处，是一个地道的中国凉亭，飞檐翘角，绿瓦红柱。亭子中间，一个头戴中国古代皇冠、身着龙袍的"西班牙国王"和他的"皇妃"正在举杯对饮。传统的丝竹之音绕梁而出，柔和缥缈的灯光洒落亭间，远远看去，就像是一幅饶有情趣的品酒图。动人的"画面"似乎在向人们诉说着"神州"遥远而又古老的故事，诉说着中国灿烂而又悠久的饮食文化。

"色、香、味"俱全的中国菜征服了世界，它曾经无数次在世界烹饪大赛上夺得了桂冠，人们常常把中国烹饪誉为世界烹饪之王。我想，假如中国烹饪真的可以称得上是世界烹饪之王的话，那么，年轻的徐乙兵完全可以称得上是巴塞罗那的"中餐王子"。

2003 年 9 月，徐乙兵的新饭店"马可·波罗"开张。这是他匠心独运的高级餐馆。从设计到施工，从灯光到色彩，从餐具到厨具，从酒水到菜单，从员工到高层管理人员的选择和配置，都凝聚了他的心血。大堂墙壁的上方四周，沿着当年马可·波罗的足迹，画着《马可·波罗游记》描绘的各国风情组画。这是当地著名画家荷塞的作品。餐馆的菜谱是精心编制的，除了中国菜之外，还有日本、越南、印度、泰国、蒙古、俄罗斯、土耳其、希腊和意大利菜，它汇集了马可·波罗途经国特色菜的精华。进到"马可·波罗"，你不仅可以吃遍欧亚两大洲，还可以感受到中西源远流长的历史和文化，"风从东方来！"马可·波罗的跋涉是艰难的。马可·波罗用他的人生经历，告诉我们一个最为简单的道理，那就是，任何成功都要付出艰苦的代价。

成功源于做人——

徐乙兵的成功首先应该归结到他做人的成功。几乎所有与他来往过的人对他都有这样的评价，"徐乙兵这个人做人是没话说的"。朋友这样说，给他打过工的人也是这样说。"忠厚、勤快、宽容、低调"是他为人处世的一贯准则。

到西班牙那一年，他还不到 20 岁。一介书生，漂泊异国他乡，举目无亲，确实是有些无奈。1985 年那个时候，西班牙华侨华人还不多，主要从事的行业就是餐饮业。他就在餐馆里开始了打工的生涯。青田人有个共同的特点：不怕吃苦。能吃苦就能生存。徐乙兵还有一个与别人不一样的地方，那就是勤奋好学，另外，话语不多，做事负责。这样的工人谁都喜欢。以店为家，老板在与不在都一样，他以自己的忠诚赢得了老板的信任。这些为他日后的发展打下了基础。人家愿意帮助他，愿意和他合作，这一切，都与他一贯的做人是分不开的。1991 年，老乡和他合作，一起在萨巴德耶开了"神州"饭店。那年，他只有 24 岁。他成了当时巴塞罗那乃至西班牙最年轻的华人老板。

身无分文闯天下，赤手空拳创大业，海外青田人在欧洲，用他们无与伦比的吃苦精神和聪明才智，写下了一个又一个真实而又离奇的故事。海外青田人成功的秘诀或许有千万条，徐乙兵的成功最根本的一条就是做人。

人品无价，人品也是资本——

发达不忘回报。在海外，所有的公益活动都离不开钱。十多年来，徐乙兵一直是巴塞罗那华人社会公益活动最热心的侨胞之一。“到徐乙兵那里不需要费口舌”，凡是搞过公益赞助的人都有这样的体会。

从1993年巴塞罗那华侨华人欢迎中央民族艺术团的演出开始，我们曾经举办了许许多多的活动，每一次的活动，徐乙兵始终都是最主要的参与者，又出钱，又出力。1995年，巴塞罗那华侨华人子弟学校诞生，他是发起人和最早的捐款人之一；1996年，遭受“过期食品风波”打击，在西班牙中餐业处于危机之时，他是最早捐款邀请西班牙媒体“为中餐业正名”和创办“巴塞罗那中餐业协会”的发起人之一；无论是1997年庆祝香港回归、1999年庆祝澳门回归的活动，也无论是2000年、2001年、2002年巴塞罗那华侨华人迎新春联欢活动，还是庆祝北京申奥成功活动和2003年的庆祝中西建交30周年的活动，他都是积极的参与者。2004年，在巴塞罗那“世界文化论坛”期间，为了扩大中华文化的影响，巴塞罗那侨胞邀请湖北省“钟鸣楚天”大型演出团来巴塞罗那举办了“庆祝中华人民共和国成立55周年大型文艺晚会”等一系列演出。在这场规模宏大、极具影响的文化交流活动中，徐乙兵和陈林委、陈建彬等侨胞在关键的时候，率先出钱承担了整个活动的启动费用，为这场活动的成功举办作出了重要贡献。

“子不嫌母丑，狗不嫌家贫”，“受之滴水，还报涌泉”，徐乙兵就是这样一个漂泊他乡的“牧马人”。喝家乡的水长大，他忘不了自己的家乡。远离故土，他心中对曾经养育过他的那一片贫瘠的土地始终有着一份深深的牵挂。每当祖国和家乡有点什么灾情，他总会慷慨解囊。1995年浙江省和青田县遭受特大水灾，1998年中国长江流域遭受特大水灾，他都是最为踊跃的捐款人和捐款数额最多的侨胞之一。途经他家乡章旦的青田至阜山公路，他出资5万元人民币。章旦乡修建乡间道路，他出资6万元修建凉亭，还有为章旦小学、章旦中学捐款……他也是2003年巴塞罗那侨胞捐款资助家乡贫困失学儿童“阳光行动”最主要的组织者之一。

思考与练习

1. 管理者应具备的素质有哪些？
2. 简述管理者应具备的知识素质和能力素质。
3. 假如你是一位管理者，在管理过程中，你认为你所应具备的素质中哪一方面的素质是最基本最重要的？
4. 请欣赏下列两个案例并体会其中的道理。

案例一：以理服人

有一次，松下幸之助把一个犯有过失的部属叫来，对他说：“我对你的做法提出书面批评。当然，如果你对我的批评毫不在乎，那么，我们的谈话就到此为止；如果你对此不满，认为这样太过分了，你受不了，我可以作罢；如果你心服口服，真心实意地认为我的批评确有道理，那么，尽管这种做法会使你付出一定代价，但它对你仍然是值得的，你通过深刻的反省，会逐渐成为一名出类拔萃的干部。请你考虑一下。”

听了松下这番话，那个部属说：“我都明白了。”

“是真的明白了吗？是从心底里欢迎我的批评吗？”

“的确是这样。”部属诚恳地说。

“这太好了。我会十分高兴地向你提出批评的。”

正当松下要将批评书交给那个部属时，有几个部属也来了。

松下见状说：“你们来得正好，我向他提出了批评书，现在请他读给你们听听。”

待那个部属读完批评书后，松下对他们说：“你们是很幸运的，如果能够有人这样向我提出批评，我会感到由衷的高兴。但是我想，假如我做错了事，恐怕你们只敢在背后里议论，而绝不会当面批评我的。那么，我势必会在不知不觉中重犯错误。职务越高，接受批评的机会就越少。你们的幸运就在于，有我和其他领导监督你们，批评你们，而这种机会对我来说是求之不得的。”

松下批评人的这种方式似乎不合乎常理，使人难以接受。但他的部属都心悦诚服地乐意接受批评，将松下对自己的这种批评视为一种无上的荣誉，认为这是领导对自己成长的最大关照。

案例二：惠普 CEO 赫德：管理无痕

595 万美元工资和奖金，外加 868 万美元有限制股票和 115 万美元股票期权，这是惠普 CEO 赫德在 2005 年的全部进账。当然，掌舵惠普一年来，赫德得到的并不只是这些，他还赢得了尊重与赞誉。在此之前，他只不过是硅谷芸芸 CEO 中默默无闻的一位。

惠普 2 月 15 日公布的 2006 年第一季财政报告显示，该公司销售收入增长了 6%，利润更是大增 30%，多年来与戴尔和 IBM 在营业利润率方面的差距也大为缩小。自赫德上任以来，惠普股价涨幅达到了令人钦羡的 50%。这一切似乎都是在令人难以察觉的情况下取得的。

赫德上任后没有像菲奥莉纳那样急于率领惠普的千军万马去追逐看似宏大的战略计划，而是以其惯有的冷静冷却了惠普的躁动与混乱。他说：“我们不要抱有这样的想法——这家公司必须每 15 分钟就发生一件惊天动地的大事。”

赫德的想法在公司中引起了共鸣。惠普执行副总裁安·利弗摩尔一针见血地指出：“领导们往往想改变现状，问题就在于我们必须保持足够长的稳定期使人们能够理解和适应。”赫德在是否保留 PC 业务问题上表现出的冷静，正是顺应了惠普人心思稳的大势。

在此之前，许多专家认为惠普的规模过于庞大，难以驾驭。华尔街不少分析师建议惠普出售或分拆 PC 业务，以便能集中力量做好打印机业务。赫德却明确而坚定地拒绝了这些建议。也正因如此，他给人留下了缺乏战略远见的印象。

其实，战略选择并不必定意味着战略的转向。因此从某种意义上说，不论是保留还是拆分PC业务都是一种战略上的选择。当然，它也有战术层面的意义。菲奥莉纳当初不顾阻力推动惠普与康柏合并，主要目的之一便是提振惠普的PC业务。显然，在整合的混乱尚未完全消失的情况下，惠普无力承受又一次大手术，毕竟它还没有到非此不足以疗沉疴的地步。退一步说，即使需要处置PC业务，在时机上也未成熟。相比之下，将它打扮一新再作处理更为有利。

从语义上说，“领导”首先意味着方向的指引。从空中回到地面的务实增强了惠普的方向感，有效避免了员工的迷茫与困惑。赫德上任后不久，就果断停止销售由苹果公司研发但贴着惠普牌子的iPod音乐播放器。“销售这种产品不符合惠普的战略。”赫德以此向员工们传达出了一个明白无误的信息——惠普必须依靠自己的核心技术。惠普美国业务高级副总裁戴夫·布思说：“赫德让我们获得了运营所需的明确无误的方向感。”

赫德坚持自己的风格。他说：“我不是那种出口妙语连珠的人，我们要用行动来说话。”实事求是而言，菲奥利纳离开时惠普并没有到危难时刻，因此，的确无须为了证明自己的管理能力而草草出台所谓的战略。当然，这并不表明赫德不关心战略问题，他只是在等待时机。

管理无须惊天动地。彼得·德鲁克说过：管理得好的工厂，总是单调乏味，没有任何激动人心的事件发生。这句话用在赫德身上非常贴切。托德·布拉德利对此深有体会。

2005年4月，布拉德利正坐在他家附近的海滩上休息，他的手机响了。那是一位朋友打给他的，催他去找刚上任不久的赫德。当时惠普正在为其PC业务物色一位负责人。布拉德利此前不久刚从手持设备制造公司Palm一场艰苦异常的重组中摆脱出来，所以本无意去应聘。

但几个星期之后，布拉德利却闪电般地与惠普签约，担任惠普PC业务执行副总裁。据布拉德利说，他之所以改变主意，主要是因为赫德也像他一样是位直率的、注重用数字说话的经理人。布拉德利表示，赫德不喜欢高谈阔论，而是更加注重通过踏踏实实的经营来提高业绩。

有分析师认为，赫德的成功部分原因在于他能从外部招来像布拉德利这样的人才，填补主要的管理职位。除了布拉德利，赫德还将戴尔公司前高管兰迪·莫特挖来，委以首席信息官之职。

然而，仅有人是不够的，更重要的还在于如何做到人尽其才。赫德的做法是既抓又放，即既充分授权又不遗余力地进行督导，做到宽中有严、放而不乱、松而不散。一名曾在惠普工作过的经理说：“我在那里时，所有跟我聊天的人好像都刚刚通过赫德的检查似的。”

赫德与员工的密切关系使他对公司的了解更为透彻而具体。惠普美国业务高级副总裁戴夫·布斯表示，赫德对登上《财富》封面不感兴趣，与在媒体露面相比，他宁愿花时间去和员工接触。

据惠普公司内部人士透露，赫德在对公司的季度性经营情况进行讲评时非常细，不仅涉及惠普的四大业务部门，而且具体到笔记本电脑、电视等各个产品领域。一位经理说：“他对几乎所有业务都了如指掌，他让人们觉得他们要对业绩负责。”赫德记忆力相当强，有人夸张地说他似乎能记住惠普所有的电子数据表。对情况的透彻把握使他避免了放权可能产生的松散。

赫德不仅注重对经营情况的严密分析，他还将这种分析法应用到人事上。在最终决定提拔凯西·里昂为首席营销官前，赫德先是画出了一张“技能图”，将理想人选应具备的各种技术列出来，然后根据这些技能对所有人选进行筛选，最后选定了在惠普工作了26年的凯西·里昂。凯西·里昂从事营销只有11年，但敢于表达其想法，而且在打印机业务等不同部门工作时屡有建树。

“在给某个人安排某个职位时，最好让他们明白他们通过什么行动来得到它。”赫德解释说，“如果整个公司都觉得是因为他们的情况介绍幻灯片做得好或是因为他们和赫德关系不错，这就有问题了。如果是因为他打造了一个强而有力的团队，而且业绩突出，那么下一个人或许就会这么想：嗯，我也得这么做”。显然，他希望以此在惠普树立起良好的行为榜样，并达到改良惠普文化的目的。

除此之外，他还对惠普的薪酬制度进行改革。菲奥莉纳仿效某些公司在惠普推行了一套复杂的奖励制度。员工们的分红根据一系列的统计指标数据进行计算，其中包括惠普股价相对于标普500指数的表现。一些管理专家指出，这种做法虽在某种程度上有助于培养员工的大局意识，但许多人可能会感到困惑，因为有些因素如股价表现并非员工个人所能控制，所以难于达到激励的目的。而赫德则将员工的奖励与他们所在的业务单位及惠普的整体业绩挂钩。

赫德举重若轻的努力，将一个看似已无法控制的惠普重新带回到有序运转的轨道。管理学家说，优秀领导者能够让一个组织像系统那样运作。这一切并不需要惊天动地的壮举，因为天行本来是有道的。

第三章

管理与组织

知识结构图

- 管理与组织
  - 组织概述
    - 组织的含义
    - 组织的分类
    - 组织的作用
    - 组织结构
  - 组织设计
    - 组织设计的基本内容
    - 组织设计的原则
    - 组织设计的基本程序
    - 组织设计的影响因素
  - 组织变革
    - 组织变革的含义
    - 组织变革的类型
    - 组织变革的力量
    - 组织结构的内容
    - 组织变革的过程与程序
    - 组织变革的阻力
    - 组织变革的发展趋势
    - 学习型组织

学习目标

（1）了解组织的分类与作用、组织变革的内容、组织变革的过程与程序、组织变革的阻力与发展趋势。

（2）理解组织设计的原则、基本程序和影响因素、组织变革的力量、学习型组织。

（3）掌握组织的含义和结构、组织设计的基本内容、组织变革的含义和类型。

第一节　组织概述

一、组织的含义

组织这个词在管理当中经常使用，管理学家提出过众多的关于组织的理论，这些理论对组织的概念各有其解释。由于各种理论的角度不同，如从组织结构、组织形态、组织行为、组织控制等方面去理解组织，因而对组织概念的解释也相差较大。

组织，一般有两种含义，一种是动词，就是在一定的环境中，为了更好地完成任务，确定组织成员，明确组织目标，布置各项活动，合理分配各种资源的活动。如组织群众，这种组织是管理的一种职能；另一种是名词，指按照一定的宗旨和目标建立起来的集体，如工厂、机关、学校、医院、各级政府部门、各个层次的经济实体、各个党派和政治团体等，这些都是组织。

名词性的组织还可以分为广义的组织和狭义的组织。

从广义上说，组织是指由诸多要素按照一定方式相互联系起来的系统。系统论、控制论、信息论、耗散结构论和协同论等，都是从不同的侧面研究组织的系统的。从这个角度来看，组织和系统是同等程度的概念。在这个定义中包含有生物学中有机体的组织，如在西方，组织的原意来源于器官（organ），因为器官是自成系统的，如皮下组织、肌肉组织等出自细胞组成的活组织；动物的群体组织，如一窝蜜蜂就是一个以蜂王为核心、秩序井然、纪律严明的群体；还有人的组织等。

从狭义上说，组织就是指人们为实现一定的目标，互相协作结合而成的集体或团体，如党团组织、工会组织、企业、军事组织等等。狭义的组织专门指人类群体，主要运用于社会管理之中。在现代社会生活中，人们已普遍认识到组织是人们按照一定的目的、任务和形式编制起来的社会集团，组织不仅是社会的细胞、社会的基本单元，而且可以说是社会的基础。

巴纳德（C. I. Barnard）将组织定义为“有意识地加以协调的两个或两个以上的人的活动或力量的协作系统”。

路易斯·A. 艾伦将正式的组织定义为：为了使人们能够最有效地工作去实现目标而进行明确责任、授予权力和建立关系的过程。

卡斯特对组织的定义是：一个属于更广泛环境的分系统，并包括怀有目的并为目标奋斗的人们，包括：一个技术分系统——人们使用的知识、技术、装备和设施；一个结构分系统——人们在一起进行整体活动；一个社会心理分系统——处于社会关系中的人们；一个管理分系统——负责协调各分系统，并计划与控制全面的活动。

从以上对组织的定义可以看出组织的含义中包含有四层意思：

一是组织必须具有明确的目标。任何组织均为目标而存在，无论这种目标是明确的还是模糊的，目标都是组织存在的前提，是组织活动的出发点和落脚点。没有目标也就没有组织存在的必要。组织通过连续地更新宗旨或目标保持其延续性。

二是组织内部必须有适当的分工与协作。适当的分工与协作是实现组织目标的必然结果，也是组织产生高效能的保证。

三是组织内部要有不同层次的权力和责任。分工后就要赋予各人以相应权力与责任。若想完成一项任务，必须具有完成该项任务的权力，同时又必须有相应的责任。

四是组织内部要设立必要的部门机构，对其活动中所需的资源进行合理配置，以保证其正常运转。

人们对组织的认识仍处于不断深入的过程中，随着人类实践的向前发展，人们的认识还会进一步演变和深化，但这并不妨碍人们对组织的理解。

二、组织的分类

由于现存组织很多，要对组织进行更加深入的了解，掌握其中的规律，就要根据不同组织的特点、功能、形式等对各种组织进行科学分类。但划分的标准很多，采用的标准不同，所分的类别也会不同。很明显，无论你从事哪种职业，都会在这些组织形式中的任何一种当中就职。但作为管理者，你需要根据组织类型将注意力集中在不同的目标上。

（1）按组织成立的目的划分，可分为营利性组织、非营利性组织和互利组织。

营利性组织是以利润或商业为目的的组织，它通过提供产品或服务来获取利润；非营利性组织既可能是公共部门也可能是私人组织，无论哪种，他们的目的都是向人们提供服务而不是营利，比如医院、学校、社会福利机构等；互利性组织是由志愿者组成的来提高成员利益的组织，如政治团体、农村合作社、工会、商业协会等。

（2）按组织的性质划分，可分为文化组织，如学校、科研机构、艺术团体、出版社等；经济组织，如工厂、银行、保险公司等；政治组织，如立法机关、执法机关、司法机关、行政机关、监狱、军队等；群众组织，如工会、妇女联合会、消费者协会等；宗教组织则是以某种宗教信仰为宗旨而形成的群体组织。

（3）按组织形成的方式划分，可分为正式组织和非正式组织。

正式组织如政府机关、军队、学校、公司等是根据明确的目标和任务建立起来的，这些正式组织因为具有目的性、正规性、稳定性而成为管理学中研究的重点。

非正式组织如俱乐部、各正式组织中自发形成的小团体等，与正式组织相比具有自发性、不稳定性等特点。他们是在正式组织活动中，由于频繁的接触与联系，使成员之间鉴于性格、爱好、情感、利益等因素，而自发形成的。由于非正式组织广泛存在于正式组织之中，所以其对正式组织的活动有着重要的影响。

（4）按组织规模的大小划分，还可以分为小型组织、中型组织和大型组织。

三、组织的作用

组织的作用主要体现在以下三个方面：

（1）组织可以形成一种合力。

当然，这种合力可以是正向的，也可以是负向的。当人们以一定的目标、秩序、规律，有机、科学地形成一个组织时，这个组织所产生的合力就通常是正向的，也就是通常所说的人多力量大，众人拾柴火焰高的道理。相反，如果人们以一种无目标、没有秩序的方式形成一个组织的话，那么这个组织所产生的合力就通常是负向的。比如，派一个组织拉一样东西向一个方向走，如果这个组织中的成员各怀鬼胎，有的想向东拉，有的想向西拉，有的想向南，有的想向北的话，结果可想而知，可能这个东西朝相反的方向走了，也可能原地不动。

（2）组织可以形成群体文化。

在一个组织当中，由于人们经常互相沟通、互相交流，久而久之这个组织中人们的世界观、价值观、行为准则等就会趋向一致，这就形成了群体文化。群体文化在组织中具有“黏合剂”和“润滑剂”的作用，对于组织的稳定与发展是非常重要的。

（3）组织可以满足成员的各种需要。

马斯洛的需要层次理论认为，人的需要由低级到高级分为生理的需要、安全的需要、社交的需要、尊重的需要和自我实现的需要。一般每个组织成员的这些需要是可以部分或全部被满足的。每个身在组织当中的成员因为被这个大家庭所庇护、所容纳，所以安全的需要就满足了；身在这个家庭当中不可避免地会和他人一起沟通、交流，那么社交的需要也得到了满足。而对于那些多才多艺、有一技之长的成员来说，他们的尊重的需要和自我实现的需要也会得到满足。

四、组织结构

所谓组织结构就是表现各部分排列顺序、空间位置、聚集状态、联系方式以及各要素之间相互关系的一种模式，是执行管理和经营任务的体制。组织结构是整个管理系统的“骨架”，保证管理系统人流、物流、信息流的正常流通，使组织目标的实现成为可能。组织结构的基本形式如下：

1. 简单式组织结构

简单式组织结构是最古老的一种组织结构，它以典型的等级原理为基础。

简单式组织结构的特点是组织从最高管理层到最低管理层各种职位均按垂直系统直线排列，组织的领导行使全部的管理职能，一个下属只接受一个上司的命令，也只向其汇报工作。

这种组织结构的优点是职责分明，指挥统一，信息沟通方便快捷，反应快速灵活；缺点是不同部门之间的工作难以协调，容易产生专制，也妨碍激发下属的主观创造性。

这种组织结构只适用于规模小、管理简单、业务单纯的小型企业。当然，这些小型企业在发展成为大公司的过程中会采用不同的组织结构类型。比如以两人车间起家的惠普和苹果计算机公司后来也发展成了大公司。如图 3－1 所示：

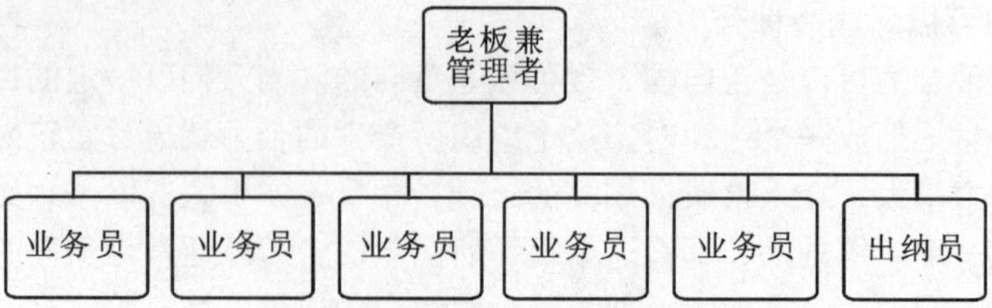

图 3-1　简单式组织结构图

2. 职能制组织结构

职能制组织结构是一种以职能为导向的组织结构模式。这种结构最早是由弗雷德里克·W. 泰勒提出的。泰勒被誉为“科学管理之父”。他认为，没有一个管理者或上司仅凭自己便拥有了必要的专门知识，来指导他的全部下级。

这一组织结构的特点是组织按照相同的职能将各种活动组织起来，从事相同性质的工作人员被安排在同一部门，组织任务集中明确。比如制造企业通常会将相似工作技能的人分别安排到市场部、生产部、财务部等。而在学校等教育机构中也会根据员工的专业将其分配到不同的系别。

职能制组织结构的优点是适应管理工作分工较细的特点，减轻了上级主管的工作负担。而且完成同样任务的员工被分在一起可以达到规模经济和对资源的有效利用。由于人们可以研究大量不同的问题并和其他专家沟通，所以有利于大型的职能部门进行深入的技术开发；职业生涯的发展是以职能技术为基础的，因此有利于调动员工提高技能的积极性；经理和员工由于类似的训练和技能也可以融洽相处。

缺点是由于不受单一领导的指挥，妨碍了指挥的统一性，容易造成管理混乱，各部门之间缺乏沟通与交流，不利于综合人才的培养。

这类组织结构适用于外部环境稳定，技术成熟，不太依赖跨职能部门的小型企业。如图 3-2 所示：

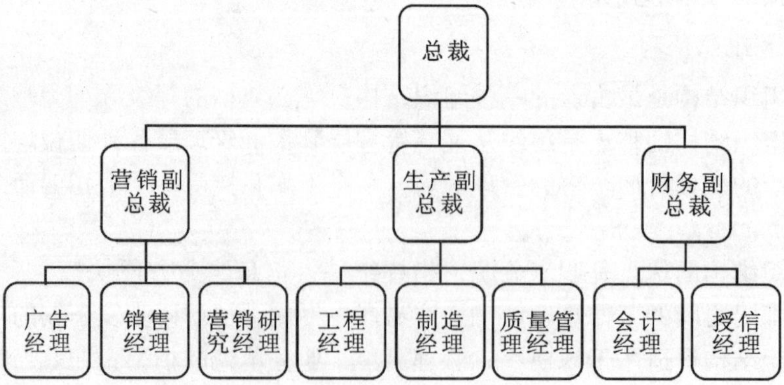

图 3-2　职能制组织结构图

3. 事业部组织结构

事业部组织结构实行集中决策指导下的分散经营，按产品、地区和顾客等将企业分为若干相对独立的经营单位，分别组成事业部。产品部集中了从事相似产品或服务活动的人，主要负责相似产品或服务活动。顾客部集中了服务于共同顾客或客户活动的人，负责为共同的顾客或客户服务。地区部以地区作为划分部门的标准，将共同地区的活动集中起来。各事业部在经营运作方面有很大的自主权，实行独立核算、自负盈亏，并可根据经营需要设置相应的职能部门。总公司的职责主要是制定重大的方针、政策，掌握投资，重要人员的调配、任免等大权。

在大型公司中，事业部结构极为普遍。多数大型公司都有独立的事业部以完成不同任务，或为不同客户提供服务或是应用不同的技术。当一家巨型公司为不同市场生产产品时，每个事业部就作为独立的业务部开始发挥作用了。比如时代华纳公司就采用了事业部结构，其事业部包括华纳兄弟——世界最大的唱片公司；HBO——处于行业领导地位的付费有线电视频道；《时代》杂志以及小布朗——一家书籍出版公司。每个公司都在时代华纳公司总部的指挥下分别做不同的业务。

事业部组织结构的优点是具有较高的稳定性与适应性，能充分发挥各事业部对经营管理的积极性、主动性，有利于培养全面的管理人才。由于员工被划分在同一地域对同一条产品线负责，所以有利于跨职能部门之间的合作，事业部内的协作关系比较融洽。而且员工的目标一般是直接指向产品的成功而不是其自身所在的职能部门，这样员工就有了更宽的目标导向，有助于其扩宽管理的视野。

缺点是各事业部门利益的独立性使他们容易产生本位主义，忽视长远的利益，影响各部门的协调。在总公司和各事业部都要设置相应的职能机构，可能导致机构重复、管理人员增多、成本增加，各事业部间的竞争也会造成其交流困难。

这种组织结构适用于规模巨大、产品品种多样、市场分布面广泛的大型企业。如图 3－3 所示：

4. 矩阵制组织结构

矩阵制组织结构将职能部与事业部两条命令链综合起来，这样就形成了横纵两条管理体系，一条是职能部门系列，另一条是为完成某一临时的任务而组建的项目小组系列，横纵两个系列交叉就构成了矩阵。

这一结构打破了统一指挥的传统管理原则，它有多条指挥线。当组织面临较高的环境不确定性且组织目标需要同时反映技术与产品双重要求时，矩阵制组织结构就是理想的选择。矩阵制组织结构因其具有双重命令链而引起了很多争论，然而它已经被 IBM、联合华纳和福特这样的公司成功运用了。

矩阵制组织结构的优点主要是将企业的纵向联系与横向联系结合起来，有利于加强各职能之间的配合与沟通，能较好地解决组织结构相对稳定和管理任务多变之间的矛盾，使一些临时的、跨部门的工作变得不再困难，增强了组织的灵活性与适应性。由于专家经常从一个事业部流动到另一个事业部，因此，矩阵结构充分利用了人力资源。矩阵制组织结构还同时提供了专业和一般性管理技能的培训。在一个全球矩阵中，一个职能部门或是一个特定地区的员工有机会接受深入的专业训练，同时要和其他项目和事业部的人员合作，这有助于扩展他们的管理视野。

产品部

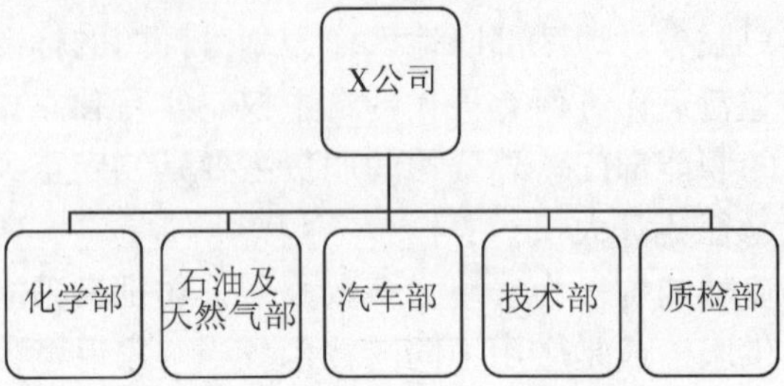

客户部

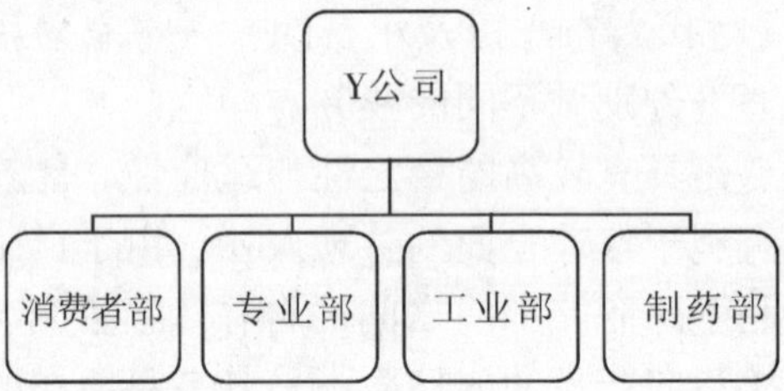

地区部

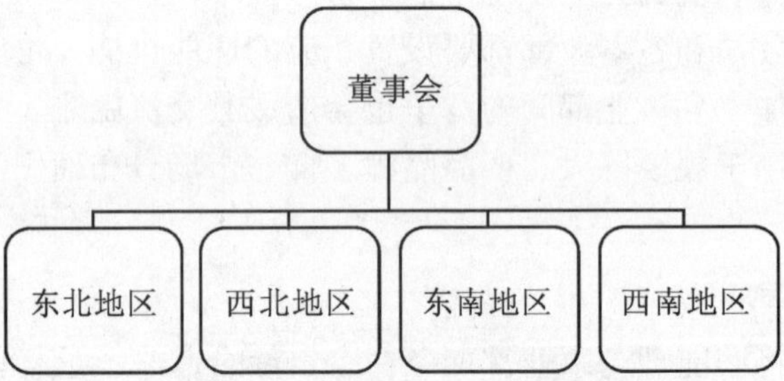

图 3－3　事业部组织结构图

缺点是由于实行双重领导，容易造成项目经理和职能经理之间相互推卸责任，而且因为项目小组具有临时性的特点，容易导致人心不稳，责任心下降。

矩阵制组织结构适用于工作内容频繁改变、每项工作的完成需要很多技术支持的组织，或者为一般组织中安排临时性工作任务的补充结构形式。如图 3－4 所示：

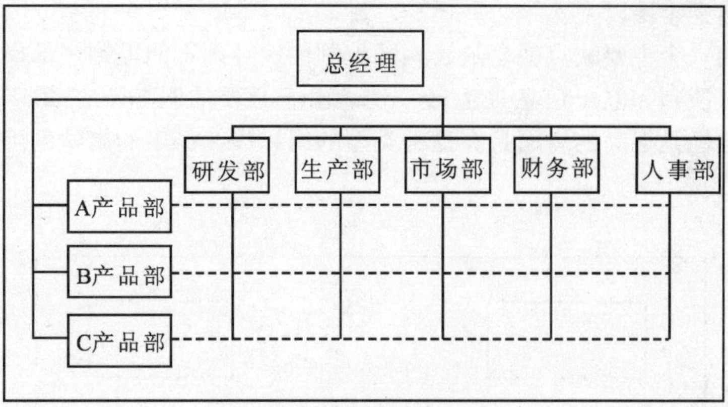

图3－4 矩阵制组织结构图

5. 动态网络结构

动态网络结构是一种以项目为中心，通过与其他组织建立研发、生产制造、营销等业务合同网，有效发挥核心业务专长的协作型组织形式。它通过以市场的组合方式替代传统的纵向层级组织，实现了组织内在核心优势与市场外部资源优势的动态有机结合，因而具有敏捷性和快速的应变能力。惠普的信息总监兼副总裁说："关于公司要在哪里起步和中止的观念，在未来将变得非常不同。你的专长到时就像正收获的木材或正在加工的木材，但你同样需要将你的产品转移到建筑业。以往我们会将这些程序放在一起完成，现在有了网络结构，别人就可能帮你'开船'完成工作，但这艘船开起来仍像你的。"

有了网络结构，组织就可能在更广甚至全球范围内运作，但其基本的核心仍然很小，从而保持了较低的薪酬和管理费用。美国著名运动品牌制造商 NIKE 公司自创立之日起就采用这种组织形式。公司本部只负责研发和营销，而由遍布全球的制造商与其签订合同为其制造产品。

网络式组织是一场革命。因为人们很难再用传统的术语回答这样一个问题，就是"组织在哪"？比如一家公司可以将培训、运输、法律、工程等昂贵的服务承包出去，这些职能就不再是传统意义上组织的一部分了。我们也可以设想一款设备，这款设备在加拿大开发，在美国进行工艺设计，在中国制造，由一家意大利公司负责销售，这些部门是通过合同进行电子化的合作，从而形成了一种新的组织形式。

网络结构最大的优点就是全球性的竞争能力。网络组织即使规模再小也可以是全球性的。网络组织可以在世界范围内获得资源，从而实现最优的品质和价格，并在全球范围内提供其产品和服务。另一个优点就是劳动力的灵活性和挑战性。灵活性来自于可以按照需要购买所需的服务，比如工厂和仓库，并在几个月之后改变这一切，而不会被这些工厂和设备所累。组织可以不断地改变自身以适应新的产品和市场机会。对于那些属于公司固有部分的员工来说，挑战性来源于更大的工作变动性和在精干的组织中工作而获得的工作满意度。而且这一结构也许是所有组织结构中最优的一种，因为他需要的管理者极少，且不需要大批的参谋和管理人员。一个网络组织结构可能只有两到三层，而传统组织可能达到十层以上。

网络组织的一个主要缺点就是缺乏实际控制性。经理不能控制全部操作，而必须依靠合同、合作、谈判和电子信息来运转一切。由于必要的服务不在直接的管理控制之下，所以不确定性是很高的。而且在这种类型的组织中，员工的忠诚度可能很低。如图3－5所示：

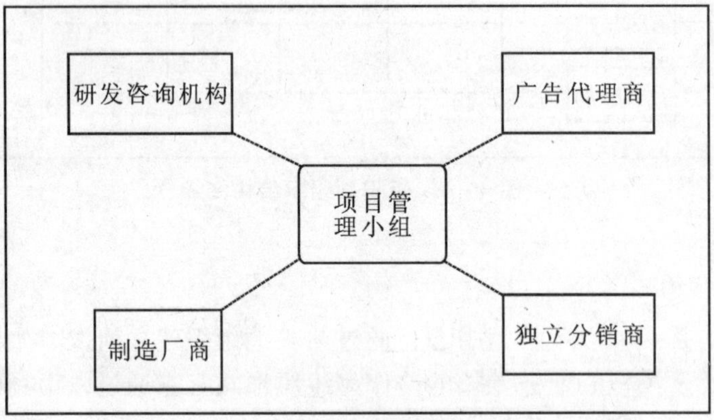

图3－5　动态网络结构

在设计组织结构时，必须考虑组织的目标和计划，结构必须反映目标和计划，因为它们决定并衍生出组织的活动。结构也要反映组织职权。伊特齐奥尼按职权将组织进行了分类：强制型组织是运用力量来实行控制的组织，如监狱、军队等；功利型组织是运用报酬来实行控制的组织，如工商业、政府等；规范型组织是运用道德来实行控制的组织，如宗教机构。组织结构还必须适应环境。劳伦斯和洛斯奇认为，组织环境是一个重要的承上启下的关联因素，这个因素对组织结构的设计具有独一无二的影响。在设计组织结构时还需要考虑的另外一个重要因素是人。对实现目标所需要的技能、知识和专长以及在组织环境中如何利用它们必须予以重点考虑。一些理论家极力宣扬人力工程方法，这种方法认为组织结构应与人的需求和技能相适应。

经典案例

“自然之友”组织架构及岗位职责

中国文化书院的绿色文化分院（习称“自然之友”）是1994年3月经政府批准成立的我国第一个群众性民间环保团体，主要发起人和现任院长是全国政协委员、中国文化书院导师梁从诚教授。

理事会职责

1. 理事会

（1）每年开会至少一次。听取并审议会务工作报告和财务报告。

（2）讨论并以表决方式决定涉及全会的重大政策性问题。

2. 常务理事会

（1）在理事会闭会期间，行使理事会职权。

（2）就临时发生的重大问题进行讨论，并以协商或表决方式作出决定。

3. 会长（一人驻会）

（1）代表理事会全面领导和管理“自然之友”的日常工作和各项目的运作，并为之承担最后责任；在对外活动中代表“自然之友”。

（2）会长对“自然之友”重大政策问题的决定不能超越理事会（常务理事会）已经作出的决定的范围。在特殊情况下，如必须作此类决定，事后须经理事会（常务理事会）追认其有效性。

4. 副会长（一人不驻会）

（1）协助会长领导“自然之友”各项工作，在具体项目上可与会长作适当分工。

（2）在会长不在或其他需要的情况下，行使会长职权。

办公室岗位职责

1. 办公室主任

（1）经理事会同意，由会长聘请，全面负责“自然之友”日常行政、会员管理、会员活动、对外接待和对外联络（项目组工作范围以外的）、图书资料管理、对各项目（包括“自然之友”网络）的行政和事务性支持、对财务工作的行政监督和理事会特别委托的其他工作。

（2）对理事会和会长负责。

（3）按年度对上述各项工作作出规划，经会长同意后按规划实施。

（4）拟定办公室工作范围内各种管理条例，报请理事会（会长）同意后监督实施；对行政工作中出现的重大问题，要向理事会（会长）汇报，并按后者意见处理或改进。

（5）在接待中获得的重要情况，要及时向理事会或会长汇报。

（6）按财务制度规定权限，审批日常办公经费开支。

（7）有权提出办公室工作人员（会计、出纳、行政秘书）人选，报理事会（会长）同意后，以“自然之友”名义聘用，对他们的工作负领导责任。

（8）代表“自然之友”接受会内外小额捐赠。

2. 会计及出纳

（1）会计岗位。

①根据会计准则的要求，结合“自然之友”会计核算的特点，设置会计科目。

②对以下会计事项进行核算：款项的收付、财产的增减、债权与债务的发生与结算、资本的增减、费用的支出、由上述各种变化引起的财务成果。

③审核记账凭证并登记账簿且做到：账、实相符，账、账相符，账、表相符。

④按时编制会计报表。

⑤根据捐赠单位的要求编制相应的财务报告。

⑥根据理事会的要求，向理事会作财务报告并汇报相关事宜。

⑦负责会计档案及资料的保管。

（2）出纳岗位。

①负责货币资金的收入、支出及保管工作，确保货币资金的安全完整。

②负责清算与货币有关的各项收、支及差旅费、项目借款的报销。

③审核原始凭证并填制收付款的记账凭证。

④及时登记现金及银行存款日记账，做到日清月结。

⑤按期与会计对账，并对货币进行盘点，做到账、账相符，账、实相符。

⑥按时编制“银行存款余额调节表”。

⑦如出纳同时经手零星现金收入（会费、售书、小额捐赠等），必须向付款人开出三联收据，会长可委托专人定期对收据与现金进行核对，经其签字认可后记入现金账。

3. 行政助理

（1）会员日常管理、答复入会申请、接受会费。

（2）邮件收发。

（3）资料室图书、资料（包括音像制品、宣传品和照片）的保存和管理，销售有关图书。

（4）其他由办公室主任委托的工作。

项目组岗位职责

1. 项目主任

（1）经理事会同意，由会长聘请，全面负责由理事会委托主持的各项目。

（2）对理事会及会长负责。

（3）在项目实施前，要向理事会（会长）提出工作计划（或规划），经同意后，按计划实施项目，并有权在项目实施过程中，在不违反大框架的原则下作适当调整、修改。

（4）计划的重要更改以及项目实施过程中发生的重大问题，要及时向会长汇报，征求意见（在会长外出情况下，有权对临时发生的情况作应急处理）。

（5）指导监督各项目负责人对已有项目的实施，并在财务管理制度范围内，审批项目财务文件。

（6）有权提出项目负责人和项目助理人选，经理事会（会长）同意后以“自然之友”名义聘用；有权直接审批由项目负责人提出的临时工作人员人选和在预算范围内的报酬标准。

（7）提出项目今后发展方向与规划的设想。

（8）提出设立新项目的建议。

2. 项目负责人

（1）作项目立项报告。

（2）推进项目顺利实施。

（3）对项目作阶段性和最后评估报告。

（4）按财务要求作项目经费预算，经批准后负责预算的实施。

（5）在项目执行的相当阶段，按财务要求报账。

(6) 在项目实施过程中，如发生重大问题或意外事件，要及时向项目主任报告并听取指示；如遇紧急情况，也可直接向会长报告。

3. 项目经理

(1) 安排项目组来人、来访。

(2) 为项目作前期联络和准备工作。

(3) 尽可能保持与外出项目人员的通讯联系。

(4) 起草部分信函。

(5) 信件处理和保管。

(6) 整理会议纪要、出差报告。

(7) 负责保管各项目所有相关文件、档案。

(8) 协助项目主任适时掌握各项目进展情况。

4. 项目临时工作人员

(1) 由项目负责人提名，项目主任批准，同时报会长知晓。

(2) 其职责由项目负责人报项目主任决定。

(3) 其劳务费额度由项目负责人提出，项目主任批准，在项目劳务预算内开支。

◇ 案例分析

所谓组织结构，就是表现各部分排列顺序、空间位置、聚集状态、联系方式以及各要素之间相互关系的一种模式，是执行管理和经营任务的体制。组织结构是整个管理系统的“骨架”，保证管理系统人流、物流、信息流的正常流通，使组织目标的实现成为可能。从这个案例当中我们可以看出“自然之友”的组织架构和各岗位的职责都是非常清晰明确的，通过对这个案例的分析研究可以对组织结构这个概念有一个更深刻的理解。

◇ 讨论题

1. 请画出“自然之友”的组织结构图。

2. 试分析理事会、办公室及项目组之间的职责关系，这种职责关系有什么优点和缺点？

◇ 思考与练习

1. 组织的含义及分类是怎样的？

2. 简述组织的作用。

3. 举出两个实例，勾画出其组织的结构，并对比其不同之处。

第二节　组织设计

一、组织设计的基本内容

组织设计是根据组织目标及任务，确定组织内的各部门及所属成员的职责范围，以组织结构安排为核心的组织系统的整体设计工作。

组织设计的目的是通过创建完善的组织体系动态地对外部环境的变化及时作出反应，并要对组织资源进行合理的积累与分配及协调好各部门之间的相互关系，以确保组织目标的实现与组织任务的完成。

组织设计的任务是设计科学的组织结构，确定和规划组织当中各部门的职能和权限，明确组织中职能职权、参谋职权、直线职权的管辖范围，并建立相应的协调机制。

组织设计一般包括职务设计、部门设计、层级设计、责权分配。

（一）职务设计

在工作岗位上，人们所承担的职务不是随便确定的，而是管理者经过设计和安排，根据岗位的性质、要求和工作人员的资历、素质等确定的。

职务设计通常有四种方式：

1. 职务专业化

专业化的职务设计能够有效地提高工人工作的熟练程度，减少因工作频繁变换而损失的熟悉工作的时间，可以大幅度提高工作效率。亚当·斯密提出了实现经济增长和增加国家财富的两个概念，即劳动分工和工作专业化。他认为通过把整个劳动分解成较小的部分，每个员工的工作就只涉及越来越少的操作工序了，由于工人一天天重复着同样的操作，他最终会成为他所从事的工作方面的专家。然而，由于员工长时间地从事某项单一的工作，很容易产生厌倦，从而又会影响到工作效率与积极性。

2. 职务扩大化

职务扩大化是通过对工作的重新设计，把相关活动加入到现行工作中，并且在一定限度内允许员工决定自己的工作节拍，通过赋予他们质量控制的责任来进行自我监督，他们负责自己所操作机器的设置和维修，掌握方法的选择。工作的范围可以从横向和纵向两个方面进行扩大。横向扩大是指将与现有工作相似的工作并入到工作中；而纵向扩大是指在现有工作职责的基础上，再给员工分配另外的职责。这种职务设计与职务专业化相比打破了重复工作所导致的单调性，使工作更富有挑战性。

3. 职务轮换法

职务轮换法就是在事先确定的基础上让员工在组织内几种相关工作之间进行轮换。他将在不同的工作岗位上从主管人员那里获取工作知识和经验。一些研究者认为，工作的不同任务会激励人们做出更好的行为业绩。但在进行这种职务设计时，必须进行详细的计划，要遵循由简到繁的工作原则。

4. 职务丰富化

职务丰富化实际上是使员工对其职务有更多的自主权，可以自行决定工作的进度与强度，从而增强其工作的独立性和责任感。职务丰富化创造出了一种自我管理式的工作，员工对其工作任务从计划到控制阶段进行全面负责。

（二）部门设计

部门设计就是根据组织的职能相似、活动相似和关系紧密的原则，按照各岗位的特征对它们进行分类，从而形成一系列部门。

部门设计的目的是明确组织中任务分配及责任的归属，以求分工合理、职责分明。

1. 部门划分的原则

精简原则：在能够实现组织目标的前提下，划分部门时要力求部门最少，从而保证组织结构的精简。

弹性原则：部门的划分不应是固定不变的，而应该根据实际需要适时地作出调整。

目标实现原则：在划分部门时要充分保障组织目标的实现，应使组织具备完成组织目标的一切部门。

任务平衡原则：在划分部门时还要做到使各部门间分配的任务与所承担的职责保持平衡，避免出现忙闲不均的情况。

2. 部门划分的方法

（1）按照职能划分部门。

按照职能划分部门就是根据组织中的生产、销售、人事、财务等基本的业务活动的相似性来设立相应的部门，这是一种传统而基本的部门划分方法。判断某些活动是否相似的标准是：这些活动的业务性质是否相近，从事活动所需的活动技能是否相同，这些活动的进行对同一目标的实现是否具有紧密相关的作用。在主要部门确立之后还要确定辅助职能并进行分组，比如市场职能可能包括的辅助职能有广告、销售、市场研究和服务。再下一步这些辅助职能可能被划分为更小的工作范围。

职能的划分有助于实现功能具体化。按照职能划分部门是组织活动的基础，而且可以运用于组织结构的每一个层次。

按照职能划分部门的优点：是一种符合逻辑的和经得起时间考验的方法；可以维护主要职能的权力和威信；遵循了工作专业化的原则；简化了培训工作；为上层提供了严格的控制手段。

主要缺点：不太强调公司的目标；过度的专业化以及主要人员的观点带有局限性；弱化了职能之间的协调；只有主管人员对利润负责；对环境变化适应性差；不利于总经理人选的产生。

适用范围：环境稳定、技术相对常规、部门之间的依赖程度较低、组织的目标依附于内部效率和专业特长的中小型组织适用于这种结构。如图 3－6 所示：

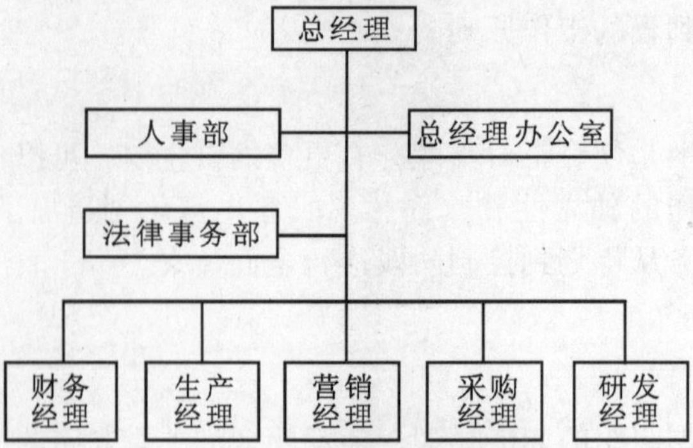

图3-6 职能部门化组织结构图

(2) 按照产品划分部门。

按照职能对部门进行划分的方法往往用于组织成立之初，产品品种单一且组织规模较小时。但随着组织的日益发展，其生产的产品种类越来越多，如果将生产不同种类产品的组织按照职能划分到一个部门的话，就会增加部门的工作负担，使管理工作日益复杂。这时就有必要增加一种划分方式即按照生产产品的不同而划分不同的部门。围绕产品或服务大类的活动和要求来划分部门即为产品部门化。

按产品划分部门的优点有：①专业化经营，效率高，各类产品直接面向市场并专注于特定产品的经营，有利于提高效率水平；②促进不同产品间的竞争，可以比较不同部门的贡献；③对培养多面手提供很好条件；④允许产品和服务多样化；⑤公司的部门层也对利润负责。

主要缺点是：①需要更多综合管理人才，提高了培训成本；②造成部门本位主义：各产品部门只关心本部门的产品，对整体组织欠缺考虑；③管理成本上升。

适用范围：通常适用于大型的和多角化经营的企业。如图3-7所示：

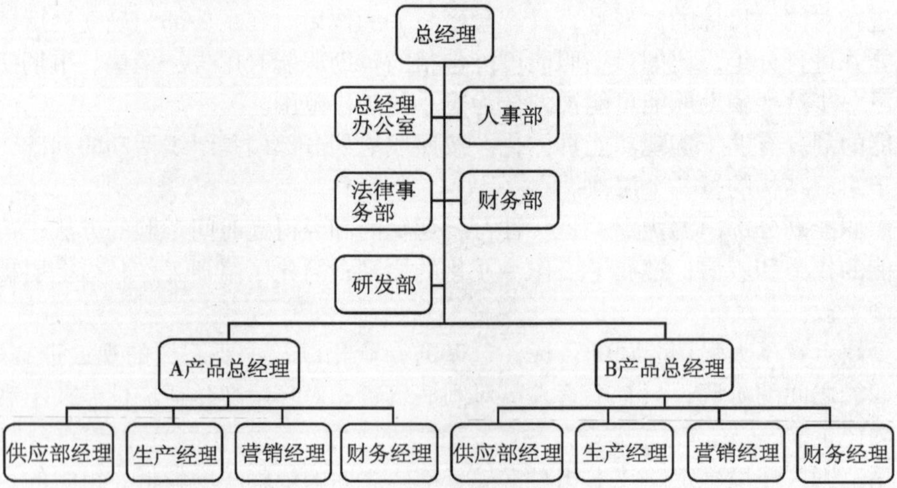

图3-7 产品部门化组织结构图

（3）按照地域划分部门。

随着业务活动的扩展，大型企业往往会在不同的地域开拓市场，而不同的地域由于文化的差异，其劳动态度、对物质利益或工作成就的重视程度以及消费偏好也会有所差别，这样就有必要根据地域的不同而划分不同的部门，从而可以使部门的活动能够更加针对该地域的特点。

按照地域划分部门的主要优点：可以把责任和职权下放到基层，鼓励地区主管参与决策；对本地区的市场和问题反应迅速灵敏；充分利用地域资源和地区政策；为培养综合管理人才创造了条件。

按照地域划分部门的主要缺点：机构重叠，难以控制；管理成本上升。

适用范围：许多国际性大公司通常采用这种组织形式。如图3－8所示：

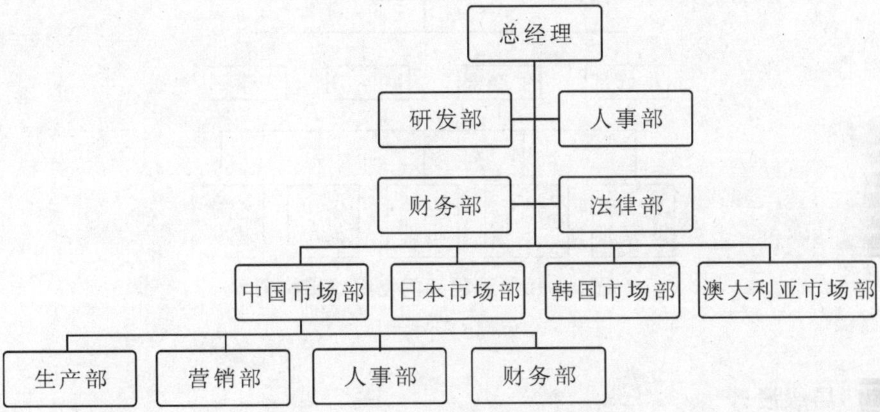

图3－8　区域部门化组织结构图

（4）按照顾客划分部门。

在市场竞争如此激烈的今天，“顾客就是上帝”，满足顾客的不同需要往往是企业的服务宗旨，而在满足顾客需要的同时，还要更加关注创造顾客的未来需求，而按照顾客来划分部门可以很好地达到这个目的。

按照顾客划分部门的优点：更好地发挥企业的核心专长；更贴近市场，更好地满足顾客的需要；易发挥特定用户领域专家们的专长；建立持久性竞争优势。

按照顾客划分部门的缺点：并不一定完全了解顾客真实的需求状况；顾客的需求偏好如果发生变化，转移的成本较大；需要更多的顾客专家。如图3－9所示：

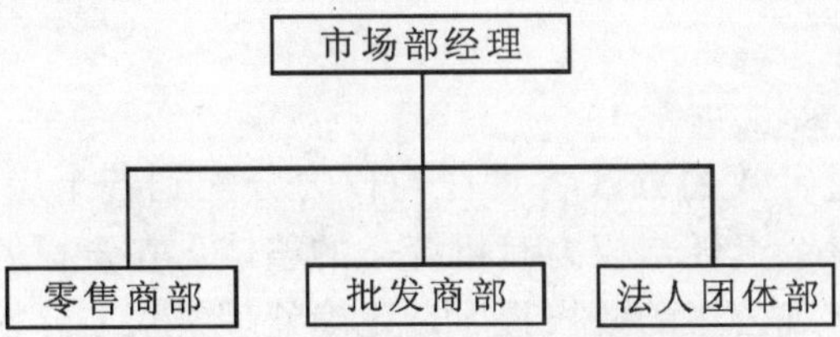

图3－9　顾客部门化组织结构图

（5）按照工作流程划分部门。

按照生产过程、工艺流程或设备来划分部门即为流程部门化。比如，一个发电厂发电的过程可能包括供煤、烧锅炉、发动汽轮机、启动发电机、配送电。那么就可以按照这些流程来划分相应的部门。

按照工作流程划分部门的优点：可以充分发挥专业技术优势；可以产生规模经济；易于管理，对市场变化能快速反应；简化了培训，减少了培训成本。

按照工作流程划分部门的缺点：部门之间的协作有困难，而流程往往又要求协作比较紧密；只有高层对利润负责，成本管理比较困难；不利于培养综合管理人才。

适用范围：大型的制造企业常采用这种组织结构形式。如图3－10所示：

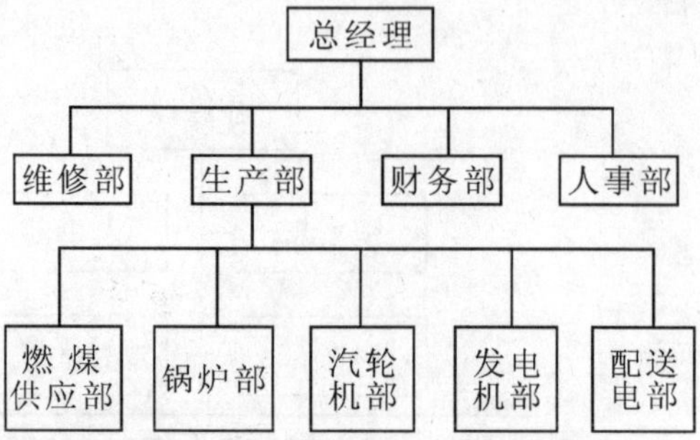

图3－10　流程部门化组织结构图

（三）层级设计

管理层次是描述组织纵向结构特征的概念，是指组织中的行政等级的数目，即从最高一级的管理组织到最低一级的管理组织之间的数目。在一个组织中由于集中了大量的员工，所以主管在平时不可能对每一个员工进行直接的管理与指导，所以就要设置管理的层次，进行逐层的管理。

在一个组织中管理层次的多少主要取决于组织工作量的大小和组织规模的大小。一般我们习惯将管理层次分为上层、中层、下层三级。上层的主要职责是从组织的整体利益出发，对组织进行统一指挥与综合管理，制定组织目标、计划、方针；中层的职责是根据组织的总目标设计各部门的具体目标，并制定完成任务的计划及实施方案与措施，对各部门进行合理的资源配置并协调各部门之间的关系；下层的主要职责是执行既定的工作计划和程序，协调基层的各项工作和实施生产作业。

（四）责权分配

责权分配就是通过有效的方式将责任与权力分配到各个层次、各个部门和各个岗位，使整个组织形成一个责任与权力有机统一的整体。在责权的分配中，最为关键的一个问题就是通过制定客观公正的授权程序，正确处理集权与分权的关系，在保证各部门有充分权力的条件下，尽可能避免权力的滥用。

集权与分权和制定决策的层次结构相关。集权意味着决策权靠近组织的高层，分权则意味着决策权存在于较低的组织层次。在美国和加拿大，各种组织所表现出的趋势是更加分权，因为分权减轻了高层管理者的负担，充分地利用了员工的技能，确保让那些拥有充分信息的员工制定决策以符合实际需要，还能使组织对外部变化作出更快速的反应。然而这一趋势并不代表每个组织在作所有决策时都应实行分权。经理应该对企业的状态作出合理的诊断并选出最符合组织需要的决策制定层。

一般来说，影响组织集权还是分权的因素有三条：

(1) 在环境中存在较大变化和不确定性因素时一般应实行分权。因为分权的体制有助于应付快速的环境变化和其中的不确定性。由于日益激烈的全球竞争，大多数公司都感受到了更大的不确定性。因此越来越多的公司都采取了分权管理。

(2) 集权和分权的程度应该与公司的战略相适应。比如，强生公司在研发和销售产品方面对其180个执行公司都给予了几乎绝对的权力。这种分权就适应了公司的授权战略，使得每个部门都能接近客户，迅速适应其需要。又如，BancOne银行的主席John B. McCoy在考虑到新科技和竞争对银行业可能造成的冲击后，就将BancOne银行的管理制度及时地转向了集权以求削减成本，加快决策速度，以求能够更快地推出新产品和服务。

(3) 在公司发生危机或面临失败的危险时，可以将权力集中到高层，实行集权化管理。

二、组织设计的原则

(一) 目标至上原则

任何一个组织都有其特定的目标，管理者在进行组织设计时，无论使用什么样的方法，采用什么样的策略，都要以确保组织目标的完成为首要原则。

(二) 因事设职与因人设职相结合的原则

在进行组织设置的时候，逻辑性的要求首先要保证每一项工作都落实到具体的部门与岗位，要根据工作的性质与特点选择合适的人选，做到因事设职，使“事事有人做”而非“人人有事做”。但这并不意味着组织设计中可以忽视人的因素、人的特点和人的能力。组织设计的目的不仅是要保证“事事有人做”，而且要保证“有能力的人有机会做他们真正胜任的工作”，而且任何组织首先是人的集合，组织中各岗位、各部门的工作最终还是要人去完成的。人之所以参加组织，不仅要满足某种客观的需要，而且还希望通过工作来提高能力、展现才华、实现自我的价值。所以组织设计也必须有利于人的能力的提高，有利于人的发展，必须考虑到人的因素。

（三）统一指挥原则

除了位于金字塔顶端的最高指挥外，组织中的其他成员都会受到来自上级行政部门或负责人的命令，根据上级的指示开始或结束一项工作。统一指挥原则是指确保每一位下属只接受一位上级的指挥，将管理的各个职务形成一条连续的等级链，明确规定链中每个职务之间的责任、权力关系，禁止越级指挥或越权指挥。这一原则是组织工作的一条重要原则和基本原则。组织内部的分工越细、越深入，统一指挥原则对于保证组织目标实现的作用就越重要。如果一个下属同时受到多个上级的指挥，而所下达的命令又不一致的话，就会使下属陷于两难的境地。因此在组织设置时要明确上下级的职权、职责，严禁越组代庖。

（四）权责对等原则

在组织中，权力指管理者在特定的岗位上所具有的指挥、协调与自主的能力，责任是指在该职位上应承担的义务。组织中的每一个个体都应该按照要求，保质保量地完成工作任务，为了确保任务的完成，组织也必须赋予其完成任务所必须具备的权力，做到有多大的任务就要有多大的权力。权力的应用范围不能小于工作的要求，否则会导致责任无法履行，任务无法完成；也不应超过其应负的职责，以免出现滥用权力的情况，危害到整个组织系统的运行。

（五）集权与分权相结合的原则

集权有利于保障组织的统一领导与指挥，而分权是调动下属积极性、主动性的必要条件。合理的集权与分权有利于工作任务的顺利完成，也有利于高层领导者摆脱日常事务、集中精力处理重要事务。在组织设计时一定要把握好集权与分权各自的程度，使二者达到最佳的结合。

三、组织设计的基本程序

不同的学者、专家和实际管理人员在设计组织结构时可采用不同的方法。但这些方法都遵循了基本的模式或步骤：①明确组织目标。②制定衍生的目标、计划和政策。③确定实现规定目标需要的活动，并对他们分类。④对活动进行部门划分，并考虑可获得的人力和物质资源。⑤授予每个部门领导进行活动所必要的职权。⑥通过职权关系和信息系统将这些部门纵横交错地连在一起。

在组织设计时还要尽力避免一些错误，只有这样才能提高组织结构的有效性。这些错误包括：不能正确地进行计划；没有处理好人际关系；没有授权；直线职权和信息系统混淆不清；只有职权没有职责；给予职责但没有足够的职权来履行职责；对智能服务功能的随意运用；错误运用职权；错误使用服务部门；违反统一指挥与程序。

四、组织设计的影响因素

（一）战略

在影响组织设计的诸多因素中，组织的战略是一个重要的因素。一个组织为了在竞争中取胜，争取在竞争中具有独特的优势，就要选择一个与自己条件相适应的战略。战略是关于组织的长远目标、发展方向及相应行动的方案，是资源配置的设想与筹划，是组织获得长久竞争力的基础。战略要求与战略重点的不同都会影响部门及职务的设置与划分。

（二）环境

系统理论和权变理论认为，一切人类社会组织都是开放的系统，它的生存与发展都直接受到其所处环境的影响。对于组织来说，环境中存在不确定的因素是必然的，而且任何组织都处在一定的社会环境之中，组织无法改变外部环境，所以只能通过组织内部的设定来适应环境的变化。

（三）技术

技术是指把原材料等资源转化为最终产品或服务的机械力和智力的转换过程。英国工业社会学家伍德沃德通过对工业生产技术与组织结构关系的研究得出这样的结论：随着技术复杂程度的提高，企业组织结构的复杂程度也应相应提高，管理层级数、管理人员同一般人员的比例以及高层管理者的控制幅度亦随之增加。佩罗指出，组织中每一个部门都是由专门技术组成的集合体。技术受两方面的影响，即工作的多变性和可分析性。组织的协调和控制方法应该随其部门技术类型的不同而有所区别。组织内部技术越常规化、规范化，集权程度就越高，采用机械式组织结构的效率就越高；相反，部门内技术越非常规化、不规范化，集权化程度就越低，这时采用柔性的组织结构效率就越高。

（四）组织规模

组织的规模对组织结构有一定的影响是很容易理解的。比如对于一个只有几十个人的小企业来说，就不需要复杂的组织结构、严密的规章制度和分权决策。而对于一个有数万人的大集团而言，很难设想，如果没有一个高度复杂的组织结构来组织数万人的活动，企业将会是什么样子。组织规模的扩大可以提高组织业务量，从而使得组织成员增加，管理层次增加，专业化程度不断提高，组织的复杂化程度也会不断提高，组织的协调管理的困难就更大，组织进行分权的可能就越大。

经典案例

白宫内的死老鼠

美国总统与他们的官员之间存在的问题，并不总是重大政策上的问题。

卡特任总统期间的一个春天的晚上，几只老鼠蹿过总统的书房，警报传到联邦政府建筑物的负责机构——总务管理局那里。

几周以后，又有一只老鼠死在一间椭圆形办公室的内壁里。当卡特准备接见拉丁美洲贵宾时，这间总统办公室弥漫着死老鼠的臭味。紧急电话打到总务管理局，但他们拒绝过问此事。官僚们坚持说，他们已经消灭了白宫内部的所有老鼠，这只迷路老鼠肯定是从外面进来的，应由内政部负责。内政部提出抗议说，这只死老鼠现在是在白宫里面。卡特把两个单位的官员召到办公桌前，发了脾气："我连把一只死老鼠弄出办公室都不行吗?"结果是，成立了一个专门工作组去清除这只死老鼠。

案例分析

众所周知，美国总统的权力是非常大的，但面对办公室内的死老鼠却也束手无策。白宫内的总务管理局和内政部两个部门各有各的职责，但在对解决办公室内死老鼠这件事上却互相推卸责任，结果只能是再成立一个专门的组织去处理这只死老鼠。本节刚刚学习了部门设置的有关知识，通过对这个案例的分析，可以帮助我们更深刻地理解部门设置的相关问题。

讨论题

1. 白宫的部门设置有问题吗?
2. 这个案例说明在部门设置时应注意哪些问题?

思考与练习

1. 简述组织设计的定义、目的、任务与内容。
2. 组织设计的原则和基本程序是什么?
3. 有哪些因素能够影响组织设计?

第三节　组织变革

一、组织变革的含义

在对组织进行合理的设计，其内部的部门、岗位都正常工作后，并不代表这个组织就永远不变了，组织还要根据内外环境的变化不断作出调整，从而提高组织的效能。

所谓组织变革是指组织根据内外环境的变化，及时对组织中的要素进行结构性的变革，以适应未来组织发展的需要。组织变革的一般目标包括：改善激励、提高工作绩效、加强协作、降低人员流动率、减少矛盾冲突、降低成本等。具体来说，组织变革的基本目标主要是使组织、管理者和员工更具环境适应性。因为外部环境对组织的产生与发展起了相当重要的作用，组织的变革只有做到能够依据环境的变化而及时、准确地作出调整，才能使组织不断地向前发展。

任何组织都有自己特定的目标，在追逐目标的过程中，当组织内部的环境与外部环境发生冲突时，组织就有变革需要了。从中可以看出，组织变革的根本目的是实现企业的一种动态平衡。这种动态平衡主要指：组织要足够稳定以实现当前目标；组织能够在目标和方法上进行有序的变革；组织具有随着外部环境的变化而及时作出反应的适应性；组织的变革要具有主动性。

二、组织变革的类型

变革主要有两种类型：反应性变革和计划性变革。

反应性变革是指问题或机会出现后，企业才作出变革的反应，以适应新情况。当你还处在变革的惊讶当中时，通常已经没有时间为变革作出充分的准备了，因此，这种变革可能会犯很多错误。但商业世界中的一些传奇往往都与处理意料之外的灾难有关。

计划性变革是指对可能出现的问题或机会进行预期设想，采取积极的变革措施来解决问题或抓住机会。

三、组织变革的力量

（一）外部环境因素

宏观社会经济环境的变化，政治、经济政策的调整，经济体制改革以及消费者需求的变化都会引起组织内部深层次的调整与变革。比如饮酒习惯的变化导致葡萄酒销量的上升和威士忌销量的下降。

（二）技术的迅速发展

目前科学技术的发展速度越来越快，如果组织不能适时地加以变革，就会落后于时代的发展，被飞速发展的形势所淘汰。

（三）竞争的日益激烈

随着市场经济的发展，各种组织之间的竞争也越来越激烈了。组织为了在竞争中取得优势就必须顺应市场的需求对组织作出相应的调整。

（四）资源环境的变化

组织在发展过程中不可避免地要用到各种资源，如材料、资金、能源、人力等，所以组织要根据资源环境的变化及时地进行调整与变革。

（五）调整组织战略目标的要求

组织的战略目标决定了一定的组织机构设置，因此，在不同的发展阶段根据不同的战略目标，组织结构也要作出相应的调整。

（六）调整组织结构形态的要求

组织结构形态的调整主要是指对组织结构中的权责体系、部门体系的调整。当组织结构设计不合理或原有结构不适应新的发展变化时，就需要对组织结构进行调整。

（七）克服低效率的要求

组织在长期运行中，由于机构重叠、权责不清、目标不明等原因，可能会出现低效率的现象，为了防止效率的下降，组织就必须进行及时的变革。

（八）转变组织职能的要求

随着社会环境的变化，组织管理职能的基本内容也发生了根本变化，直接推动了组织的变革。

（九）知识员工崛起的要求

随着知识时代的来临，知识员工正在不同的组织中逐渐崛起。他们对组织的依赖性较低，更注重职业而轻视职位，更看重自主而轻视管制，这不仅改变了员工与组织间的关系，而且将从根本上动摇组织基础。

四、组织变革的内容

（一）人员变革

人员变革主要指员工在思想、行为、态度、价值观和需要的层次与种类等方面的改变，通过这种改变可以提高组织的绩效。变革的主要任务是组织成员之间的权力和利益等资源方面的重新分配。“具体包括组织变动和组织发展两部分内容。组织变动涉及人员流动、人员选择和人员培训；组织发展涉及人员的态度、观念、行为和关系的改变”。要想顺利实现这种分配，组织就必须注重员工的参与，注重改善人际关系并提高实际沟通能力。人员变革的目的是营造一种和谐向上的组织氛围，通过改善员工之间的相互关系，使员工之间、员工与组织之间、组织与组织之间能够更好地配合，从而提高工作效率。

（二）结构变革

结构变革是指组织根据需要对权力关系、协调机制、集权程度、职务和工作再设计等其他结构参数的改革。在结构变革中，管理者的任务就是对如何选择组织设计模式、如何制订工作计划、如何授予权力以及授权程度等一系列行动作出决策。

对于结构变革，组织首先要考虑的问题就是集权与分权的问题。在组织中集权与分权的影响因素主要有组织的历史、领导的个性、政策的统一性、组织的规模以及活动的分散性等因素，在组织变革时，要充分考虑这些因素，根据实际情况对集权与分权作出适当的调整以及对权力关系作出重新分配。其次，在结构变革的过程中还要对不适应当时组织需要的组织结构进行再设计，要根据当时形势进行适当的部门合并与增减或将结构进行重新设计，如将直线结构变为动态网络结构等。再次，根据变革的需要对职务和工作进行再设计，如可以重新设计职位体系和工作程序、修订工作说明书、丰富职务内容等。另外，在对结构进行变革时，组织对员工的要求以及员工的需要也会随之改变，这时，组织就应该对绩效评估方法、员工的奖惩制度等作出适当地调整以适应这种变革的需要。

（三）技术变革

技术变革是指对业务流程、技术方法的重新设计、修正和组合，包括更换机器设备，采用新工艺、新技术和新方法等。当今社会市场竞争日益激烈、科技发展步伐日益加快，这些既是组织变革的动因也是变革的条件和内容。

技术对于一个组织而言是非常关键的一种资源，组织如果想要获得长远的发展就必须跟上科技发展的步伐，并适时地对组织内部影响生产力的落后技术进行改革与创新。当今世界经济已经发展到以科技为主导的知识经济时代，根据我国最近几年加入世贸组织的经验，科技在组织发展中所起到的作用越来越大。组织的生命力越来越依赖于产品在市场上的竞争力，而产品的竞争力又取决于科技含量的多少，因此要在组织变革的过程当中及时地对组织的技术进行发展与创新，这样才能使组织具有旺盛的生命力。

五、组织变革的过程与程序

（一）组织变革的过程

多数的变革理论都是源自美国管理心理学和社会心理学家勒温的里程碑式的工作，他从变革的一般特征出发，提出了组织变革的三阶段模型，即融化——变革——再冻结，来解释如何启动、管理和稳定计划性变革。

（1）融化阶段——创造变革的动力。

融化阶段是指改革前的心理准备阶段，这一阶段的主要任务是使员工深刻理解改革的必要性，改变员工的观念和态度，让其接受改革，并自觉参与其中。所以领导者在这一阶段一定要充分做好员工的心理工作，激励他们，尽量消除改革的障碍。在这一阶段常用的一种融化员工的方式是“制定标杆法”，即将本公司的业绩与业绩较好的公司作比较的过程。比如某公司发展一套新技术的成本是该行业中最优秀公司的两倍，他们还发现，把一款新产品推向市场的时间是标杆公司的四倍，这些数据最终会改变员工的看法，并促使他们主动变革组织内部过程以保持竞争力。

（2）变革阶段——学习新的工作方式。

变革阶段是变革的行为转换阶段。由于在融化阶段，组织中的全体人员已经做好了变革的充分准备，所以在这一阶段的主要任务就是将已经激发起来的改革动机转化为改革的实际行动。管理者要推广先进经验，进行典型示范，找专家作讲座使他们对新的行为方式产生积极的心理反应。在这一阶段最好使员工意识到变革是一个过程而非一次性的活动。

（3）再冻结阶段——使新的工作方式正常化。

再冻结阶段是变革后的行为强化阶段。由于在旧的组织结构中，人们已经形成了既定的行为模式、价值观念、心理特征等，因此在改革后要运用各种巩固和强化方法使员工形成新的观念和行为习惯，以使新的组织状态保持相对的稳定。

（二）组织变革的程序

1. 发现变革预兆，寻找变革机会

在组织平时的运作中，要注重组织中各种资料的收集以便找出组织不适应环境变化的征兆。西方管理学家西斯托克经过多年对变革征兆的研究认为，在组织出现决策效率低下，或经常作出错误决策；内部信息传递失真，沟通渠道不畅；主要功能无效或不能发挥真正作用；缺乏创新精神致使组织停滞不前这些征兆时就表明组织有进行改革的必要了。

2. 分析变革因素，制定变革方案

在发现组织的一些不良征兆后，就要针对这些征兆分析变革因素，提出合理可行的改革方案并进行评估。

3. 选择变革方案，实施变革计划

在制订出几套改革的方案后，组织需要开会对其进行全面而科学的论证，从而找出一个正确可行的方案。然后对于这一方案作出具体的实施计划并坚决贯彻执行。

4. 评价变革效果，及时进行反馈

组织的改革是一个包含了很多复杂变量的转换过程，因此，再好的变革计划也会有漏洞。组织的领导者在变革后要对变革的结果作出总结与评价，分析是否达到了变革的目的，是否解决了所要解决的问题，是否提高了组织的效能等等，并把这些结果及时进行反馈，以便改进与完善。

六、组织变革的阻力

在组织变革的过程当中，不可避免地会遇到各种阻力，只有充分地了解和认识这些阻力，才能采取有效措施排除阻力，保证变革的成功。

组织变革当中的阻力主要来自个人阻力、组织中的阻力及外部环境的阻力。

其中来自个人的阻力主要有心理上的影响，如对未来的不确定性的担忧、对失败风险的恐惧、平均主义思想、厌恶风险的保守心理和惰性心理。利益上的影响，如岗位的要求有了变化，一些人可能失去工作，工资多少可能会发生变化、权力的大小也可能发生变化，这些利益受到影响的人就会联合起来阻碍变革的进行。

而来自组织的阻力主要包括组织结构和关系的影响，如组织的变革可能会打破原来已经平衡的组织结构与关系，一些群体的不满倾向就会产生，从而影响组织变革。再如资源上的影响，因为变革是需要资源的，所以组织变革资源的缺乏就会影响到组织变革。还有协议上的影响，组织在平时签订的各种协议内容当中可能存在影响组织变革的条款。

最后来自外部环境的阻力也是不可忽视的。比如外界市场如果缺乏竞争性，就会使员工产生安逸心态，束缚组织变革的进程。还有社会上对变革的舆论以及整个社会的文化特征也都会影响到组织的变革。

对于以上提及的组织变革中的阻力，领导者需要采取有效措施，消除障碍，保证变革的顺利进行，可以采取以下三种方法来消除变革中的阻力：①在变革前，让组织成员对变革的目的、内容、过程和可能的结果有所了解，可以在很大程度上减少他们对变革的抵制。②如果能让与变革有关的人员参与变革计划的设计过程，可以使他们了解到自己是变革的主体，从而消除他们对变革后自己地位变化的担心。③要争取高层管理部门的支持，如果变革涉及一个以上的部门，那么高层管理部门对于消除来自于各部门的阻力尤为重要。

七、组织变革的发展趋势

（一）扁平化

按照亚当·斯密的劳动分工理论，全部经营活动和生产过程分解为若干经营阶段和若干道工序，这样建立起来的层级制组织结构层次越多，信息传递链就越长，面对激烈的市场竞争的应变能力就越弱。这正像德鲁克所说的："组织的一条基本原则就是使组织的层次尽可能地减少，指挥战线尽可能地短。每增加一个层次，就会使得保持共同方向和相互理解更困难一些；每增加一个层次，就会使目标歪曲而注意力分散。"因此，组织结构变革的一大趋势就是减少管理层次而加大管理幅度。

（二）柔性化

柔性化是指在组织结构上不设置固定和正式的组织，而是设立一些临时性的以任务为导向的团队式组织。这种动态式的团队式组织因任务的需要而存在，又因任务的完成而解散，极具弹性。这种组织突破了传统的层级制组织等级分明、层次众多和官僚主义等缺陷，从而增加了组织对环境动态变化的适应能力。

（三）网络化

组织结构的网络化是指企业之间的强强联合，集中双方优势资源，达到信息、技术、市场、管理、人才的优化配置，取长补短，从而降低成本。组织的基本单元是各个独立的经营单位，这种结构对于组织结构而言最显著的变化是大量地裁员并精简机构，且缩小其经营范畴。而在组织外部，则通过联合和兼并组成企业集团，各集团以网络化的形式将相关的企业紧密联结在一起。

（四）虚拟化

虚拟化是网络化的极端形式。由于组织内部高度的网络化，使组织把大部分的实体转变为数字信息，减少实体空间，而更多地依赖电子空间，组织的形式将由以往庞大的外壳逐渐虚拟化，最终企业本身将成为"空壳组织"。

八、学习型组织

学习型组织这一概念是由彼得·M. 森格提出的。卓越的组织并不是一开始就卓越的，它要像一个婴儿一样需要不断地学习和成长，在不断学习的过程中提高自身的能力，并发展成为他们真正想要发展成的那样。这些组织一直不断地学习，发展新的技术、智慧和能力。一旦通过学习具备了新的能力，他们对周围世界的理解也就变得完全不同了。

所谓学习型组织是指那种能认识环境、适应环境，进而能动地作用于环境的有效组织。其理论揭示的是善于应变组织的普遍规律与特征，可以说学习型组织是知识经济的产物。卡瓦里瑞和菲罗认为，学习型组织的管理者应当帮助员工发掘他们内在的思维方式和价值观，这些内在的思维方式和价值观念会影响管理者的管理。在这种环境中，员工可以自由地试验、改革以及创造新想法和新事物。

学习型组织往往具有一些结构特征：①人性是善良的，但并不是一成不变的。②组织成员之间的交流既有垂直指令式的，也有横向协商式的，上级也对下级发布指令，但在出现问题时，组织成员能相互讨论，交换意见。③组织的战略是先导型的，思考问题的方式是系统的，而非线性的。④领导方式一般是民主参与式的，领导者在作出决策时，尽量使下级参与。⑤组织的分工强调扩大每个成员的工作并使其灵活丰富，组织利用经济、非经济两种因素激励实现组织目标，保证成员目标的一致性。

彼得·圣吉认为：汇聚五项修炼或技能，是建立学习型组织的关键。第一项修炼是自我超越，这是学习型组织的精神基础，是指突破极限的自我实现和技巧的成熟。第二项修炼是改善心智模式，要实现团队学习时的真诚交流，就要避免传统习惯和思维定式的束缚和干扰，注重心智模式的改善。第三项修炼是建立共同愿景，这是学习型组织的真谛。所谓共同愿景是指共同的目标、理想和价值观。“有了渴望实现的目标，大家会努力学习、追求卓越，不是因为他们被要求这样做，而是因为他们衷心地想要如此”。第四项修炼是团队学习，“在现代组织中，学习的基本单位是团队而不是个人”。在团队当中的学习应该真诚交流，使其形成一种民主、和谐的氛围。第五项修炼是系统思考，是前四项修炼效果的体现。“从将自己看作与世界分开，转变为与世界连接；从将问题看作是由‘外面’某些人或事引起的，转变为看到自己的行动如何造成问题”。

经典案例

组织变革的经典案例——“三湾改编”

1927 年 9 月 29 日，毛泽东率领湘赣边界秋收起义部队到达江西永新县三湾村。起义部队到达三湾的时候，人员损失很多，不足 1 000 人，组织也很不健全，思想也很混乱。当时，部队没有建立基层党组织，党不能切实掌握部队。再加上作战失利，连续行军，使一些意志不坚定的人产生了动摇。在这种情况下，如果不解决部队存在的问题，不加强党对军队的领导，不仅难以适应艰苦的环境，而且无法完成艰巨的革命任务。所以毛泽东在到达三湾的当天晚上，就主持召开了委员会议，决定对起义部队进行整顿和改编。主要内容是：第一，资遣一部分不愿留队的人员，部队缩编为 1 个团，称工农革命军第一军第一师第一团；第二，在部队中建立党的组织，做到连有支部，营团有党委，连以上设党代表；第三，规定官长不打士兵，官兵待遇平等，建立士兵委员会，参加部队的管理，协助进行政治工作和群众工作。士兵委员会由全体士兵民主选举产生，在党支部指导下进行宣传、组织群众的工作，组织领导士兵的文化娱乐生活，监督部队的经济开支和伙食管理。

由于加强了党的领导，改变了旧式军队的习气和农民的自由散漫作风，部队面貌焕然一新，凝聚力、战斗力空前提高。罗荣桓元帅曾回忆说，“三湾改编，实际上是我军的新生，正是从这时开始，确立了党对军队的领导”。如果不是这样，红军“即使不被强大的敌人消灭，也只能变成流寇”。“三湾改编”是建设新型人民军队的重要开端，在人民军队建设史上，具有里程碑的意义。“三湾改编”为我军的建设和发展提供了80年的稳定保障，并且还将继续发挥作用。

案例分析

三湾改编是秋收起义失败后部队在江西省永新县境内三湾村进行的一次整编。

毛泽东在《井冈山的斗争》里鲜明地指出：“红军所以艰难奋斗而不溃散，‘支部建在连上’是一个重要的原因。”“支部建在连上”是毛泽东在80年前领导的“三湾改编”的主要内容，实践证明，这是一次具有里程碑意义的组织变革。“三湾改编”确定了中国共产党对军队的绝对领导，保证了我军的无产阶级性质，从政治上、组织上奠定了新型人民军队的基础，在人民军队的建军史上具有重要的意义。

讨 论 题

1. 组织变革的含义是什么?
2. “三湾改编”对现代组织变革有什么启示?
3. 哪种情况下最适合组织变革？举例说明。

思考与练习

1. 什么是组织变革，组织变革的类型有哪些，内容是什么，阻力又有哪些?
2. 组织变革还需要具备怎样的支持力量?
3. 说说组织变革的过程与程序。
4. 根据实例阐述组织具有什么样的发展趋势。
5. 举中国的实例，谈谈你对学习型组织的看法。

第四章

管理与被管理者

知识结构图

- 管理与被管理者
  - 激励概述
    - 激励的概念
    - 激励的一般过程
    - 激励的原则
    - 激励的管理计划
  - 激励理论
    - 激励理论研究的历史观点
    - 内容型激励理论
      - 需要层次理论
      - 成就需要理论
      - 双因素理论
    - 过程型激励理论
      - 期望理论
      - 公平理论
      - 目标设置理论
    - 改造型激励理论
      - 强化理论
      - 综合激励理论

学习目标

1. 了解激励的概念、一般过程、管理计划。
2. 理解激励的过程与激励的理论研究的历史观点。
3. 掌握激励的原则与各种激励理论。

被管理者的层次分为组织、团队和个人，对组织的管理前章已经论述过，对团队和个人的管理主要是制度和激励，制度在其他章节论述，本章主要讨论激励理论。管理者想要提高工作绩效，就必须了解被管理者的愿望，根据组织活动的需要和个人素质与能力的差异帮助他们实现各自的愿望，以此提高被管理者工作的积极性。成功的管理者必须知道用什么样的方式才能成功地调动被管理者的工作积极性。

第一节　激励概述

“你可以买到一个人的时间，你可以雇用一个人到指定的岗位工作，你甚至可以买到按时或按日计算的技术操作，但你买不到热情，你买不到主动性，你买不到全身心的投入，而你又不得不设法争取这些。”美国通用食品公司总裁弗朗克斯如是说。

美国哈佛大学心理学家威廉·詹姆士在实地调查中发现，按时计酬职工一般只发挥了20% ~30%的能力，这样已能保证自己的地位而不至于被开除。如果充分地调动其积极性与创造性，其潜力可发挥到80% ~90%。一个人平常表现的工作能力水平与经过激励可能达到的工作能力水平之间存在着大约50%左右的差距。所以企业在激励职工积极性方面存在着很大的潜力。

一、激励的概念

激励一般是与人的动机相联系的，所以在介绍激励之前首先有必要明确一下什么是动机以及动机与行为的关系。动机，是指引发并维持一定的行为并使其朝向目标的心理活动。动机与行为的关系可以概括为：同一动机可引发不同的行为；同一行为可出自不同的动机；良好动机可引发不好行为；积极行为可掩盖不良动机；不能简单地以行为去推断动机，也不能绝对地由动机去判断行为。

人的行为都是由动机所支配的，而动机是由需要引起的，动机引起行为、维持行为并指引行为朝向目标努力从而满足一定的需要。需要，是指刺激作用于人的大脑所引起的客体感到缺失的一种状态。这里的刺激既可以是身体内部的刺激，如因饥饿而引起人缺少能量的状态，也可以是外界的刺激，如因广告等使人产生缺少广告中的东西的状态。个体有这种缺失感时，身心便会处于一种不平衡的状态，产生焦虑、烦躁、紧张等不良情绪，就会去寻求满足需要的办法。因此这种不安就会形成一股内驱力，驱使个体采取行动。整个过程如图4－1所示：

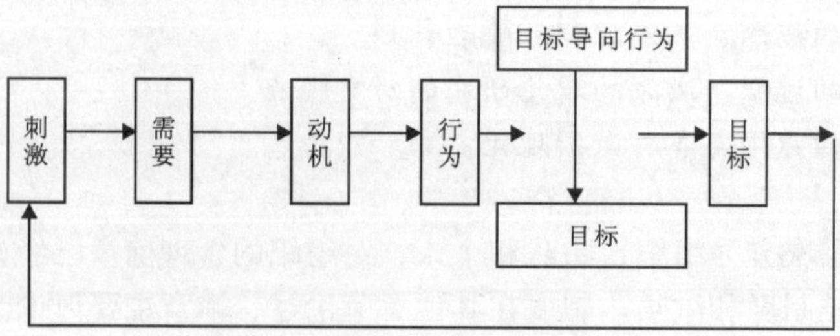

图4－1　需要、动机、行为过程

那么激励的含义就是管理者通过某种内部和外部的刺激，激发人的行为动机，使其产生一股内在的动力并使其朝向所期望的目标前进的心理活动过程。在管理中，激励通常是指调动人的积极性，激发员工的积极性和创造性，吸引组织所需要的人才，使员工充分发挥才干。

激励包括三个方面因素：①刺激变量，即人们的行为是由什么激发并赋予活力的；②机体变量，即是什么因素把人们正被激活的行为引导到一定的方向的；③反应变量，即这些行为如何才能被矫正、保持和延续，以及这种行为正在进行时，行为主体和客体的主观反应。

二、激励的一般过程

激励的一般过程是，首先激发个体未满足的需要，通过某种手段使人对未满足的需要产生某种期望值，这一步很重要，因为从领导方式上看，需要是领导者指挥下属和鼓励下属的行为基础；在引起需要之后，还要引导个体针对组织目标寻求和选择满足目标的战略；在制定出个体目标后，要监督其面向目标的行为，并对其进行绩效评价，评价后要及时给予奖励或处分；根据结果，个体会重新评价和估计需要。这一过程如图 4-2 所示：

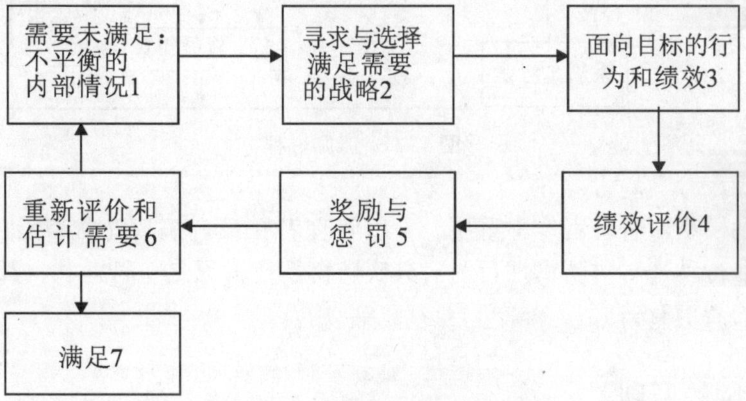

图 4-2 激励的一般过程

那么激励的具体过程是什么呢？人类有目的的行为都是出于对某种需要的追求，所以，未得到满足的需要是产生激励的起点。

激励是组织中人的行为的动力，而要通过激励促成组织中人的行为的产生，取决于某行动的效价和期望值。所谓效价，是指个人对达到某种预期成果的偏爱程度，或某种预期成果可能给行为者带来的满足程度；期望值则是指某一具体行动可带来某种预期成果的概率，即行为者采取某种行动，获得某种成果，从而带来某种心理上或生理上满足的可能性。显然，能够满足某一需要的行动对特定个人的激励力，是该行动可能带来结果的效价与该结果实现的可能性综合作用的结果。当一个人感觉到某种需求及其满足感的存在时，他就会受到满足该需求欲望的驱动，结果他就经历了某种程度的紧张，他的行为也就变成了目标导向的行为。这些驱动和紧张激发他采取一些行动，以实现他的目标。一旦目标实现后，他就会感到满足，从而使紧张心理得到松弛。但是需求的满足是一种持续的周期性过程，当一个目标达到后，新的需求就会出现，紧接着又伴随着紧张。

行为的结果可能是需要得到满足，之后再发生对新需要的追求；行为的结果也可能是遭受挫折，追求的需要未得到满足，由此可能产生消极的或积极的行为。积极的态度会将挫折转化为有意义的努力。当员工试图通过这种有意义的努力争取来年的成功时，激励过程就又开始了新一轮的运作。如果员工产生的是消极的态度，那么该员工可能会采取撤退、取代、补偿、抑制、退化、攻击、绝望等防御性行为。如图 4-3 所示：

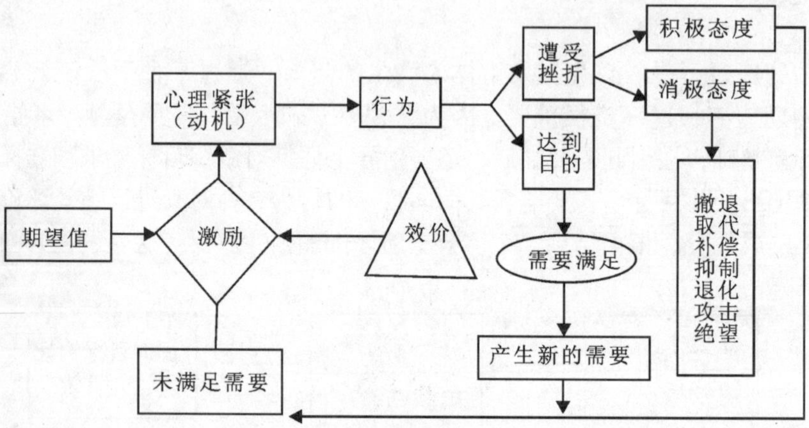

图 4-3　激励过程

这个激励模型对管理者非常重要，一些管理者在没有搞清症状背后的真实问题时，便对员工采取行动来对付防御性行为。其实防御性行为只是一种症状，其背后的真实问题则与人们的需求有关。

三、激励的原则

上面我们已经对激励的一般概念和过程有所了解，在激励时还要注意一些原则，总的来说激励的原则一般有七个，分别是：适时适度原则、物质激励与精神激励相结合原则、目标结合原则、外激和内激相结合原则、正激与负激相结合原则、按需激励原则和民主公正原则，只有掌握了这些原则，激励才能起到应有的作用。

（一）适时适度原则

激励操作的最佳时机一般是：面临新的组织环境时；对过错有悔过之意时；处于某种生理或心理困境时；对某种需求有着强烈愿望时；在物质或精神方面得到某种程度的满足时；“举棋不定”时。

（二）物质激励与精神激励相结合原则

物质激励和精神激励各有侧重，应因时、因事、因人制宜。要注意人们对物质奖励和精神奖励的新要求，不断改变和发展激励的内容和形式。要改变精神奖励颁发的单一性和照顾性，提高精神激励的效率。

（三）目标结合原则

在激励过程中，要设置合理的目标，目标必须同时满足组织目标和个人目标的要求，使个人目标的实现离不开为实现组织目标而努力。这样才能提高目标的效价，达到满意的激励效果。

（四）外激和内激相结合原则

所谓外在激励，是指如工资、奖金、福利这类创造工作环境方面的激励。而满足职工自尊、自我实现这类可以使人从内心产生满意情绪的激励则属于内在激励。在实际应用中，内在激励可以使职工产生对工作本身的满足感，因此要比外在激励更加深刻、持久。因为“任何人都不可能真正被他人激励起来……这扇门是从里面反锁上的；他们应当在能够培植自我激励……自我评价……和自信的气氛中工作”。

（五）正激与负激相结合原则

通过正强化与负强化的关系可以看出，正强化与负强化在实际应用中都是必要且有效的，而且这种作用不仅只对当事人有效，还会间接地影响到周围其他人。通过树立正面的榜样和负面的典型可以扶正祛邪，形成一种良好的风气，产生无形的压力，使整个群体和组织的行为更积极。但鉴于负激励具有一定的消极作用，容易使员工产生挫折心理和挫折行为，所以应该慎用。

（六）按需激励原则

激励的起点是满足员工的需要，但员工的需要存在着个体间的差异性和时间上的动态性，而且每个员工都有自己的迫切需要。这就需要领导在进行激励时要做好调查，满足员工最迫切的需要，这样激励效价才高，强度才大。

（七）民主公正原则

民主是社会主义激励的本质特征。员工是企业的主人，在对奖惩制度的制定以及奖惩对象和奖惩方案的决定上都可以通过工会组织发表自己的见解，实行民主评议。这样的奖惩结果才能信服于人而达到预期的目的。所以说民主是公平的保证。而公正是激励的一个基本准则，不公正的奖惩不仅收不到预期的效果，反而会造成许多消极后果。公正包括两个方面，一个方面是赏罚严明，就是做到在赏罚时不论亲疏远近一视同仁；而另一个方面是赏罚适度，就是做到功赏匹配、过罚适度，既不可小功重奖也不可大过轻罚。

四、激励的管理计划

在现代企业管理中，对员工的激励管理的方法一般有：工作丰富化、员工卷入方案、浮动工资方案、技能工资方案、灵活福利。下面分别对这五种方法进行介绍。

（一）工作丰富化

工作丰富化是指给予员工更多的任务及任务本身的控制权，使员工的工作更富有挑战性和成就感，以达到对员工的激励效果。

工作丰富化的方式主要有充实工作内容、自治工作群和实行弹性工作制。其中充实工作内容可以通过延长加工周期与下放责任和职权来实现。而弹性工作制主要是指将核心工作时间与弹性工作时间相结合，实行成果中心制以及紧缩工作时间。

（二）员工卷入方案

员工卷入方案是指发挥员工所有的能力，并为鼓励员工对组织成功作更多的努力而设计的一种参与过程。其隐含的逻辑是：通过员工参与影响他们的决策，增加他们的自主性和对工作生活的控制，员工的积极性会更高，对组织更忠诚，生产力水平更高，对他们的工作更满意。

员工卷入方案的形式有：参与式管理与代表参与。

参与式管理指的是下级分享其直接监管者的决策权的管理形式，即共同决策。那么为什么管理层愿意和下级分享决策权呢？首先，当工作变得复杂时，管理者常常不能了解员工所做的一切，所以允许最了解工作的人参与决策，从而形成更加完善的决策。其次，参与可以增加对决策的承诺。如果员工参与了决策过程，在实施决策时他们更不可能反对这项决策。最后，参与为员工提供了内在激励，会使他们的工作更有趣、更有意义。

代表参与是指工人不是直接参与决策，而是由一小群工人代表参与。许多国家尤其是西欧国家都通过立法要求公司实行代表参与制度。代表参与的目的是在组织内重新分配权力，把劳工放在和资方、股东的利益更为平等的地位上。

代表参与最常用的两种形式是职工监事委员会和董事会代表。职工监事委员会把员工和管理层联系起来，他们是一群被任命或被选举出来的员工，当管理部门作出人事决策时必须与之协商；董事会代表是进入董事会并代表员工利益的员工代表，在一些国家，法律要求大公司必须确保员工代表和股东代表在董事会中有相同的席位。

员工卷入方案的适用条件主要有：员工必须有充足的时间参与；员工参与必须与其利益有关；员工必须具有参与的能力（智力、技术知识、沟通技巧）；组织文化必须支持员工参与。

（三）浮动工资方案

计件工资、工资奖励、利润分成、奖金和收入分成都是浮动工资方案的具体形式。计件工资是指对工人完成的每一个生产单位付给固定报酬。奖金则通常与公司的整体绩效情况有关。利润分成是根据公司利润制定的某一特定公式来分配报酬，这些报酬可以是直接的现金支付，也可以是股权，后者尤其针对高层管理者。收入分成是根据某个群体或个人创造的收入的一定比例支付给群体或个人。这些报酬形式与传统方案的区别在于浮动工资方案不仅仅是根据工作时间或资历决定工资，而且工资的一部分决定于个人或组织的绩效水平。因此，浮动工资是不固定的，浮动工资的吸引力就在于这种工资的波动性。

（四）技能工资方案

技能工资不是根据一个人的职称或职位来确定他的工资级别，而是根据员工掌握了多少技能和能做多少工作来确定。例如，在宝利来公司，一名机器操作员最高的收入是每小时 14 美元，实行技能工资后，如果他能拓宽技术面，掌握如材料计算、设备保养和质量检查这样的技能，他的收入可增加 10%，如果他还能掌握一些他的监管者的技能，则收入会更高。

技能工资的好处主要有：①当员工的技能可互换时填补职位空缺就比较容易。比如，在裁员时就需要更多的多面手而更少的专家。②由于人们能更好地理解其他人的工作，所以有利于组织内的沟通，减少了破坏性的“工作区保护”行为。③技能工资有助于那些面临最少发展机会的有抱负的员工满足其需要。这些人可以在不提升职称的情况下增加其收入和丰富其知识。④技能工资可以提高绩效水平。

（五）灵活福利

灵活福利允许员工从众多福利项目中选择，允许每个员工选择一组适合他们需要和情况的福利。它改变了传统的“一种福利计划适用于所有人”的现象。具体操作上，组织为每个员工建立一个灵活的、通常以他们工资的一定百分比为基础的消费账目，并为每种福利标明价格。选择项目包括：便宜医疗方案，承保项目较少；昂贵医疗方案，承保项目较多；听力、牙齿和眼睛保险；假期选择；一系列的储蓄和养老金方案；生活保险；大学教育费补偿方案；延长的假期。然后员工选择福利项目，直到他们账户中的钱用完为止。

（六）激励员工的其他建议

（1）认清个体差异：每个员工都是一个独特的个体，他们的需要、态度、个性及其他重要的个体变量各不相同。

（2）使员工与职务相匹配：研究表明，将个体与职务进行合理匹配能够起到激励员工的作用。

（3）运用目标：管理者应确保每位员工都具有一定难度的具体目标，并对他们工作完成的程度提供反馈。

（4）确保个体认为目标是可达到的：无论目标是否可以真正达到，如果员工认为目标无法达到，则他们的努力程度就会降低。

（5）个别化奖励：由于每位员工的需要不同，因此对某人有效的强化措施可能并不适合于其他人。

（6）奖励与绩效挂钩：管理者必须使奖励与绩效相统一。

（7）检查公平性系统：员工应该感到自己的付出与所得是对等的。

（8）不要忽视钱的因素：金钱是大多数人从事工作的主要原因。如果金钱作为一种刺激手段被取消，那么人们就不会在工作中付出更多努力，但是工作丰富化或参与决策这些方法却不会出现这种状况。

经典案例

如此奖励最后伤了谁的心

如今，奖励成为一种重要激励机制。必要的奖励，能调动起人们的积极性，焕发工作热情，所谓“重赏之下，必有勇夫”，因此，有人称奖励为“神奇的一滴蜜”。

然而，现实中也有“不甜的蜜”，最近，就发现几件奖励不当反受其乱的事。

某厂奖励了一位看起来最忙碌、日工作时间最长的员工，却收到一封自称是“愤愤不平者”的来信，说是获奖者一天的工作量他两个小时就可以完成，而且工作质量更胜一筹。

某企业为了留住一位欲“东南飞”的“孔雀”，连续三次奖励其万元以上，然而换来的却是“早晚还得走”的结果，这就伤了那些忠于企业、安心于岗位者的心，他们说：该奖的不奖，不该奖的大奖，再这样，我们不干了！

某经营陷入困境的公司，为了安定人心，给予10名坚守岗位的员工千元奖金，这一奖，却让另一些人受了伤害，一位虽偶然脱过岗但事业有成的广告创意人员因此不辞而别。

诸如此类的奖励，导致了人心浮动。

有一则寓言故事，说的也是类似的情况。一次渔夫出海，偶然发现他的船边游动着一条蛇，嘴里还叼着一只蛙。渔夫可怜那只青蛙，就俯下身来从蛇口中救走了青蛙。但他又可怜这条饥饿的蛇，于是找了点食物喂蛇，蛇快乐地游走了。渔夫为自己的善行而欣慰。时过不久，他突然觉得有东西在撞击他的船，原来，蛇又回来了，且嘴里还叼着两只青蛙。

案例分析

本节我们学习了激励的概念、过程、原则以及激励的管理计划。这个案例无疑在运用激励的方式时出现了一些问题，这些有问题的激励方式不仅没有起到预期的效果，还使结果朝着相反的方向发展了。所以对这个案例的分析探讨，可以帮助我们更加深刻地理解激励的一般原理和方法问题，使我们在运用激励手段的时候能够认真分析，多动脑子，从而避免产生上述种种与预期相反的结果。

讨论题

1. 看了上述材料之后你有什么想法?
2. 如何才能使奖励变得像“神奇的一滴蜜”而不是适得其反?

思考与练习

1. 什么是激励，激励的一般过程与具体过程是什么?
2. 激励的原则有哪些?
3. 请为一个企业组织制订一份有效的激励管理计划。

第二节 激励理论

在经济发展的过程中，劳动分工与交易的出现带来了激励问题。激励理论是用于处理需要、动机、目标和行为之间关系的核心理论。人的动机来自需要，由需要确定人的行为目标，激励则作用于人的内心活动，以此激发、驱动和强化人的行为。

一、激励理论研究的历史观点

1. 科学管理阶段

泰勒将企业员工看成“经济人”，认为员工只有对物质利益的简单追求。激励主要表现在“A使B做A希望B做的事”。这种对激励的认识带有明显的使役性质。

2. 行为科学理论阶段

人们对人性的认识发生了很大的变化，认为员工不仅是“经济人”，还是有各种需要的“社会人”。激励开始涉及“行为是怎样开端的，怎样被赋予活力而激发，怎样延续，怎样导向，怎样终止，以及在所有一切进行过程中，该有机体呈现出何种主观反应”等问题。

3. 工作生活质量阶段

进一步考虑到激励对象的合理要求和利益，认为“激励就是引导有各自需要和个性的一个人或一群人，为实现组织的目标而工作，同时也要达到他们自己的目标”。

在研究激励问题和制定激励措施时，至少要考虑三个问题：①激发人们行为的特殊因素以及这些特殊因素是如何激发人的行为的；②激励对象为什么选择这种行为而不选择其他行为；③怎样引导人们改掉错误的、消极的行为，强化正确的行为。

美国的奥格登在1963年做过一个有意义的实验叫激励效果的警觉性实验。这个实验是这样做的：

实验方法：调节光源发光强度，记录试验者辨别光强度变化的感觉，从而测定人们的警觉性。

实验分组：A组是控制组，不施加任何激励，只是一般地告诉他们试验的要求与方法；B组是挑选组，告诉该组的成员说："你们这个组的成员是经过挑选出来的，我们认为你们的觉察能力是很强的，我们要试验哪一个的觉察能力最强。"C组是竞赛组，告诉他们说："你们这一组要同另一组进行比赛，看哪个人的成绩好。"D组是奖惩组，对正确、错误要进行奖罚，每看对一次给五分钱，看错了罚一角钱。

实验结果（错误的平均值）：

组别	施加激励情况	实验结果	误差顺序
A	未施加任何激励	24	4
B	精神激励（个人间竞争）	8	1
C	精神激励（组织间竞争）	14	3
D	物质激励（奖励与惩罚）	11	2

从这个实验结果可以看出，经过激励的行为与没有施加激励的行为有显著的差别。

二、内容型激励理论

这类激励理论，根据对人性的理解，着重突出激励对象的未满足的需要的类型。

1. 需要层次理论

这一理论是由美国社会心理学家亚伯拉罕·马斯洛提出来的。这个理论主要解决哪些需要可以决定人与行为。基本观点是每个人都有五种层次的需要：生理需要、安全需要、社交或情感需要、尊重需要和自我实现需要。生理需要是任何动物都具有的，是最基本的需要，比如温饱的需要、性的需要等。安全需要是保护自己免受身体和情感伤害的需要。社交或情感需要包括友谊、爱情、归属及接纳方面的需要。马斯洛认为人是一种社会动物，人们的生活和工作都不是孤立进行的，人们希望在一种被接受或属于的情况下工作，属于某一群体，而不希望在社会中成为离群的个体。尊重的需要，包括内部尊重即自尊、自主和成就感，外部尊重即地位、认可、关注和受人尊重。自我实现需要，包括成长与发展、发挥自身潜能、实现理想的需要。这是一种追求个人能力极限的内驱力。自我实现是需要层次理论提出的最著名的概念。这种需要一般表现在两个方面：一是胜任感方面，有这种需要的人力图控制事物或环境，而不是等待事物被动地发生与发展；二是成就感方面，对有这种需要的人来说，工作的乐趣在于成果与成功，他们需要知道自己工作的结果，成功后的喜悦要比其他任何形式的报酬都重要。按照马斯洛的观点，只有平均10%的人达到了自我实现，也就是说，绝大多数人在工作中都有尚未被开发的潜力。

生理需要和安全需要是低级需要，社交或情感需要、尊重需要和自我实现需要是高级需要。而且这五种需要从低级到高级也是从主要到次要的顺序。人的所有需要当中，最迫切的是满足最基本、最主要的需要也就是生理需要，只有前面的需要得到了满足，后面的需要才会出现，才会有激励作用。而且只有尚未满足的需要才能影响行为，已经得到满足的需要不再具有激励作用。

满足方式

挑战性项目，创新与创造机会，培训

重要项目，赏识，显赫的办公位置

朋友，权贵，上级，顾客

工作保证；医疗人寿保险；安全规则

基本工资，工作机会，温暖，饮水，工作餐

需要层次及相关管理措施表

需要层次	追求的目标	管理制度和措施
生理需要	薪水、健康的工作环境、各种福利	身体保健（医疗设备）、工作时间（休息）、住宅设施、福利设备
安全需要	职位的保障、意外的防止	雇佣保证、退休金制度、健康保险制度、意外保险制度
社交或情感需要	友谊（良好的人际关系）、团体的接纳、与组织的一致	协谈制度、利润分配制度、团体活动制度、互助金制度、娱乐制度、培训制度
尊重需要	地位、名分、权力、责任、与他人薪水相对高低	人事考核制度、晋升制度、表彰制度、奖金制度、选拔进修制度、委员会参与制度
自我实现需要	能发挥个人特长的企业环境、具有挑战性的工作	决策参与制度、提案制度、研究发展计划、劳资会议制度

马斯洛的需要层次理论第一次揭示了人类行为动机的实质，即需要是人类行为的导源；需要是人类内在的、天生的、下意识存在的；满足了的需要不再是激励因素。其缺陷是对需要层次的分析过于简单、机械；没能充分反映需要之间的关系；没有考虑人的

心理因素及社会因素如经济发展水平、教育程度等对需要的影响。

同时，这一理论表明，一个人会经历各种不同的需要，管理者必须明白人们的需求存在着差异。由于人们的需要各不相同，他们对同一激励措施的看法及满意程度也会不同，所以僵化的激励模式是行不通的。管理者不仅要通过观察、交往和倾听，了解到需要的差异及人们的期望，而且必须对人们反映的关于期望和需要的抱怨给予重视。另外，管理者在满足员工金钱需要的同时，还要注意满足其社会、自尊、自我实现的需要。

2. 成就需要理论

成就需要理论是著名心理学家戴维德·麦克利兰在研究了社交和权力的需要后提出的。他指出，成就需要、权力需要和社交需要决定了人们工作行为的动机。我们的需要不是与生俱来的，而是从文化、生活经验中学来的。成就需要理论如图4－4所示：

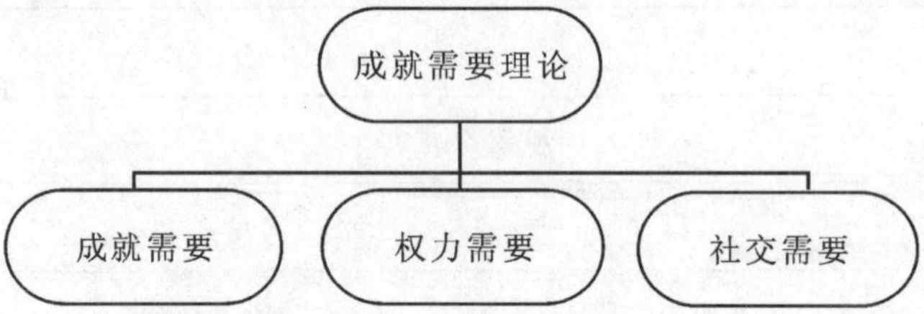

图4－4　成就需要理论

成就需要指根据适当标准追求成就的驱动力，是该理论的核心内容。高成就欲望的人乐于承担解决问题的责任；希望获得定期的关于工作效果的反馈信息；喜欢合理的、可以达到的目标；愿意承担可以预计的风险；不太在乎钱。低成就欲望的人往往为得到一笔钱而去冒一次大风险。

权力需要指影响和控制他人的愿望和驱动力，权力区域是管理者取得成功的重要因素。麦克利兰和其他研究者发现，具有强烈权力需求的人，特别在意施加影响和控制，这些人一般都寻求领导职位；他们善于交谈，尽管经常争论；他们坚忍不拔、坦率、不感情用事、要求严格；他们还喜欢教导人，喜欢在公共场合下谈话。

社交需要指寻求他人接纳并建立良好人际关系的愿望。一个有强烈归属需求的人常常能从别人对自己的友好中找到快乐。他们更在乎维持愉快的社会联系，喜欢亲密感和互相理解，乐于帮助陷入困境中的人，而且乐于与他人保持友好的交往。

根据成就需要理论，在管理当中可以多创造适合高成就者积极工作的环境，适当地培养组织成员的成就需要，但要意识到高成就者不一定就是优秀的管理者。

3. 双因素理论

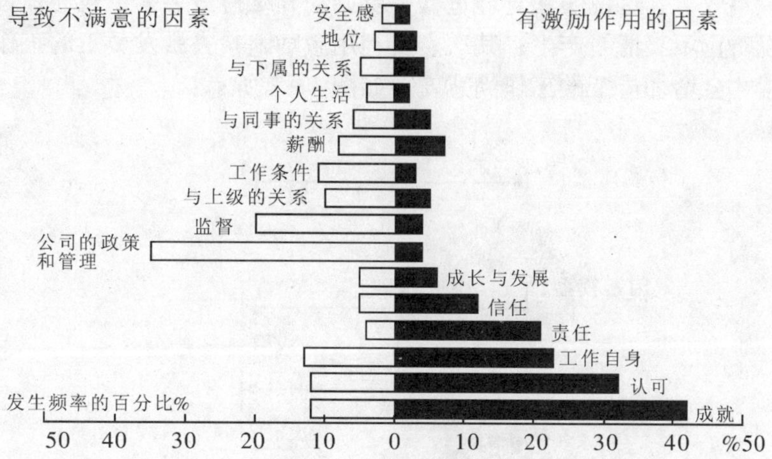

图 4－5　双因素

这一理论是由美国心理学家弗雷德里克·赫茨伯格于 20 世纪 50 年代后期提出的。研究的重点是组织中个人与工作的关系问题。赫茨伯格在匹兹堡地区的 11 个工商业机构中，对 2 000 名白领工作者进行调查，要求被调查者详细描述他们认为工作中特别满意或特别不满意的地方。最后通过对调查结果的综合分析，得出的主要结论是：个人对工作的态度决定着任务的完成情况；传统的“满意—不满意”观念是不正确的；导致工作满意的因素与导致工作不满意的因素是不同的；保健因素与工作环境或外部因素有关，如果处理不好会引发不满情绪的产生，这类因素不能对员工起到激励作用，只能起到保持员工的积极性、维持工作现状的作用，而激励因素则与工作的特点和工作内容或内在因素有关；调动员工的积极性要从激励因素着手。如图 4－6 所示：

保健因素 防止职工产生不满情绪	激励因素 激励职工的工作热情
工资 监督 地位 安全 工作环境 政策与管理制度 人际关系	工作本身 赏识 提升 成长的可能性 责任 成就
存在——对激励及满意无正面影响 缺乏——对激励及满意有负面影响	存在——对激励及满意有正面影响 缺乏——对激励及满意有负面影响

图 4－6　保健因素与激励因素

双因素理论的重要意义在于部分否定了传统的满意、不满意的观点，认为满意的对立面不是不满意而是没有满意，二者并不等价；而不满意的对立面也不是满意而是没有不满意，二者不等价。这说明在管理过程中要调动和维持员工的积极性，首先，要注意保健因素，以防止不满情绪产生；其次，要利用激励因素去激发员工的工作热情，因为只有激励因素才会增加员工的工作满意度。如图 4－7 所示：

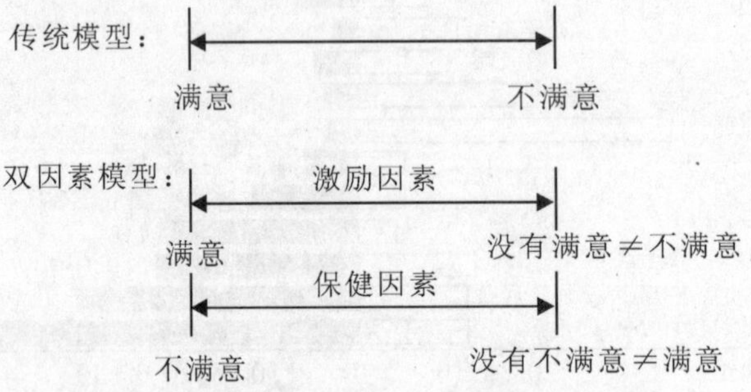

图 4－7　传统模型与双因素模型的区别

赫茨伯格的双因素理论同马斯洛的需要层次理论有相似之处。他提出的保健因素相当于马斯洛提出的生理需要、安全需要、社交或情感需要等较低级的需要；激励因素则相当于尊重的需要、自我实现的需要等较高级的需要。但是，这两种理论都没有把“个人需要的满足”同“组织目标的实现”联系起来。

我们可以将内容型激励理论的相关关系总结为图 4－8：

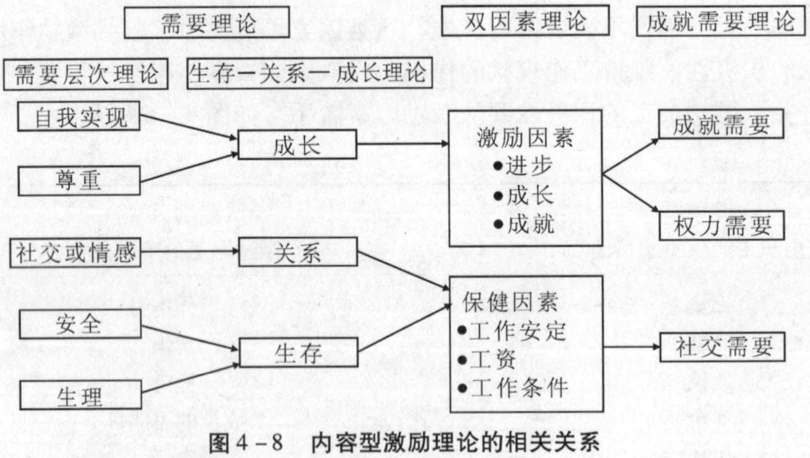

图 4－8　内容型激励理论的相关关系

三、过程型激励理论

过程型激励理论试图说明员工面对激励措施，如何选择行为方式去满足他们的需要，以及确定其行为方式的选择是否成功。

1. 期望理论

期望理论是美国心理学家瓦鲁姆在1964年提出的，他认为只有当人们预期到某一行为能给个人带来既定结果，并且这种结果对个人非常重要的时候，才会被激励起来去做某些事情。期望理论的基础是自我利益，它假设每一个员工都希望自己的利益获得最大限度的满足；核心是双向期望，即管理者期望员工高绩效的工作表现，而员工则期望管理者的奖赏，前提是管理者事先知道什么样的奖赏对员工是最有吸引力的。

期望理论的基本描述可以表示为：激励力量（M）＝期望值（E）×效价（V）。其中，期望值是指人们对自己能够顺利完成某项工作可能性的估计，即对工作目标能够实现的概率的估计；效价是指一个人对这项工作及其结果（可实现的目标）能够给自己带来满足程度的评价，即对工作目标有用性（价值）的评价。

效价和期望值的不同结合会产生不同的激励力量：

E高×V高 ＝ M高

E中×V中 ＝ M中

E高×V低 ＝ M低

E低×V高 ＝ M低

E低×V低 ＝ M低

这表明，组织管理要收到预期的效果，要以激励手段的效价和激励对象获得的期望值都足够高为前提。只要效价和期望值中有一项较低，就难以使激励对象在工作岗位上表现出足够的积极性。

管理学家科恩认为，根据期望理论，管理者应就任务分派、工作目标、员工的需要以及完成特定工作后员工的成长机会等问题与员工进行商榷。在期望理论中，员工进行判断的依据是自己的知觉，而与实际情况无关。也就是说，只要员工以自己的知觉判断自己经过努力后就能达到要求的目标，而且达到目标后就能得到具有吸引力的奖赏，他就会努力工作。期望理论也会考虑到人的行为决定因素中的一些动态性的特征，随着时间的推移，原来积极的预期可能也会变为消极。如果对过去工作所获得的奖励感到不满足，员工就可能对努力会取得的预期目标与应得到的预期奖励丧失信心，这时也就失去了工作的积极性。

期望理论的倡导者纳德勒和罗拉认为，必须同时注意以下六方面的因素：①若想要使报酬具有激励作用，就必须使之适合于报酬的对象，要根据员工对报酬的估价决定报酬的形式。②管理者必须明确自己期望的绩效，这样就可以告知员工，如果想要得到报酬自己必须做到什么。③设置的目标要具有可行性，如果让员工觉得达到目标非常困难或根本不可能达到，激励的效果就会降低。④要适时进行奖励，若想取得好的激励效果，在短期内一定要对成功完成的绩效进行适当的奖励。⑤要分析工作环境中哪些因素会对管理者的报酬体系造成消极的影响，并及时作出针对性的调整。⑥要确保报酬的刺激性，小的报酬只会起到小的激励作用。

期望理论的贡献在于让我们知道了在设置激励目标时必须考虑到员工的需求，要使目标与员工的需求相一致。而且期望理论还对各种权变因素进行了量化分析，这是激励理论的重要进步，同时也使其更具有实践意义。然而期望理论也有几方面的不足之处：

混淆了期望值与效价的概念；忽视了工作过程当中工人的意志对其工作积极性的影响；否定了培训与教育对员工工作积极性的基础作用。

2. 公平理论

公平理论是由美国心理学家亚当斯于 1963 年提出的，所谓公平，是指个体在工作中的投入与其得到的回报之间的比率。个体的投入主要包括教育、经验、努力水平和能力等；所得的回报包括认可、薪酬、福利、满意度、安全感、工作分配、惩罚等。其主要内容是：员工的工作态度既受到绝对报酬的影响，又受到相对报酬的影响，员工会进行横向比较，即自己所得/自己付出比上他人所得/他人付出看是否公平；同时员工还会进行纵向比较，即现在自己所得/现在自己付出比上过去自己所得/过去自己付出看结果是否公平。可以表示为下面的公式：

$$\frac{O_p}{I_p}=\frac{O_a}{I_a}\text{或}\frac{O_p}{I_p}=\frac{O_h}{I_h}$$

O_p——对自己报酬的感觉；O_a——对别人所获报酬的感觉；I_p——对自己所作投入的感觉
I_a——对别人所作投入的感觉；O_h——对自己过去报酬的感觉；I_h——对自己过去投入的感觉

公平比较的对象（参照对象）一般有四种类型：①自我—内部：员工自己在同一组织内不同职位上的经验，比如今年和去年的比较。②自我—外部：自己若不在同一个组织中工作可得到的收益，比如不在此公司，而在其他公司中可能得到的报酬，也就是劳动力市场上的市场价格。③别人—内部：与自己在同一组织中的其他同事进行比较。④别人—外部：与不在同一组织中工作的朋友、亲友、同学等进行比较。当然对公平的评价并不是完全客观的，公平是主观的愿望或感觉。有时即使员工投入的时间和精力没有别人多，但他仍有可能觉得应该获得较高的报酬，因为他可能会过高地评价自己的能力。近期的研究表明，公平理论中包含了时间的因素。在某一时间界限之内，人们能容忍一系列的不公平事件，但超出一定时间范围后，一桩小事也会让人忍无可忍，做出不适当或过激的行为。如图 4－9 所示：

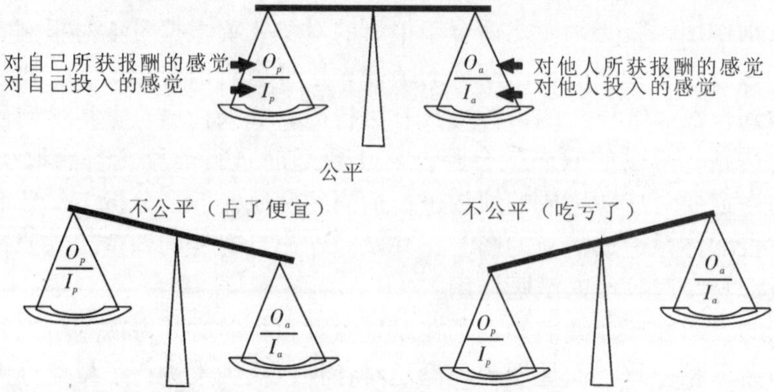

图 4－9　公平的比较

下表列出了人们的投入要素与能够获得的成果。

投入要素	成果
时间	努力
教育	经验
培训	建议
能力	工资
提升	承认
安全	个人发展
津贴	交往机会

当人们感觉不公平时，就会采取以下措施，减少不公平感——改变投入；试图改变成果——要求加薪或晋升；调整心理——自我解释、自我安慰，调节感觉；改变“参照人”；改变他人的投入或产出——说服他人减少投入；改变环境——离开现有环境。

根据公平理论，建议企业采用的策略是：建立按劳分配的报酬体系；确保薪酬政策的内部一致性；保持本企业薪酬水平与其他企业比较时的竞争力；保证员工薪酬逐年增长，在扣除物价因素后仍增长；坚持效率优先的分配原则，分配时以绩效为基础；考虑合理的薪酬结构；增加除金钱外的报酬，如温暖、尊重、互助、信任、团结、认可的人际环境；保证分配过程的公平、公正；妥善运用发放薪酬的保密制度；依法治企，奖惩明确，不因个人好恶随意变化；进行必要的疏导。

根据公平理论，企业管理最重要的是要做到程序公平，当人们得到了不理想的结果时，如果认为过程是公正的，也能接受这个结果。执行程序时，要注意互动公平，即人际公平：执行程序或决定结果时，上级对下属是否有礼貌，是否考虑到对方的尊严，是否尊重对方等；信息公平：是否给当事人传达了应有的信息，即给当事人提供一些解释。影响程序公平的四个因素是：程序的一致性，员工有机会影响决定，申述机制，经理向员工沟通和解释决定的原因。

关于公平理论我们还可以得出进一步的结论：在大多数工作环境中，报酬过高带来的不公平对行为没有十分显著的影响。不是所有的人都对公平敏感。公平不仅仅是分配公平，即个人之间可见的报酬的数量和质量的公平，其实质是着眼于分配结果的公平，而且也应是程序公平，即用来确定报酬分配程序的公平，其实质是着眼于机会和过程的公平。

亚当斯的公平理论对企业管理的启示是非常重要的，它告诉管理人员：

（1）公平对激励的效果和人的行为有重大影响。它要求在做法上力求公平，并使人觉得公平，后者更为重要。事实≠知觉。

（2）引导员工正确认识和对待公平。因为存在比较是客观的，而进行比较是主观的。

客观比较的主观化效应：（$\frac{O_P}{I_P}=\frac{Or}{Ir}\longrightarrow\frac{O_P\downarrow}{I_P\uparrow}<\frac{Or\uparrow}{Ir\downarrow}$）

贡献（I）：“看人挑担不费力”，报酬（O）：“这山望得那山高”

（3）主观比较客观化，可使人觉得公平。要做到“三按办事”，即按程序，按标准，按事实。

（4）以机会公平取代结果公平，机会公平可使人接受结果不公平。比如企业要施行公开招标，竞争上岗。

公平理论对管理人员的启示主要有：管理人员应该理解下属对报酬作出公平比较是人的天性，应了解下属对各种报酬的主观感觉。为了使员工对报酬的分配有客观的感觉，管理人员应该让下属知道分配的标准。要达到理想的激励作用，应在工作前便让下属知道这个标准。管理人员应准备接受下属可能因为感到不公平而表现出的负面效应，这时应与下属多沟通，在心理上减轻他们的不公平感觉。

3. 目标设置理论

目标设置理论是指员工可以被特定的、具有挑战性的、可以实现的目标所激励的理论。心理学家埃德温·洛克和 Gary Latham 发展了这一理论。他们认为设定目标并为目标而奋斗是人的本性，但只有人们理解并接受了目标，目标的设定才有效。所以管理者最好与员工一起设定目标，而且目标应该是可以度量的，并应该规定实现目标的具体日期。在员工工作过程中要进行监督，当其达到目标时要对其进行及时的奖励以作反馈。如图 4－10 所示：

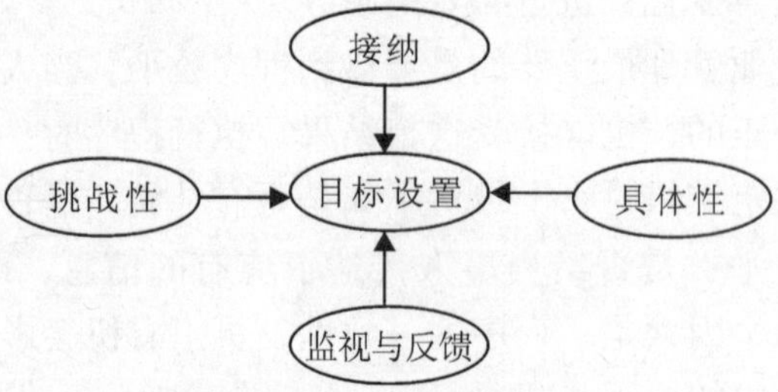

图 4－10　目标设置理论

根据目标设置理论，为了产生较高的绩效和较好的激励效果，目标必须具体、富有挑战性并且是可以达到的。

（1）目标应该具体：在设定目标时要设定具体的可以量化的目标，如作为管理者，要求将部门的收入提高 10%，并将旷工率减少 5%。设定的目标不能太模糊，如“你要尽量多地销售汽车”或“对顾客要友好”，这样的目标没有激励效果。

（2）目标应富有挑战性：根据目标设置理论，在设置目标时不应设置大多数人都能达到的目标，因为这没有多大的激励性。应该设置富有挑战性的目标，迫使人们更加重视工作，对工作投入更多的努力。

（3）目标应该是可以达到的：目标富有挑战性还要以能够完成为前提。如果员工事先知道自己没有能力达到目标的话，这个目标就没有激励作用，目标的设置就失败了。

目标设置理论可以让员工参与管理，从而使组织形成一种民主、平等的氛围；目标的设置和权力的下放也培养了员工自我管理的能力与意识，可以充分发挥员工的主观能动性，更好地帮助员工自我成长。尽管目标设置理论取得了以上这些有意义的成果，但不可否认其还是存在一定的局限性。首先，目标与员工内部动机和满意度之间的关系非常复杂，所以在设定目标时，如何最大限度地提高员工的内驱力以及满意度还有待进一步研究；其次，在目标设置时目标的难度难以把握，目标太易与太难都会影响激励的效果，而有时又很难设定出具体的量化目标，所以在设置目标时往往存在很大困难；最后，目标的灵活性与稳定性之间也存在矛盾，因为要想目标起到激励的作用就要保证目标的稳定性，一旦确定了目标就要去严格坚守，为之奋斗，如果目标经常改变的话就会使目标本身形同虚设。而组织在运作的过程中又经常会作出一定的调整，这就使得设置的目标也要相应地作出调整，这又破坏了目标的稳定性，从而削弱了激励的效果。

四、改造型激励理论

1. 强化理论

强化理论是由美国心理学家斯金纳提出的。这个理论从动物实验中得出，开始的时候他只是将强化理论用于动物的训练，后来，斯金纳将这一理论进一步发展，并用于人的学习上，创立了程序教学法。根据这一理论，斯金纳总结出在学习中遵循小步走和及时反馈的原则，将一个问题分成细小的几个部分，循序渐进。斯金纳认为无论是人还是动物，为了达到某种目的都会采取某些行动，这些行动将作用于环境，当行为结果对其形成有利刺激时，这种行动就会重复出现，当行为结果对其产生不利刺激时，这种行为就会减弱或消失，这就是强化的结果。

强化类型

（1）根据强化的目的和性质可以分为正强化、负强化、惩罚、忽视。可以将这四种类型的强化总结如下：

	令人愉快或所希望的事件	令人不愉快或所不希望的事件
	正强化	惩罚
事件的出现	行为变得更有可能发生	行为变得更不可能发生
	忽视	负强化
事件的消除	行为变得更不可能发生	行为变得更有可能发生

正强化

刺激 →	期望行为 →	呈现有吸引力的结果 →	重复期望行为
例如增加工资	高绩效	加工资	继续高绩效

负强化

刺激 →	期望行为 →	移去不愉快的结果 →	重复期望行为
例如因迟到而遭训斥	准时	不再训斥	继续准时

忽视

刺激 →	不期望行为 →	不呈现结果 →	重复期望行为
例如开会时讲悄悄话	经常讲话	不鼓励	开会时少说话

惩罚

刺激 →	不期望行为 →	呈现不愉快的结果 →	重复期望行为
例如在办公室吸烟	在办公室吸烟	罚款	在办公室偶尔吸烟，或不吸烟

（2）根据强化的时间间隔可以分为连续强化与间断强化。连续强化是指对组织需要的每一种行为都进行强化。间断强化是指经过一段时间间隔才强化一次。连续强化和间断强化的比较可以概括如下：

连续强化	间断强化
容易导致过早满足感	不容易导致过早满足感
强化物消失，行为倾向即立刻衰减	个体在间断化中更不愿意放弃活动
适用于低频、新出现、不稳定行为	适用于高频、稳定行为

间断强化当中又可以分为固定时距强化、可变时距强化、固定比率强化、可变比率强化四种类型。如下表所示：

间断强化的四种类型

	时距	比率
固定	固定时距	固定比率
可变	可变时距	可变比率
可变程序相对固定程序导致更高的绩效水平（绩效与奖励的关系更强）		

固定时距强化：每隔一定的固定时间给予一次强化。（月工资、年终奖、信息反

馈）

可变时距强化：奖励根据时间分配，但强化的时间却不可预测，即不定期地提供强化，以某次指标完成的时间或时间的平均值而定的。（员工实习期长短根据表现调整、提升；煤矿为了安全生产，一年内对矿内各个部门和井、队、班进行四次安全大检查，检查是随机的，其间隔是不固定的）

固定比率强化：个体反应达到一定的数目时，便给予奖励。（计件工资）

可变比率强化：对某些不定量的正确行为和反应强化。（销售员，有时可迅速成交，有时不然，奖励不固定；口头表扬）

下表是企业中的强化效果分析：

效果 / 激励方法	行动变化比重		
	变好%	没变%	变差%
公开表扬	87	12	1
个别指责	66	23	11
公开指责	35	27	38
个别体罚	28	28	44
公开体罚	12	23	65

从表中可以看出公开表扬的强化效果是最好的，其次是个别指责，而个别体罚与公开体罚不仅没有使员工变好，反而使其变坏了。

强化理论的启示：

（1）企业对强化理论的运用要点是：以正强化为主；精心设计强化的时间间隔与频率；因人而异，形式多样；对期望行为的强调；实事求是。

（2）奖励的激励功能主要有：有助于满足人的需要，持续调动人的积极性；可以调动人的积极情感；可以增强人们克服困难的意志行为；有助于强化人的角色意识；有助于培养良好的道德品质；有助于培养和开发创造力。

（3）有效奖励的实施方法：①表扬与鼓励是廉价而又有效的激励。要使员工有不仅仅是为了薪水而工作的意识，表扬时要找到值得赞扬的“闪光点”。②物质奖励激励的准则。按照组织的价值观和目标决定该受奖励的行为；明确细化奖励标准；员工参与设计奖励体系；对任何满足标准的员工都予以奖励；确信奖励对所付出的努力是值得的；不仅奖励成果，也要奖励员工的行为；经常说“谢谢你”。

（4）有效奖励实施应注意的问题：创造有效奖励的心理气氛；奖励对象要有真正的先进性；奖励要注意时效性；奖励的内容应该多样化；要制订一项长期的奖励计划；奖励的标准要更新：要奖励冒险者而不是奖励躲避风险者；奖励成功者，也鼓励受挫者；奖励实用的创造者而不是奖励盲从者；奖励决定性的行为；奖励出色的工作而不是奖励忙忙碌碌的行为。

虽然强化理论在应用时具有上述的一些优点，但不可否认强化理论只讨论了外部的刺激因素对人的激励作用而忽视了人所具有的某些内在的因素对工作的激励作用。比如有些注重自我实现的人并不在乎外在的诱惑与刺激，而只是秉着自己对真理或兴趣的渴望而不计报酬地埋头工作。

2. 综合激励理论

波特和劳勒以期望理论为基础总结出了一套更为完备的激励模型。如图 4－11 所示：

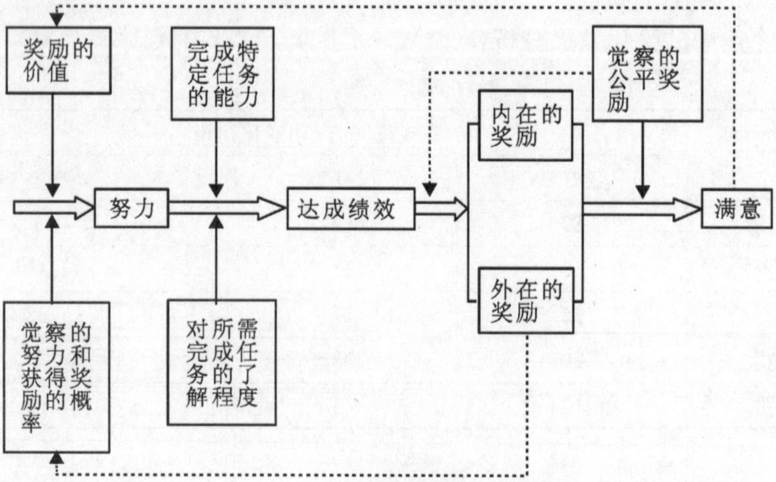

图 4－11　波特和劳勒激励模型

通过分析这个模型我们可以得出：这个激励理论突出了努力程度、工作成果绩效、报酬和满意度四个变量之间的有机联系。把整个激励过程（特别是期望理论和公平理论）联结为一个有机的整体：①个人的努力及其程度取决于奖励价值、个人察觉出来的努力和受到奖励的概率；②个人达到的绩效取决于努力程度、个人能力大小及对任务的了解和理解程度的深浅；③个人所应得的奖励应当以实际达到的工作绩效为标准，剔除主观评估因素；④个人对奖励满意与否及程度取决于受激励者对所获报酬公平性的感觉；⑤个人满意程度会反馈到下一个任务的努力过程中。

因此说，对人类的激励是如此的复杂，我们只能对其进行简单的、笼统的讨论，没有一个理论及其应用对所有的情况都适合。管理者必须调查研究自己所处的形势和下级的需要，然后针对这些，作出一个行之有效的激励计划。当然，对这些理论的了解可以帮助我们判断局势并制订这样一种计划。

经典案例

乔利民是不是个好科长

乔利民是一位工程师，他在技术方面有丰富的经验。在技术科，每一位科员都认为他的工作是相当出色的。不久前，原来的科长调到另一个厂去当技术副厂长了。领导任命乔利民为技术科科长。

乔利民上任后，下定决心要把技术科搞好。他以前在水平差的领导手下工作过，知道这是一种什么滋味。在头一个月内，全科室的人都领教了乔利民的“新官上任三把火”。就在他上任后的第二天，小张由于汽车出了故障，赶到厂里迟到了3分钟，乔科长当众狠狠地批评了他一顿，并说：“技术科不需要没有时间概念的人。”第二个星期，老李由于忙着接待外宾，一项技术改革提案晚交了一天，乔科长又大发雷霆，公开表示，再这样，要把老李调走。当乔科长要一份技术资料时，小林连着加班三个晚上替他赶了出来，乔科长连一句表扬的话也没有。到了月底，乔科长还在厂部会议上说，小林不能胜任工作，建议把小林调到车间去。

一年过去了。厂领导发现，技术科似乎出了许多问题，缺勤的人很多，不少人要求调动工作，许多技术工作都应付不过来了。科室里没有一种和谐团结的气氛。厂领导决定要解决技术科的问题了。

案例分析

从激励理论当中的需要层次理论、成就需要理论、双因素理论、期望理论、公平理论、目标设置理论和强化理论的相关内容来看，此案例是关于强化理论在现实当中的应用问题。通过对这个案例的分析与讨论，我们可以对强化理论当中的正强化、负强化、忽视、惩罚这四个概念以及应用有一个更深刻的了解。

讨论题

1. 乔利民的管理方法有什么问题？根据强化理论加以分析。
2. 厂领导是否应该把乔利民调离？为什么？

思考与练习

1. 激励理论研究的历史观点有哪些？
2. 简述各种激励理论的主要内容及在管理上的应用。

第五章

管理与管理过程

知识结构图

- 管理与管理过程
  - 决策
    - 决策概论
    - 决策过程与影响因素
    - 决策方法
  - 计划
    - 计划的概念及其性质
    - 计划的类型
    - 计划的编制
  - 组织
    - 组织的含义与作用
    - 组织工作的含义及其特点
    - 组织的分类
    - 组织理论
  - 控制
    - 控制的含义
    - 控制的特点
    - 控制的必要性及其作用
    - 控制的类型
    - 控制的原则
    - 控制的内容

学习目标

（1）了解管理过程的重要意义。

（2）理解管理活动过程及其间的关系。

（3）掌握决策的概念、计划的概念及其性质、组织的含义与作用以及控制的含义。

管理是实现预定目标的过程，围绕着如何实现组织的目标，管理者从事着各种各样的活动。这些活动包括目标和实施方案的制定、方案的组织实施、实施效果的控制以及实施过程中员工积极性的调动，管理学把这些活动称为管理的基本职能，即决策、计划、组织、控制。

第一节　决策

决策是管理者从事管理工作的基础。管理者在从事各项工作时，会遇到各种各样的问题，问题有大有小，有简有繁。在解决它们的时候，都需要管理者在若干个可行的解决方案中作出选择。决策是否及时、科学、正确，决定着管理活动的成功与否。1978年诺贝尔经济学奖获得者赫伯特·西蒙（H. A. Simon）认为“管理就是决策”。

一、决策概论

（一）决策的概念

科学决策是现代管理理论的组成部分，它是在20世纪才出现的。20世纪30年代，美国学者巴纳德和斯特恩最早将决策概念引入管理理论。后来，美国的西蒙和马奇等人发展了巴纳德的理论，创立了现代决策理论。决策理论是以社会系统理论为基础，吸收了行为科学、系统理论、运筹学等学科内容而发展起来的一个管理学派。

决策是人类社会的一项重要活动，它涉及人类生活的各个领域，诸如军事上的指挥、企业中的经营等。尽管决策对象在具体工作内容上有明显区别，但就其本质来说则是相同的。有关决策的概念，不同的管理学派从不同的角度进行了描述，综合起来说，决策是指组织或个人为了实现某个目标而从若干个可行方案中选择一个满意方案的分析、判断过程。这一定义蕴涵着以下内容：首先，决策是为了达到组织的某一既定目标，没有目标就无从决策；其次，决策是在一定条件下寻求实现目标的较为满意的方案；最后，决策必须进行多方案的优选。

（二）决策的类型

从不同的角度出发，可以对决策进行以下分类。

1. 按决策层次划分

按照决策的层次，可分为战略决策、管理决策和业务决策。

（1）战略决策。

战略决策是指对直接关系到组织生存发展的全局性、长期性问题的重大决策。这种决策旨在提高组织效能，使组织的管理活动与外部环境的变化保持正常的动态协调。战略决策一般由组织最高管理层制定，故又称高层决策。企业经营目标和方针的决策、新产品开发的决策、投资决策、市场开发决策等都属于战略决策。

（2）管理决策。

管理决策也叫战术决策，是执行战略决策过程中的基本战术决策。这种决策旨在实现组织中各关节的高度协调和资源的合理使用。管理决策具有指令化、定量化的特点，其正确与否关系到战略决策能否顺利实施。这种决策一般由企业中层管理者作出，故又称中层决策。生产计划决策、设备更新改造决策等均属于此类决策。

（3）业务决策。

业务决策是指在日常业务中为了提高生产效率和工作效率所作的决策，牵涉范围较窄，只对组织产生局部影响。这种决策一般由企业基层管理者作出，故又称基层决策。工作任务的日常分配和检查、岗位责任制的制定和执行、库存的控制以及材料的采购等都属于这种决策。

2. 按决策事件发生的频率划分

按照决策是否具有重复性，可分为常规决策和非常规决策。

（1）常规决策。

常规决策是指经常发生的、能按规定的程序和标准进行的决策，多指对例行公事所作的决策。由于这类决策问题产生的背景、特点以及规律易被决策者所掌握，所以，决策者可根据以往的经验和管理来制订决策方案。决策理论将这种程序化、例行性的决策称为程序化决策，属于这种决策的有生产方案决策、采购方案决策、库存决策等。

（2）非常规决策。

非常规决策所要解决的是不易确定、错综复杂且前所未有的新问题，常常无先例可循。这种决策由于缺乏可借鉴的资料和较为准确的统计数据，决策者的洞察力、思维、知识及对类似问题的决策经验将起到重要作用。这种决策主要解决如经营方向、新产品开发和重要的人事任免等问题。

3. 按决策分析的方法划分

按决策分析的方法划分，可划分为确定型决策、风险型决策和非确定型决策。

（1）确定型决策。

确定型决策是决策者对每个可行方案未来可能发展的各种情况（自然状态）及其后果十分清晰，特别是对哪种自然状态将会发生有较确定的把握，这是可从可行方案中选择一个最有利的方案作为决策方案的判断过程。确定型决策一般可运用数学模型求得最优解，如产量、利润决策可采用线性规划、量本例分析模型，库存决策可采用库存模型。

（2）风险型决策。

风险型决策指决策事件未来各种自然状态的发生是随机的，决策者可根据相似实践的历史统计资料或实验测试等估计出各种自然状态发生的概率，并对其大小进行计算分析后作出决策。风险型决策可采用决策收益表、决策树等方法制定。

（3）非确定型决策。

非确定型决策指决策者无法确定决策事件未来各种自然状态的概率，完全凭借个人的经验、感觉和估计所作出的决策。目前，这种决策已经有了一些决策准则可供不同类型风格的决策者选用。

4. 按决策的时间跨度划分

按决策的时间跨度划分，可分为长期决策和短期决策。

（1）长期决策。

长期决策是指有关组织今后发展方向的长远性、全局性的重大决策，又称长期战略决策。如投资方向的选择、人力资源的开发和组织规模的确定等。

（2）短期决策。

短期决策是指为了实现长期目标而采取的短期策略手段，又称短期战术决策。如企业日常营销、物资储备以及生产中资源配置等问题的决策等。

5. 按决策的主体划分

按决策的主体划分，可分为集体决策和个人决策。

集体决策是指很多人一起作出的决策。个人决策则是指单个人作出的决策。

相对于个人决策，集体决策有以下优点：①能更大范围地汇总信息；②能拟定更多的备选方案；③能得到更多的认同；④能更好地沟通；⑤能作出更好的决策。但集体决策也有一些缺点，如划分时间较多、产生“群体思维（group think）”以及责任不明等。

6. 按决策的起点划分

按决策的起点划分，可分为初始决策与追踪决策。

初始决策是零起点决策，它是在有关活动尚未进行且环境未受到影响的情况下进行的。随着初始决策的实施，组织环境发生变化，在这种情况下所进行的决策就是追踪决策，因而，追踪决策是非零起点决策。

（三）决策的特点

决策是管理活动的重要部分，具有目标性、可行性、选择性、满意性、过程性及动态性六个特点。

1. 目标性

任何决策都包含着目标的确定。目标体现的是组织想要获得的结果。目标明确以后，方案的拟订、比较、选择、实施及实施效果的检查就有了标准和依据。

2. 可行性

方案的实施需要利用一定的资源。缺乏必要的人力、物力、财力，理论上十分完整的方案也只能是空中楼阁。因此，在决策过程中，决策者不仅要考虑采取某种行动的必要性，而且要注意实施条件的限制。

3. 选择性

决策的关键是选择，没有选择就没有决策，而要能有所选择，就必须提供可以相互替代的多种方案。事实上，为了实现同样的目标，组织总是可以从事多种不同的活动。这些活动在资源要求、可能结果及风险程度等方面存在着或多或少的差异。因此，不仅有选择的可能，而且还有选择的必要。

4. 满意性

决策遵循的是满意原则，而不是最优原则。对决策者来说，要想使决策达到最优，必须做到：①容易获得与决策有关的全部信息；②真实了解全部信息的价值所在，并据此制定所有可能的方案；③准确预测每个方案在未来的执行结果。

现实中上述这些条件往往得不到满足，具体来说是因为：

①组织内外存在的一切情况对组织的现在和未来都会直接或间接地产生某种程度的影响，但决策者很难收集到反映一切情况的信息；②对于收集到的有限信息，决策者的利用能力也是有限的，因而决策者只能制订数量有限的方案；③任何方案都要在未来实施，而决策者对未来的认识是不全面的，对未来的影响也是有限的，决策时所预测的未来状况可能与实际的未来状况有出入。

5. 过程性

组织中的决策并不是单向决策，而是一系列决策的综合。这是因为组织中的决策牵涉到方方面面。当令人满意的行动方案被选出后，决策者还要就其他一些问题（如资金筹集、结构调整和人员安排）作出决策，以保证该方案的顺利实施。只有当配套决策都作出后，才能认为组织的决策已经完成。

在这一系列决策过程中，每个决策本身就是一个过程。为了理论分析的方便，我们把决策的过程划分为几个阶段。但在实际工作中，这些阶段往往是相互联系、交错重叠的，难以截然分开。

6. 动态性

决策的动态性与过程性有关。决策不仅是一个过程，而且是一个不断循环的过程。作为过程，决策是动态的，没有真正的起点，也没有真正的终点。我们知道，组织的外部环境处在不断变化之中，这要求决策者密切监视并研究外部环境及其变化，从中发现问题或找到机会，及时调整组织的活动，以实现组织与环境的动态平衡。

二、决策过程与影响因素

作为过程的决策包括了许多阶段的工作：决策的核心是在分析、评价、比较的基础上，对活动方案进行选择；选择的前提是拟定多种可行方案；要拟定备选方案，先要判断调整组织活动、改变原先决策的必要性及制定调整后应达到的目标。所以，决策过程包括了研究现状，明确问题和目标，制定、比较和选择方案等阶段的工作内容。在从事这些工作过程中，决策者要受到组织文化、时间、环境、过去决策以及他们自己对待风险的态度等多重因素的影响。

（一）决策过程

决策过程是决策能否顺利产生并发挥作用的重要部分，科学的决策过程可以产生好的决策。

1. 研究现状，判断改变的必要

决策是为了解决一定问题而制定的，是为了实现组织内部活动与外部环境的动态平衡。因此，制订决策，首先要分析不平衡是否已经存在，是何种性质的不平衡，它对组织的不利影响是否已产生了改变组织活动的必要。

不平衡往往首先由外部环境的变化引起。外部发生的许多变化，比如执政者的更迭、政府政策的调整、技术的变革、经济增长速度的加快或放慢，都有可能突然打破组织内部活动与外部环境的平衡，导致内部活动方向和内容的改变。组织如果不适时采取措施，而是等外部环境的变化已经对组织的生存造成危机时再去研究如何适应它，那么要想进行平衡而有效的内部变革就会极为困难。避免这种状况的关键是在危机开始之前就已认识到改变活动的必要。

研究组织活动中存在的不平衡，要解决以下问题：

（1）组织在何时何地已经或将要发生何种不平衡？这种不平衡可能产生何种影响？

（2）不平衡的原因是什么？其主要根源是什么？

（3）确定不平衡的性质，指出是否有必要改变或调整组织活动的方向与内容。

分析组织活动中的问题，确定不平衡的性质，把不平衡作为决策的起点，是组织高层管理人员的职责。这不仅因为他们要对组织的活动效果负责，还由于他们在组织中的地位使得他们能够统观全局，易于找出不平衡的关键所在。

2. 明确决策的目标

在分析了改变组织活动的必要性以后，还要研究针对不平衡将要采取的措施应符合哪些要求，必须达到哪些效果，也就是说，要明确决策的目标。

明确决策目标，不仅为方案的制订和选择提供了依据，而且为决策的实施和控制及组织资源的分配和各种力量的协调提供了标准。具体来说，明确决策目标，具有以下作用：

（1）保证组织内部各种目标的一致性；

（2）为动用组织内部各种资源提供依据；

（3）为分配资源提供依据；

（4）形成一种普遍的思想状态或组织气氛，如促成一种井井有条的工作秩序；

（5）为那些能够和组织目标保持一致的人形成一个工作核心提供依据，同时为阻止那些不能与之保持一致的人进一步参与组织活动提供一种解释；

（6）促成把组织总目标和不同阶段目标转化为一种分工结构，包括在组织内部把任务分配到各个责任点上；

(7) 用一种能够对组织各项活动的成本、时间和成效等参数加以确定和控制的方式，提供一份关于组织目标转化为分阶段目标的详细说明。

明确组织目标，要完成以下几项工作：

(1) 提出目标。包括明确组织改变活动方向和内容至少应该达到的状况水平（必须实现的最低要求）以及希望实现的理想目标。

(2) 多元化目标之间的相互关系。任何组织在任何时候都不可能只有一个目标，而需要实现多重目标。但是，在不同时期，随着活动重点的转移，这些目标的相对重要性也是不一样的。在特定时期，决策只能选择其中一项为主要目标。然而，多元目标之间的关系是既相互联系又可能相互排斥的。所以，在选择了主要目标后，还要明确它与非主要目标的关系，以避免在决策实施中将组织的主要资源和精力投放到非主要目标的活动中去。

(3) 限定时期。目标的执行既可能给组织带来有利的贡献，也可能对组织产生不利的影响。限定就是把目标执行的有利结果和不利结果加以权衡，规定不利结果在何种水平下是允许的，一旦超过这个水平组织就应当停止原目标的执行，中止目标活动。

不论是组织必须达到的最低目标，还是希望实现的理想目标，不论是组织的总体目标，还是各职能部门的分目标，都必须符合三个特征：①可以计量；②可以规定其期限；③可以确定其责任者。

3. 拟订方案

决策的本质是选择。要进行正确的选择，就必须提供多种备选方案。因此，在决策过程中，拟定可替代的方案要比既定方案的选择重要得多。

决策方案描述了组织为实现目标采取的各种对策的具体措施和主要步骤。任何目标都可以通过多种不同的活动实现，因此，人们可以拟定出不同的行动方案。为了使在方案拟订的基础上进行的选择有意义，这些不同的方案必须相互替代、相互排斥而不能相互包容。如果某个方案的活动包容另一个方案，那么它就失去了参加比较和选择的资格。

方案产生的过程是在环境研究和发展不平衡的基础上，根据组织任务和消除不平衡的目标，提出改进设想开始的；在此基础上，对提出的各种改进设想进行集中、整理和归类，形成多种不同的初步方案；在对这些初步方案进行初步筛选、补充和修改以后，对余下的方案进一步完善，并预计其执行结果，便形成了一系列不同的可行方案。

可供选择的方案数量越多，备选方案的相对满意程度就越高，决策就越有可能完善。因此，在方案制订阶段，要广泛发动群众，充分利用组织内外的专家，通过他们献策，提出尽可能多的改进设想，制订尽可能多的可行方案。

4. 方案的比较和选择

在实际决策的工作中，方案的拟定、比较和选择往往是交织在一起的，因为方案的拟订不是一次性完成的，需要不断地完善。这种完善往往需要在与其他方案的比较中，受到其他方案的启发来完成。但是为了理论研究的方便，需要把这两种工作区别开来。

要进行选择，首先要了解各种方案的优势和劣势，为此，需要对不同方案加以评价和比较。评价和比较的主要内容有以下几个方面：①方案实施所需的条件是否具备，筹集和利用这些条件需要付出何种成本；②方案实施能够给组织带来何种长期和短期利益；③方案实施中可能遇到的风险甚至活动失败的可能性。

根据上述比较，就能找出各种方案的差异，分析出各种方案的优劣。在此基础上进行的选择，不仅要确定能够产生综合优势的实施方案，而且要准备好环境发生预期的变化时可以启用的备用方案。确定备用方案的目的是对可预测的未来变化准备充分的必要措施，以避免临时应变可能造成的混乱。

方案比较和选择过程中，决策的组织者要注意处理好以下几个方面的问题：

（1）要统筹兼顾。不仅要注意决策方案各项活动之间的协调，而且要尽可能保持组织与外部结合方式的连续性，要充分利用组织现有的结构和人力条件，为实现新的目标服务。

（2）要注意反对意见。一种观点，一种方案，要想取得完全一致的意见，几乎是不可能的。再好的方案也可能出现反对者，在决策过程中只有一种声音往往是非常可怕的。决策的组织要充分注意方案评价和选择过程中的反对意见，因为反对意见不仅可以帮助组织从多种角度去考虑问题，可以促进方案的进一步完善，而且可以提醒其防范一些可能会出现的弊端。国外企业在制定重大决策时甚至成立专门唱对台戏的反对班子。

（3）要有决断的魄力。任何方案都有自己的支持者。赞同不同方案的人都可以列出很多相应方案的优势。在众说纷纭的情况下，决策者要在充分听取意见的基础上，根据自己对组织任务的理解和对形势的判断，权衡各种方案的利弊，作出决断。等到大家的思想完全统一时再作出大家都能接受的选择，这不仅是不现实的，而且还可能会错失行动的最好时机。

（二）决策的影响因素

决策的产生过程受到许多方面的影响，每一个细小的影响都会引起决策本身的变化。

1. 环境

环境对组织决策的影响双重的。

首先，环境的特点影响着组织的活动选择。比如，就企业而言，如果市场稳定，今天的决策主要是昨天决策的延续，如果市场急剧变化，则需要对经营方向和内容进行调整。处于垄断市场上的企业，通常将经营重点放在内部生产条件的改善、生产规模的扩大以及生产成本的降低上；而处在竞争市场上的企业，则需要密切注视竞争对手的动向，不断努力推出新产品，努力改善营销宣传，建立健全销售网络。

其次，对环境的习惯反应模式也影响着组织的活动选择。即使在相同的环境背景下，不同的组织也可能作出不同的反应。而这种调整组织与环境之间关系的模式一旦形成，就会趋向固定，限制着人们对行动方案的选择。

2. 过去的决策

今天是昨天的继续，明天是今天的延伸。历史总是以这种或那种方式影响着未来。

在大多数情况下，组织决策不是在一张白纸上进行初始决策，而是对初始决策的完善、调整或改革。组织过去的决策是目前决策过程的起点。过去选择方案的实施，不仅伴随着人力、物力、财力等资源的消耗，而且伴随着内部状况的改变，从而对外部环境造成影响。“非零起点”的目前决策不能不受到过去决策的影响。

过去的决策对目前决策的制约程度要受到他们与现任决策者关系的影响。如果过去的决策是由现在的决策者指定的，而决策者通常要对自己的选择及其后果负管理上的责任，因此会不愿对组织活动进行重大调整，而倾向于仍把大部分资源投入到过去方案的执行中，以证明自己的一贯正确。相反，如果现在的主要决策者与组织过去的重要决策没有很深的渊源关系，则较易接受重大改变。

3. 决策者对风险的态度

风险是指失败的可能性。由于决策是人们确定未来活动的方向、内容和目标的行动，而人们对未来的认识能力有限，目前预测的未来状况与未来的实际状况不可能完全相符，因此在决策指导下进行活动，既有成功的可能，也有失败的危险。任何决策都必须冒一定程度的风险。

组织及其决策者对待风险的不同态度会影响决策方案的选择。愿意承担风险的组织，通常会在被迫对环境作出反应以前就已采取进攻性的行动；而不愿承担风险的组织，通常只对环境作出被动的反应。愿冒风险的组织经常进行新的探索，而不愿承担风险的组织，其活动则要受到过去决策的严重限制。

4. 组织文化

组织文化制约组织成员的行为以及行为方式。在决策层次上，组织文化通过影响人们对改变的态度而发生作用。

任何决策的制定，都是对过去在某种程度上的否定；任何决策的实施，都会给组织带来某种程度的变化。组织成员对这种可能产生的变化会持有抵御或欢迎两种截然不同的态度。在偏向保守、怀旧、维持的组织中，人们总是根据过去的标准来判断现在的决策，总是担心在变化中会失去什么，从而对将要发生的变化产生怀疑、害怕和抗御的心理与行为；相反，在具有开拓、创新气氛的组织中，人们总是以发展的眼光来分析决策的合理性，总是希望在可能产生的变化中得到什么，因此渴望变化、欢迎变化、支持变化。显然，欢迎变化的组织文化有利于新决策的实施，而抵御变化的组织文化则可能给任何新决策的实施带来灾难性的影响。在后一种情况下，为了有效实施新的决策，必须首先通过大量工作来改变组织成员的态度，建立一种有利于变化的组织文化。因此，决策方案的选择不能不考虑到为改变现有组织文化而必须付出的时间和费用的代价。

5. 时间

美国学者威・R. 金和大卫・L. 克里兰把决策类型划分为时间敏感决策和知识敏感决策。时间敏感决策是指那些必须迅速而尽量准确的决策，战争中军事指挥官的决策多属于此类。这种决策对速度的要求远甚于质量。例如，当一个人站在马路当中，一辆疾驶的汽车向他冲来时，关键是要迅速跑开，至于跑向马路的左边近些，还是右边近些，相对于即时行动来说显得比较次要。相反，知识敏感决策对时间的要求不是非常严格。

这类决策的执行效果取决于其质量而非速度。制定这类决策时，要求人们充分利用知识，作出尽可能正确的选择。

组织关于活动方向与内容的决策，基本属于知识敏感决策，这类决策着重运用机会，而不是避开威胁，着重于未来，而不是现在，所以选择方案时，在时间上相对宽裕，并不一定要求必须在某一日期以前完成。但是，也可能出现这样的情况，即外部环境突然发生了难以预料和控制的重大变化，对组织造成了重大威胁。这时，组织如不迅速作出反应，进行重要改变，则可能引起生存危机。这种时间压力可能限制人们考虑方案质量，也可能使人们得不到足够的评价方案所需的信息，同时，还会诱使人们偏重消极因素，忽视积极因素，仓促决策。

三、决策方法

1. 定性决策法

定性决策法是建立在心理学、社会学和行为科学等基础上的“专家法”，是在决策过程中利用已知的、现有的资料，充分发挥专家集体的智慧、能力和经验，在系统调查、研究、分析的基础上进行决策的方法。主要有：头脑风暴法、德尔菲法等。

（1）头脑风暴法。

头脑风暴法是比较常用的集体决策方法，相关人员集中在一起，由主持人阐明问题，所有人围绕问题畅所欲言，在发言过程中须遵守以下规则：对别人的意见不作任何评价，将相互讨论限制在最低限度之内；建议越多越好，在这个阶段，参与者不要考虑自己建议的质量，想到什么就应该说出来；鼓励每个人独立思考，广开思路，想法越新颖、奇异越好；可以补充和完善已有的建议，使某种意见更具有说服力。

头脑风暴法的目的在于创造一种畅所欲言、自由思考的环境，诱发创造性思维的共振和连锁反应，产生更多的创造性思维。使用这种方法，时间安排应控制在 1 ~2 小时，参与者 5 ~6 人为宜。

（2）德尔菲法。

这是一种对方案进行评估和选择的方法，通过综合专家们各自的意见来对方案作出评价和选择。其基本原则是必须避免专家们面对面的集体讨论，为的是保证每个专家把自己真实的观点充分表达出来。使用德尔菲法需要一个中间人，由中间人把在第一轮调查过程中专家们各自单独提出的意见集中起来并加以归纳后反馈给他们，然后重复这一循环，使专家们有机会修改他们的观点并说明修改的原因。一般重复了 3 ~5 次之后，专家们的意见即趋于一致。德尔菲法的三个主要特点是匿名性、集中反馈、对反馈结果进行统计学处理。

2. 定量决策法

（1）盈亏平衡分析（量本利分析）。

盈亏平衡分析也叫量本利（即销售量、成本、利润）分析，如图 5 -1 所示：

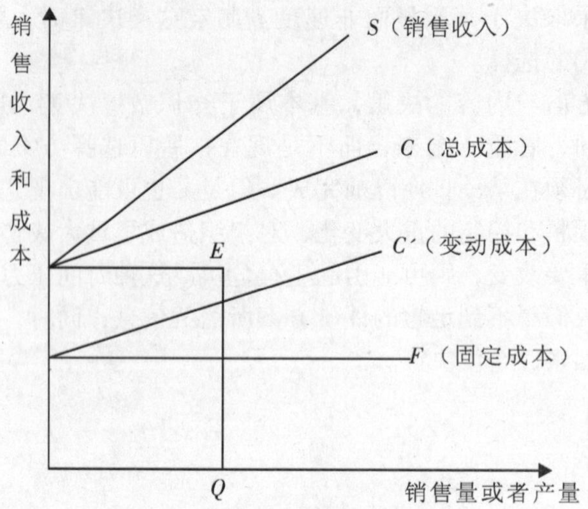

图 5-1　盈亏平衡分析

已知，销售收入 = 产量 × 单价

生产成本 = 固定成本 + 变动成本

因此，当企业刚好盈亏平衡时，即有：

$$Q \times P = F + Q \times C'$$

进一步有：

$$Q = F/(P - C')$$

$$S' = Q \times P = F/(P - C') \times P = F(1 - C'/P)$$

以上各式中，Q 叫做保本产量或临界产量，$(P - C')$ 表示单位产品实现的销售收入在扣除变动费用后的剩余，叫做边际贡献。$(1 - C'/P)$ 表示每一元销售收入占边际贡献的比重，它反映产品给企业作出贡献的能力，叫做边际贡献率。如果边际贡献或边际贡献率大于零，则表示企业生产这种产品除可收回变动成本外，还可有一部分收入用于部分已经支付的固定成本。有些企业尽管产品单价低于成本但还坚持生产，这是一个重要的原因。

（2）决策树法。

决策树法是根据逻辑关系将决策问题绘制成一个树形图，按照从树梢到树根的顺序，逐步计算各节点的期望值，然后根据期望值准则进行决策的方法。决策树由决策点、方案分枝、自然状态点、概率分枝和结果节点组成。

决策树是从一个基点出发，将各种可能全部标注在一个树状的图示中（见图 5-2），从而对在决策中由于主观或客观条件所造成的各种可能性进行分析，在此基础上再对最终的决策方案作出选择。

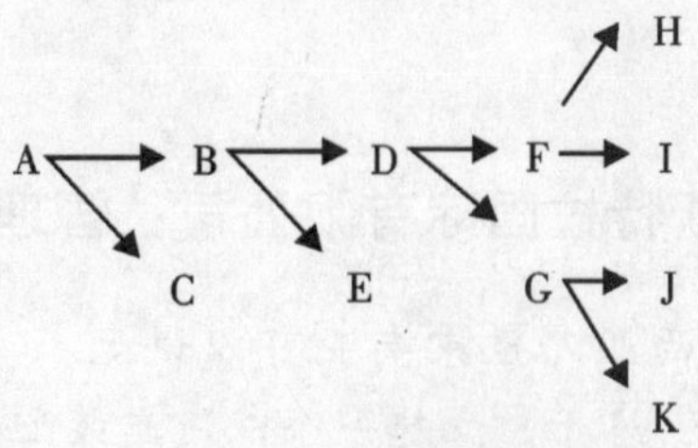

图 5-2 决策树

如图，A 点是决策树的基点，从其引出的各条支线成为方案枝，从 A 点可以引出两条方案枝，或者说有两种可能，这两条方案枝分别可以到达 B 点和 C 点。如果通过分析认定 C 点所代表的情况不可能出现，则可以不再继续分析下去，而专门去考虑从 B 点再往下一步发展的情况。从 B 点引出的两个方案枝分别到达 D 点和 E 点，同样排除 E 点后，再继续分析从 D 点引出的方案枝，这时，两个方案枝分别指向了 F 点和 G 点，从这两点又分别引出两条方案枝。于是，方案进行比较权衡后，就可以从中选取一个最后的决策方案。

为了对某一决策作出判断，必须对其决策树进行全面的分析，其中包括分析决策过程中可能出现的各种情况，并判断在可能出现的不同状态下，各种不同决策方案的收益大小和为此所要承担的风险。在对这些情况进行综合比较的基础上，就可以进行决策。

（3）不确定型决策方法。

不确定型决策是指对实施可能会出现的自然状态或者所带来的后果不能作出预计的决策。

①乐观原则。亦称“大中取大法”，或者极大极大损益值原则。如果决策者认为未来总会出现最好的自然状态，那么他对方案的比较和选择就会倾向于选择那个在最好状态下能带来最大效果的方案。

②悲观原则。又称极大极小损益值原则。悲观的决策者认为未来会出现最差的自然状态，为避免风险起见，决策时只能与一个方案的最小收益值进行比较，从中选取相对收益较大的方案。

③最大后悔值“最小化原则”。这是考虑到决策者在选定某一方案并组织实施后，如果在未来实际遇到的自然状态并不与决策时的判断相吻合，这就意味着当初如果选取其他的方案反而会使企业得到更好的收益，这无形中表明这次决策存在一种机会损失，它构成了决策的“遗憾值”，或称为“后悔值”。决策时应先计算出各方案在各种自然状态下的后悔值，即用某自然状态下各方案中的最大收益值减去该自然状态下各方案的收益值，所得的差值就表示如果实际出现该种状态将会造成多少的遗憾，然后从每个方案在各状态下的后悔值中找出最大的后悔值，据此对不同方案进行比较，选择最大后悔值最小的方案作为拟付诸实施的最满意决策方案。

经典案例

印度尼西亚阿斯特拉国际有限公司：管理决策与企业经营

说起谢建隆，在印度尼西亚乃至东南亚可以说无人不知。30 年前，谢建隆以 2.5 万美元起家，经过不懈努力，终于建立起一个以汽车装配和销售为主的企业王国。

鼎盛时期，阿斯特拉集团拥有 15 亿美元的资产，年营业额达 25 亿美元，55%的印度尼西亚汽车市场被它占领。公司股票上市后，不少投资者认为，经营上轨道，投资风险小，且获利稳定，颇有投资价值。而谢氏家族占有绝对控制权——直接持有 76%的公司股票。但自从著名的美国王安公司申请破产以来，与其“遥相呼应”的是印度尼西亚第二大集团企业——阿斯特拉国际有限公司也陷入了“泥潭”。一些有识之士毫不客气地指出：酿成这一悲剧的症结完全在于该公司的创业者，印度尼西亚华人富商谢建隆患上了严重的“家族企业症”。

这得从谢建隆的大儿子爱德华谈起。爱德华曾获企业管理硕士学位，回到印度尼西亚后，决心大干一番。1979 年，爱德华以 2.5 万美元成立了第一家企业——苏玛银行。当时印度尼西亚经济刚刚开始腾飞，政府信用扩充，天时配合，以及凭着“谢建隆”这个金字招牌所代表的信誉，他以很少的抵押就能贷到大笔资金。接着，他投资金融保险业务和房地产，资本迅速膨胀，10 年之内，以苏玛银行为中心的苏玛集团拥有 10 亿美元的资产，事业遍及欧美和东亚地区，成为与阿斯特拉集团相当的集团企业。殊不知，巨大成功的背后潜伏着重重危机。从一开始，爱德华就犯了一个不可饶恕的错误：他的王国建立在债务上，而不是稳扎稳打上来的。爱德华这 10 年的经营，似乎只知道“以债养债”，不计代价地成长，基础极其脆弱，没有一些像样的经济实体与之配合。如果机会不再，危险便会接踵而来。

果然，到了 1990 年底，印度尼西亚政府意识到经济发展过热，开始实行一系列紧缩政策，银根收紧便是其中之一。苏玛集团顿时陷入难堪的境地——苏玛银行的贷款无法回收，经营的房地产又不易脱手，而高达 5 亿美元的债务，单是 20%以上的利息就足够拖垮集团……当储户们听说苏玛银行有问题，便开始抢兑，颓势从而一发不可收拾，苏玛集团岌岌可危。儿子“背时”，老子心急如焚，岂能见死不救？谢建隆唯一能采取的补救措施是以阿斯特拉的股票作抵押来筹措资金。想不到，“屋漏偏逢连夜雨”，阿斯特拉公司的股票又因印度尼西亚经济萎缩、汽车市场疲软而价格下跌，结果犹如推倒多米诺骨牌那样，不可逆转。这时，正好是 1992 年底。

30 年辛劳半年毁，长使英雄泪满襟。本来，苏玛集团和阿斯特拉集团无所有权关系，“苏玛”的灾难不应拖垮谢氏集团，谢建隆完全可以不负连带责任。

案例分析

究竟是什么原因促使谢建隆下决心“拯救”苏玛呢？

看来无非是两个原因：一方面是维持自家信用；另一方面难舍舐犊之情，不肯学壮士断腕。结果事与愿违，不但无济于事，反而将他的老本都赔光。由此看来，苏玛集团的崩溃并不在于爱德华不会“守业”，而恰恰暴露了像爱德华这样的第二代企业家低估了企业经营的困难与风险。如果再往深层看，症结还是在谢建隆身上。因为，其一，1990 年底苏玛集团发生危机时，他低估了事态的严重性，把长期问题当作短期问题来处理，直至 1992 年底仍不能完全清醒。这样，悲剧发生也就不足为奇了。其二，他不轻易将企业的“权杖”交给儿子，固然不错。但是，作为识途的老马，他理应告诫或阻止爱德华不能靠过度借债来扩充事业。

讨论题

1. 从爱德华的经营策略中能够得到什么启示？
2. 企业家怎样事先客观评估企业经营的困难与风险，做到这一点企业就能可持续发展吗？

思考与练习

1. 决策的类型有哪几种？
2. 如何判断决策的影响因素？举出你所知道的实例进一步说明。

第二节　计划

计划过程是决策的组织落实过程。决策是计划的前提，计划是决策的逻辑延续。计划通过将组织在一定时期内的活动任务分解到组织的每个部门、环节和个人，从而不仅为这些部门、环节和个人在该时期的工作提供了具体的依据，而且为决策目标的实现提供了保证。

一、计划的概念及其性质

（一）计划的概念

在汉语中，“计划”既可以是名词，也可以是动词。从名词意义上说，计划是指用文字和指标等形式所表述的，在未来一定时期内的组织以及组织内不同部门和不同成员，关于行动方向、内容和方式安排的管理文件。计划既是决策所确定的组织在未来一定时期内的行动目标和方式在时间和空间的进一步展开，又是组织、领导、控制和创新等管理活动的基础。从动词意义上说，计划是指为了实现决策所确定的目标而预先进行的行动安排。这项行动安排工作包括：在时间和空间两个维度上进一步分解任务和目标，选择人物和目标的实现方式，规定进度，检查与控制行动结果等。我们有时用“计划工作”表示动词意义上的计划内涵。因此，计划工作是对决策所确定的任务和目标提供的一种合理的实现方法。

正如哈罗德·孔茨所言，“计划工作是一座桥梁，它把我们所处的此岸和我们要去的对岸连接起来，以克服这一天堑”。计划工作给组织提供了通向未来目标的明确道路，给组织、领导和控制等一系列管理工作提供了基础。有了计划工作这座桥，本来不会发生的事，现在都有可能发生了；模糊不清的未来也变得清晰实在了。虽然我们不可能准确无误地预知未来，那些不可控制的因素也会干扰最佳计划的制订，但是如果我们不进行计划工作，就只能听任自然了。

无论在名词意义上还是在动词意义上，计划内容都包括“5W1H”，计划必须清楚地确定和描述这些内容：

What——做什么？目标与内容；

Why——为什么做？原因；

Who——谁去做？人员；

Where——何地做？地点；

When——何时做？时间；

How——怎么做？方式、手段。

（二）计划与决策

计划与决策是何关系？两者中谁的内容更为宽泛或者说哪一个概念是被另一个包含的？管理理论研究中对这些问题有着不同的认识。

有人认为，计划是一个更为宽泛的概念：作为管理的首要工作，计划是一个包括环境分析、目标确定、方案选择的过程，决策只是这一过程中某一阶段的工作内容。比如，法约尔认为，计划是管理的一个基础部分，包括预测未来并在此基础上对未来的行动予以安排。西斯克认为，“计划工作在管理职能中处于首位”，是“评价有关信息资料、预估未来可能的发展、拟定行动方案的建议说明”的过程，决策是这个过程中的一项活动，是在“两个或两个以上的可选方案中作选择”。

而以西蒙为代表的决策理论学派则强调，管理就是决策。决策是包括情报活动、设计活动、抉择活动和审查活动等一系列活动的过程；决策是管理的核心，贯穿于整个管理过程。因此，决策不仅包括了计划，而且包含了整个管理，甚至就是管理本身。

我们认为，决策与计划是两个既相互区别又相互联系的概念。说他们是相互区别的，是因为这两项工作需要解决的问题不同。决策是对组织活动方向、内容以及方式的选择。我们从“管理的首要工作”这个意义来把握决策的内涵。任何组织，在任何时期，为了表现其社会存在，必须从事某种社会需要的活动；在从事这项活动之前，组织当然必须首先对活动的方向和方式进行选择。计划则是组织内部不同部门和不同成员在一定时期内的行动任务的具体内容和要求。但计划与决策又是相互联系的，这是因为：①决策是计划的前提，计划是决策的逻辑延续。决策为计划的任务安排提供了依据，计划则为决策所选择的目标活动的实施提供了组织保证。②在实际工作中，决策与计划是相互渗透的，有时甚至是不可分割地交织在一起的。不论是在决策制定过程中对内部能力优势或劣势的分析，还是在方案选择时对各方案执行效果或要求的评价，实际上都已经开始孕育着决策的实施计划。反过来，计划的编制过程即是决策的组织落实过程，也是对决策进行更为详细的检查和修订的过程。决策无法落实，或者决策所选择的目标活动中某些任务无法安排，必然会导致对决策一定程度的调整。

（三）计划的性质

1. 计划工作为实现组织目标服务

任何组织都必须具有生存的价值和存在的使命。决策活动为组织确立了存在的使命和目标并且进行了实现方式的选择。计划工作是决策工作在时间和空间两个维度上的进一步展开和细化。所谓在时间维度上进一步展开和细化，是指计划工作把决策所确立的组织目标及其行动方式分解为不同时间段的目标及其行动安排；所谓在空间维度上进一步展开和细化，是指计划工作把决策所确立的组织目标及其行动方式分解为组织内不同层次、不同部门、不同成员的目标及其行动安排。组织正是通过有意识的合作来完成各自的目标而生存的。因此，组织的各种计划及各项计划工作都必须有助于完成组织的目标。

2. 计划工作是管理活动的桥梁，是组织、领导和控制等管理活动的基础

如果说决策工作确立了组织生存的使命和目标，描绘了组织的未来，那么计划工作就是一座桥梁，它把我们所处的此岸和我们要去的彼岸连接起来，给组织提供了通向未来目标的明确道路，是组织、领导和控制等一系列管理工作的基础。

未来的不确定性和环境的变化性使行动有如在大海上航行，如果我们要时刻保持正确的航向，那么就必须明白自己所处的位置，明确自己行动的目标，这不仅要求组织的一般成员了解组织的目标和实现目标的行动安排，而且要求组织的主要领导人员明确组织的目标和实现目标的行动路径。计划工作的目标就是使所有的行动保持同一方向，促使组织目标实现。

3. 计划工作具有普遍性和秩序性

所有管理人员，从最高管理人员到第一线的基层管理人员都要进行计划工作。计划工作是全体管理人员的一项职能，但不同部门、不同层级的管理人员的计划工作的特点和广度都不同。当然，计划工作的普遍性中蕴涵着一定的秩序，这种秩序因组织性质的不同而有所不同。最主要的秩序表现为计划工作的纵向层次性和横向协作性。虽然所有管理人员都制订计划，但第一线的基层管理人员的工作计划不同于高层管理人员制订的战略计划。高层管理人员计划组织总方向，各级管理人员再据此拟定他们的计划，从而保证实现组织的总目标。另外，不可能仅通过某一类型活动就实现组织的总目标，而是需要多种多样的活动相互协作和相互补充才能实现。高层管理人员计划组织总方向，各层级的管理人员还需再据此制订相互协作的计划。

4. 计划工作要追求效率

可以用计划对组织目标的贡献来衡量一个计划的效率。贡献是在扣除制订和实施这

个计划时所需要的费用和其他因素后的剩余。在计划所要完成的目标确定的情况下，可以用制订和实施计划的成本及其他连带成本来衡量效率。如果计划能达到最大的剩余，或者计划按合理的代价实现了目标，这样的计划就是有效率的。特别需要注意的是，在衡量代价时，不仅要用时间、金钱或者生产等来衡量，而且还要衡量个人和集体的满意程度。

实现目标有许多途径，我们必须从中选择尽可能好的方法，以最低的费用取得预期的成果，避免不必要的损失，并确保较高的效率。计划工作强调协调和节约，其重大安排都要经过经济和技术的可行性分析，使付出的代价尽可能最小。

二、计划的类型

计划是对未来行动的事先安排，计划的种类很多，可以按不同的标识进行分类，如按计划的形式、职能和计划的期限进行分类等。不同的分类方法有助于我们全面了解计划的各种类型。在实践中，由于一些主管人员认识不到计划的多样性，在编制计划时常常忽视某些重要的方面，因而降低了计划的有效性。

（一）按计划的形式分类

按照不同的表现形式，可以将计划分为宗旨、目标、战略、政策、程序、规则、规划方案和预算等几种类型。这几类计划的关系可描述为一个等级层次。

1. 宗旨

宗旨反映了一个组织之所以存在的理由和价值。各种有组织的集体经营活动，如果是有意义的话，都应当有至少一个目的或使命。这种目的或使命，是社会对该组织的基本要求，我们称之为宗旨。换句话说，宗旨表明了组织是干什么的和应该干什么。例如，一个工商企业的基本宗旨是向社会提供有经济价值的商品或劳务；大学的宗旨是培养高级人才等。

2. 目标

目标是组织活动所要达到的结果。一定时期的目标或各项具体目标是在宗旨的指导下提出的，它具体规定了组织及其各个部门的经营管理活动在一定时期所要达到的具体成果。目标不仅是计划工作的终点，而且也是组织工作、人员配备、指导与领导工作和控制活动所要达到的结果。

3. 战略

战略是为实现组织或企业长远目标所选择的发展方向、所确定的行动方针以及资源分配方针和资源分配方案的一个总纲。战略是指导全局和长远发展的方针，它不是要具体地说明企业如何实现目标，因为说明这一切是许多主要的、辅助的和计划的任务，而战略是要指明方向、重点和资源分配的优先次序。

4. 政策

政策是管理人员的指南，规定了行动的方向和界限，是组织在决策或处理问题时用来指导和沟通思想与行动的明文规定。作为明文规定的政策，通常列入计划之中；而作为一项重大决策，则往往单独发布。政策有助于将一些问题事先确定下来，避免重复分析，并给其他派生的计划以一个全局性的概貌，从而使主管人员能够控制住全局。制定政策还有助于主管人员把职权授予下级。

政策的种类很多。例如，企业销售部门鼓励顾客用现金支付的优惠政策；劳动工资部门对超额完成任务者给予奖励的政策；企业承包中的工资总额与现实利润挂钩的政策；国家对经济特区实行的吸引外资和进出口方面的特殊政策等。

既然政策是决策时考虑问题的指南，那么它必然给予斟酌决定的自由。政策要给定范围和界限，但其目的不是要约束下级使之不敢擅自决策，而是鼓励下级在规定的范围内自由处置问题，主动承担责任，是要将一定范围内的决策权授予下级，这是政策与规则的主要区别。例如，上级主管部门对企业更新改造项目的立项审批权一般都规定一个限额，这就是一种政策。它把凡低于规定限额的更新改造项目的立项审批权下放给企业，只有那些超过限额的项目才报上级主管部门审批。

5. 程序

程序是对所要进行的活动规定时间和顺序，规定如何处理未来活动的例行办法。程序也是一种计划，它规定了如何处理那些重复发生的例行问题的标准方法。程序是指导如何采取行动，而不是指导如何去思考问题。程序的实质是对所要进行的活动规定时间顺序，因此，程序也是一种工作步骤。制定程序的目的是减轻主管人员决策的负担，明确各个工作岗位的职责，提高管理活动的效率和质量。此外，程序通常还是一种经过优化的计划，它是对大量日常工作过程及工作方法的提炼和规范。

程序是多种多样的，组织中所有重复发生的管理活动都应当有程序。例如，在组织的上层主管部门，应当有重大决策程序、预算审批程序、会议程序等；在组织的中层职能管理部门，应当有各自的业务管理程序；组织中有些工作是跨部门的，如新产品的开发研制工作，则应当有相应的跨部门管理程序。一般来说，越是基层，所规定的程序就越细，数量也越多。例如，制造企业的工艺路线就是一种程序，它明确规定了某个零件的加工顺序、使用设备、加工方法等，对于保证零件的质量起着关键作用。

6. 规则

规则也是一种计划，只不过是一种最简单的计划。它是在具体场合和具体情况下，允许或不允许采取某种特定行动的规定。规则常常与政策和程序相混淆，所以要特别注意区分。规则与政策的区别在于规则在应用中不具有自由处置权；规则与程序的区别在于规则不规定时间顺序，可以把程序看成是一些规则的总和。规则和程序，就其实质而言，都是旨在抑制思考的。所以，有些组织只是在不希望他的员工运用自由处理权的情况下才对规则加以采用。

7. 规划方案

规划方案就是各种项目计划。规划是为了实施既定方针，依据所必需的目标、政策、程序、规则、任务分配、执行步骤、使用的资源等而制订的综合性计划。规划有大有小，大的如国家科学技术发展规划，小的如企业中质量管理小组的活动规划等。规划有长远的和近期的，长远的如我国国民经济发展的五年规划，近期的如企业的职工培训规划等。规划一般是粗线条的、纲要性的。

8. 预算

预算作为一种计划，是用数字来表示预期结果的一种报告书，也可称之为“数字化”的计划。例如企业中的财务收支预算，也可称之为“利润计划”或“财务收支计划”。预算可以帮助组织或企业的上层管理者和各级管理部门的主管人员，从资金使用和现金收支的角度，全面、细致地了解企业经营管理活动的规模、收支计划、财务收支明细计划表和成本计划等，其中财务收支明细计划表详细地规划了企业各管理部门的主要收支项目的金额数量。

（二）按计划的期限分类

财务分析人员习惯于将投资回收期分为长期、中期和短期。按照计划的期限或时间，也可以把计划分为长期计划、中期计划和短期计划，长期计划一般是指五年以上的计划，短期计划一般是指一年以内的计划，中期计划则介于两者之间。长期计划描述了组织在较长时期内的发展方向和方针，规定了组织的各个部门在较长时期内从事某活动应达到的目标和要求，绘制了组织长期发展的蓝图。短期计划则具体地规定了组织的各个部门在从目前到未来的各个较短的时段，特别是最近的时段中，应该从事何种活动，从事该种活动应达到何种要求，这就为组织各成员在近期内的行动提供了依据。

（三）按计划制订者的层次分类

战略计划是由高层管理者制订的，应用于整个组织，为组织确立总体目标并寻求组织在环境中的地位的计划。它体现了组织在未来一段时间内总的战略构想、发展目标以及实施的途径。战略计划具有长远性、全局性和指导性，它决定了在相当长的时期内组织资源的运动方向，涉及组织的方方面面，并将在较长时期内发挥其指导作用。在工商企业中，战略计划关系到企业整体的运作，并要求多层次的介入。高层管理部门为整个组织提出指导性目标，然后逐级由较低层次的管理部门提出相应的目标与计划来达成组织的目标，随着计划工作过程在组织中自上而下地推行，目标主体和业绩衡量也就越来越具体。

管理计划是由中层管理者制订的，以时间为中心，将战略计划中具有广泛性的目标和政策转变为确定的目标和政策。管理计划涉及的时间长度较短，范围较之战略计划窄得多。它是由中层管理部门提出的对各自部门必须做什么、如何去做以及谁负责做等细节的安排。

（四）按计划的对象分类

计划还可按对象分为综合计划、部门计划和项目计划。顾名思义，综合计划设计的内容是多方面的，部门计划只涉及某一特定的部门，项目计划则是为某项特定的活动而制订的计划。

综合计划一般是指具有多个目标和多方面内容的计划，就其所涉及的对象而言，它关联整个组织或组织中的许多方面。习惯上人们把年度预算计划称为综合计划，在企业中它是指年度的生产经营计划。

部门计划一般是综合计划的子计划，内容专一，局限于某一特定的部门或职能，是为了达到组织的分目标而制订的。例如，企业销售部门的年度销售计划，生产部门的生产计划等，都属于这一类型的计划。

项目计划是针对组织特定活动所制订的计划。例如某项产品的开发计划、职工俱乐部的建设计划等，都属于项目计划。

（五）按计划的职能分类

计划还可以按职能进行分类。这里的“职能”是指企业的职能，而不是管理的职能。例如，可以按职能将某个企业的经营计划分为销售计划、生产计划、供应计划、财务计划、人事计划等，这些职能计划通常就是企业相应的职能部门编制和执行的计划。将计划按职能分类，有助于人们更加精确地确定主要作业领域之间的相互依赖和相互影响关系，有助于估计某个职能计划执行过程可能出现的变化，以及对全部计划的影响，并有助于将优先的资源更合理地在各项职能计划间进行分配。

三、计划的编制

计划编制本身也是一个过程。为了保证编制的计划的合理性，确保能实现决策的组织落实，计划编制过程必须采用科学的方法。

（一）计划编制的程序

计划编制过程包括五个阶段的工作：收集资料的准备阶段、任务或目标的分解阶段、目标结构的分析阶段、综合平衡阶段、编制并下达行动计划阶段。

1. 收集资料，为计划的编制提供依据

计划是为决策的组织落实而制订的。了解决策者的选择，理解有关决策的特点和要求，分析决策的环境特点和决策执行的条件要求，是编制行动计划的前提。由于计划安排的任务需要组织内部不同环节的组织成员利用一定的资源去完成，因此计划的编制者还需收集反映各个部门和各个环节的能力以及外部有关资源供应情况的资料，为计划编制提供依据。

2. 目标或任务分解

目标或任务分解是将决策确定的组织总体目标分解落实到各个部门、各个活动环节，将长期目标分解为各个阶段的分目标。通过分解，确定组织的各个部分在未来各个时期的具体任务以及完成这些任务应达到的具体要求。分解的结果是形成组织的目标结构，包括目标的时间结构和空间结构。目标结构描述了组织中较高层次目标与较低层次目标相互间的指导与保证关系。

3. 目标结构分析

目标结构分析是研究较低层次目标对较高层次目标的保证能否落实。即分析组织在各个时期的具体目标能否实现，从而能否保证长期目标的达成；组织的各个部分的具体目标能否实现，从而能否保证整体目标的达成。如果较低层次的某个具体目标不能充分实现，则应考虑采取有关补救措施，否则就应调整较高层次的目标要求，有时甚至可能导致整个决策的重新修改。

4. 综合平衡

首先，综合平衡是分析由目标结构决定的或目标结构对应的组织各个部分在各时期的任务是否相互衔接和协调，因此包括任务的时间平衡和空间平衡。时间平衡是要分析组织在各时段的任务是否相互衔接，从而能否保证组织活动顺利地进行；空间平衡则要研究组织的各个部分的任务是否保持相应的比例关系，从而能否保证组织的整体活动协调地进行。

其次，综合平衡还要研究组织活动的进行与资源供应的关系，分析组织能否在适当的时间筹集到市场资源的品种和数量，从而保证组织活动的连续性。

最后，综合平衡还要分析不同环节在不同时间的任务与能力之间是否平衡，即研究组织的各个部分是否能够保证在任何时间都有足够的能力去完成规定的任务。由于组织的内外环节和活动条件经常发生变化，可能导致任务的调整，因此在任务与能力平衡的同时，还应留有一定的余地，以保证这种将会产生的调整在必要时有可能进行。

5. 编制并下达执行计划

在综合平衡的基础上，组织即可为各个部门编制各个时段的计划，并下达执行。

（二）计划编制的方法

1. 网络计划技术

网络计划技术于20世纪50年代后期在美国产生和发展，目前在组织活动的进度管理，特别是企业管理中得到广泛应用。这种方法是以网络图的形式来制订计划，通过网络图的绘制和相应的网络时间的计算，了解整个工作任务的全貌，对工作过程进行科学的统筹安排，并据此组织和控制工作的进行，以达到预期的目标。

利用网络计划技术制订计划，主要包括三个阶段的工作：

（1）分解任务。把整个计划活动分成若干数目的具体工序，并确定各工序时间，然后在此基础上分析、明确各工序时间的相互关系。

（2）绘制网络图。根据各工序之间的相互关系，按照一定规则，如两个事项之间只能由一条箭线相连，绘制出包括所有工序在内的网络图。

（3）根据各工序所需作业时间，计算网络图中各条路线的路长并找出关键路线。

2. 投入产出分析

投入产出分析是20世纪40年代由美国经济学家列昂节夫首先提出的。它主要分析的是各部门经济活动的投入与产出之间的数量关系。所谓投入就是将人力、物力投入生产过程，在其中被消耗，这是生产性消费；所谓产出就是生产出一定数量和种类的产品。投入产出分析作为一种综合计划方法，首先要根据某一年份的实际统计资料的需求来了解各部门之间的一定比例，编制投入产出表；然后计算各部门之间的直接消耗系数和间接消耗系数；再进一步根据某些部门对最终产品的要求，算出部门应达到的状况，据此编制综合计划。

这种方法的主要特点是：

（1）反映了各部门的技术经济结构，可合理安排各种比例关系，特别是进行综合平衡的一种有效工具。

（2）在编表过程中不仅能充分利用现有统计资料，而且能建立各种统计指标之间的内在关系，使统计资料系统化，编成的投入产出表则是一个比较全面反映经济过程的数据库，可以用来进行多种经济分析和经济预测；

（3）由于通过表格形式反映经济现象，涉及的数学知识不深，因而易于理解，并易于为计划工作者所接受；

（4）适用范围较广，不仅可用于国家、部门或地区等宏观层次的计划制订，还可用于企业的计划安排。

经典案例

赵刚是一家大型电子厂的制造经理。该公司的管理部门最近安装了一些新机器，实行了一套简化的工作系统。但使每一个人包括赵刚自己在内都感到惊讶的是，提高生产率的期望并未实现。实际上，生产效率开始下降，产品质量降低，离职的雇员数目也不断增加。

赵刚认为机器没有任何故障。因为他有使用这种机器的其他公司的报告，这些报告坚定了他的想法。而且他也曾要求制造这种机器的公司的一些代表对机器进行过仔细检查，他们报告说，机器运转正处于效率最高的时刻。赵刚怀疑，问题可能出在新的工作系统上。但是，他的直接下属并非都持有这种看法，他们是四个基层主管人，每人负责一个科组，还有一个是他的物资供应经理。他们对生产率下降的原因看法不同，分别认为是操作工训练差、缺乏适当的经济刺激体制和士气低落。显然，对这一问题各人有各人的想法，下属中存在着分歧。

这天早晨，赵刚接到分部经理的一个电话，说他刚刚得到近6个月的生产数据，打电话表示他的关切。他指示说，应以赵先生认为的最好方式解决这一问题，他很想在一周内知道计划采取什么步骤。赵刚和部门经理同样关心生产率的下降，问题在于采取什么措施扭转这种局面。

案例分析

新机器带来的新工作系统反倒降低了工作效率，制造经理应该先从潜在可能即员工工作态度着手，先深入基层了解员工们为什么有抵触情绪，找到原因以后有针对性地解决；员工抵触情绪解决以后，还需要考虑潜在可能性，是否需要进行适当的培训，以帮助员工尽快熟悉新系统，以发挥潜在的生产潜力；如果最终员工工作态度、熟练度问题全部解决后，生产率还是提高不了，那么不得不怀疑这套系统是否有问题，或是否适合本公司了。

讨论题

1. 你认为生产率下降的根本原因是什么？

2. 一般来说，新机器上马应该制定新的工作系统，那么，在制定新的工作系统之前，负责人应该先解决哪些问题？

思考与练习

1. 计划具有什么性质？编制计划一般要有怎样的程序？

2. 以一个中外合资企业为例，编制一份阶段性的可行计划。

第三节　组织

一、组织的含义与作用

（一）组织的含义

组织的含义有两种，一种是作为社会实体或机构存在的实体组织，是管理的客体，如工商企业、事业单位、政府部门等；一种是表现为在组织实体内部进行的一系列活动或组织职能，是管理的一项职能。进行组织活动或履行组织职能，是为了有效地组成一个组织，对组织的整体结构和流程进行设计和变革，从而使组织处于有序的状态。所以，组织职能是实现组织目标的一种手段。

（二）组织的作用

组织的基本作用有两点：一是人力汇集作用。积涓涓细流而成江海，组织通过人力汇集以完成个人所不能完成的工作。二是人力放大作用。通过组织作用，达到人力作用放大的效果。

二、组织工作的含义及其特点

（一）组织工作的含义

组织工作是指为了实现组织的共同目标而确定组织内部各要素及其相互关系的活动过程，也就是设计一种组织结构，并使之运转的过程。

（二）组织工作的特点

1. 组织工作是一个过程

组织工作是根据组织的目标，考虑组织内外部环境来建立和协调组织结构的过程。

2. 组织工作是动态的

组织内外部环境的变化，都要求对组织结构进行调整以适应变化。组织工作不可能是一劳永逸的。

3. 组织工作要充分考虑非正式组织的影响

由于非正式组织对组织的目标有影响，组织工作必须考虑非正式组织的影响。这有助于在组织工作中设计与维持组织目标与非正式组织目标的平衡，避免对立，并对非正式组织加以利用。

三、组织的分类

（一）按组织的性质划分

组织按其性质可划分为经济组织、政治组织、文化组织、群众组织及宗教组织等。

（二）按组织是否自发形成划分

1. 正式组织

正式组织是为了有效实现组织目标而规定组织成员之间的职责范围和相互关系的一种结构。它有以下特点：不是自发形成的，反映一定的管理思想和信仰；有明确的目标，并为组织目标的实现而有效地工作；有明确的效率逻辑标准，组织成员都为提高效率而共同努力；具有强制性，即以明确的规章制度来约束组织成员的行为。

在正式组织中，人们应当从事由组织目标所规定的行动，并使自己的行动指向这个组织目标。正式的组织并不意味着一成不变，相反，它的结构必须具有灵活性，才能保证每一个人在工作中都十分有效地为组织目标作出贡献。

2. 非正式组织

非正式组织是人们在共同的工作活动中，以共同的社会感情、兴趣爱好、共同利益为基础而自发形成的组织。管理者若能对此组织的行为与关系加以研究与重视，必定对该机构产生莫大的利益。非正式组织的范围颇广，诸如交通车的乘客、工业工程上的专契、同一楼层的邻居、星期五晚上的牌友及咖啡室的常客等，都可包括在内。

非正式组织有以下特点：自发性，即为了满足成员的各种心理需求而自发形成的；内聚性，相同的利益使成员之间具有很强的内聚性；不稳定性，环境发生变化，非正式组织就容易发生变动；领袖人物作用大，领袖人物是自然形成的，具有较大的权威性，在非正式组织中能发挥较大作用。

非正式组织的存在，并非全是有弊无利的，关键在于如何运用。管理者若能体会其所产生的影响，设法找寻那些具有影响力的非正式领袖，使之与机构目标相结合，必能产生良好的功用。所以我们研究组织，对此问题应加以注意。

四、组织理论

组织理论是管理理论的重要组成部分。系统的组织理论自20世纪初开始形成，到目前为止，已经经历了古典组织理论、近代组织理论（新古典组织理论）和现代组织理论三个发展阶段。

（一）古典组织理论

古典组织理论出现在20世纪初，作为管理学理论的早期阶段——古典管理理论阶段的一个重要组成部分，包含于古典管理理论的内容之中，是古典管理理论不可或缺的组成部分和重要方面。代表性的古典组织理论有：泰勒（F. W. Taylor）的科学管理的组织理论、亨利·法约尔（Heńg Fayol）的组织理论和马克斯·韦伯（Max Weber）的行政组织体系理论。

以古典组织理论为指导思想的组织设计，主要强调组织的刚性结构。被管理学界称为“组织理论之父”的韦伯认为，高度结构的、正式的、非人格化的理想化行政组织体系是人们进行强制的合理手段，是达到目标、提高效率的最有效形式。所谓“理想的”，不是指最合乎需要的，而是指现代社会最有效的、合理的组织形式。

韦伯提出的这种行政组织形式在精确性、稳定性、纪律性和可靠性方面都优于其他组织形式，也适用于各种管理工作和各种大型组织。因此，韦伯的这一理论是对泰勒、法约尔的组织理论的一种补充。

（二）近代组织理论（新古典组织理论）

以近代组织理论为指导思想的组织设计则以行为科学为理论依据，着重强调人的因素，它从组织行为的角度来研究和设计组织的结构。这种理论以科层结构为基础，同时又吸取了心理学、社会学关于“群体”的观点。它的特点是：在集权与分权的关系上，相对地主张分权，使组织成员能更多地参与决策以提高积极性；从组织形式看，倾向于扁平型的组织结构，主张部门化。

与古典组织理论相比，新古典组织理论对组织内涵、功效和作用、组成以及运转等方面的认识，在广度和深度上都有了一个很大的提高。

（三）现代组织理论

第二次世界大战之后，随着现代科学技术日新月异的发展，生产和组织规模的急剧扩大。生产力的迅速发展，生产社会化程度的日益提高，引起了人们对管理理论的普遍重视。不仅从事实际管理工作的人和管理学家在研究管理理论，而且一些心理学家、社会学家、人类学家、经济学家、生物学家、哲学家、数学家等也从各自不同的背景、不同的角度，用不同的方法对现代管理问题进行了研究，美国著名管理学家哈罗德·孔茨（Harold Koontz）把这一现象形象地描绘为管理理论的“丛林”。蕴涵于现代管理理论丛林中的现代组织理论，相应地也出现了“丛林”现象。其中较具现代性的是现代科学管理理论中社会学系统代表人物巴纳德（C. I. Barnard）的组织理论、现代科学管理理论决策学派的代表人物西蒙（Simon）的组织理论、将系统理论应用于组织问题的研究进而创立了社会系统模式的霍曼斯（G. Homans）的组织理论。

以现代组织理论为指导的组织设计，则以权变理论为依据，它既吸收了以前各种组织理论的有益成果，又强调要适应组织的内部条件和外部环境的变化而灵活地进行组织设计，它着眼于组织结构的开放性、适应性、动态性和弹性。

1. 系统理论

在企业管理中，系统理论学派亦称系统学派，指将企业作为一个有机整体，把各项管理业务看成相互联系的网络的一种管理学派。该学派重视对组织结构和模式的分析，应用系统理论的范畴、原理，全面分析和研究企业和其他组织的管理活动和管理过程，并建立起系统模型以便于分析。这一理论是弗理蒙特·卡斯特（F. E. Kast）、罗森茨威克（J. E. Rosenzing）和约翰逊（R. A. Johnson）等美国管理学家在一般系统论的基础上建立起来的。

弗理蒙特·卡斯特是美国管理学家、美国华盛顿大学的教授，他于1963年与约翰逊和罗森茨威克合写了《系统理论和管理》，1970年与罗森茨威克合写了《组织与管理——一种系统学说》。这两本书比较全面地描述了系统管理理论，该理论的主要观点是：组织是由许多子系统组成的，组织作为一个开放的社会技术系统，是由五个不同的分系统构成的整体，这五个分系统包括：目标与价值分系统、技术分系统、社会心理分系统、组织结构分系统、管理分系统。这五个分系统之间既相互独立，又相互作用，不可分割，从而构成了一个整体。这些系统还可以继续分为更小的子系统。如果运用系统观点来考察管理的基本职能，可以把企业看成是一个投入产出系统，投入的是物资、劳动力和各种信息，产出的是各种产品。运用系统观点使管理人员不至于只重视某些与自己有关的特殊职能而忽视了大目标，也不至于忽视自己在组织中的地位与作用，可以提高组织的整体效率。

2. 权变理论

权变理论认为，在企业管理中要根据企业所处的内外条件随机应变，没有什么一成不变、普遍适用的"最好的"管理理论的方法。该学派是从系统观点来考察问题的，它的理论核心就是通过组织的各子系统内部和各系统之间的相互联系，以及组织与它所处的环境之间的联系，来确定各种变数的关系类型和结构类型。它强调在管理中要根据所处的内外部条件随机应变，针对不同的具体条件寻求最适合的管理模式、方案或方法。其代表人物有卢桑斯、菲得勒、豪斯等人。

美国学者卢桑斯（F. Luthans）在1976年出版的《管理导论：一种权变学》一书中系统地概括了权变管理理论。他认为：权变理论就是要把环境对管理的作用具体化，并使管理理论与管理实践紧密地联系起来；环境是自变量，而管理的观念和技术是因变量；权变管理理论的核心内容是环境变量与管理变量之间的函数关系，也就是权变关系。

权变理论学派同经验主义学派有密切的关系，但又有所不同。经验主义学派的研究重点是各个企业的实际管理经验，是个别事例的具体解决办法，然后才在比较、研究的基础上作些概括；而权变理论学派的重点则在通过大量事例的研究和概括，把各种各样的情况归纳为几个基本类型，并给每一类型找出一种模型。所以权变理论学派强调权变关系是两个或更多可变因数之间的函数关系，权变管理依据环境自变量和管理思想及管理技术因变量之间的函数关系，来确定对当时当地最有效的管理方法。

经典案例

办公室里来的年轻人

——非正式群体规范对正式组织绩效的影响

小张于1998—2002年在某重点大学学习行政管理专业。在校期间品学兼优，多次获得奖学金及"三好学生"、优秀团员称号，并于2001年光荣加入中国共产党。2002年，小张参加了某市公务员考试，顺利通过，被该市政府法制办录用。

进入了公务员系统，小张认为从此有了稳定的收入，而且自己的所学又能派上用场，感到很高兴，并且暗自下定决心：要好好地作出一番事业。于是，每天小张早早地来到办公室，扫地打水，上班期间更是积极主动地承担各项工作任务，回家还继续钻研办公室业务。

法制办公室是一个有五个人的大科室，包括主任甲，副主任乙，三位年纪较长的办事员A、B、C。几位老同志听说办公室要来这么一个年轻人，顾虑重重，他们认为现在的大学生从小娇惯，自命清高，很难相处，而且业务又不熟，还需要他们手把手地教，来了无异于来了一个累赘。令他们没有想到的是，这个年轻人热情开朗，待人谦虚，很容易相处。更重要的是，小张有行政学专业背景，再加上聪明好学，很快就熟悉了业务，成为法制办工作的一位好手。而且小张很勤快，承担了办公室大量工作，让几位老同志一下子减轻了许多压力。几位老同志渐渐喜欢上了这个年轻人，主任、副主任也经常在办公室会议上表扬小张。

可是聪明的小张发现，随着科长表扬的次数增多，几位老同志对自己越来越冷淡。有一次，忙着赶材料，B居然冷冷地对他说："就你积极！"小张一时间丈二和尚摸不着头脑。

一年很快就过去了，小张顺利转正。

市政府办公室年终考核的时候，法制办因工作能按量优质提前完成，被评为"优秀科室"。并且在为其制定下一年度（2004年）计划时，又增加了法制办的工作量。法制办的几位老同志本来因为小张的到来轻松了许多，这下子又忙起来了。而且他们发现，虽然繁忙依旧，但是"名"却给夺走了，每次得到表扬的总是小张。于是小张被排斥了。随着2004年小张被评为法制办第一季度先进个人，A、B、C对小张的反感达到了顶点。从此，几位老同志再也不邀请小张参加任何一次集体活动，还在背后称小张是"工作狂"、"神经病"、"都这么大了还不谈恋爱，是不是身体有毛病"。话传到小张耳朵里，小张很伤心，"我这么拼命干不也是为办公室吗？要不是我，去年办公室能评上先进科室？怎么招来这么多怨恨？"他一直都不能理解。有一次，小张把自己的遭遇同另外一个部门的老王讲了。老王叹了口气，"枪打出头鸟，你还年轻，要学的还很多啊！"小张恍然大悟，正是自己的积极破坏了办公室原有的某些东西，让几位老同志倍感压力，才招来如今的境遇。

从此，小张学"乖"了，主任不布置的任务，再也不过问了；一天能干完的事情至少要拖上两天甚至三天。办公室又恢复了平静与和谐，先进个人大家开始轮流坐庄，几位老同志见到小张的时候又客气起来了，集体活动也乐意邀请上他。小张觉得，这样很清闲，与大家的关系也好多了，心里的压力骤减，生活也重新有了快乐。

案例分析

这是一个典型的非正式群体规范对正式群体绩效产生消极影响的案例。

非正式群体是指组织成员之间由于共同的价值标准而自然形成的无固定形式的社会组织。在这个群体里，人们之间具有基于共同的价值标准而产生的共同的情感和态度，并且正是这种情感和态度把他们组合到一起。人们在工作中自发形成了一些共同遵守的准则，如干活不能过于积极，也不能过于偷懒。这些约定俗成的准则对非正式群体中的成员具有普遍约束力。如果有人违反了这些准则，就会遭到其他人的指责和讽刺，冷淡和疏远，甚至报复。在非正式群体中，起支配作用的价值标准是感情逻辑，要求每个成员都必须遵守基于成员之间共同感情而产生的行为规范。

法制办公室里的三个办事员A、B、C基于共同的职位和心理已经结成了一个非正式的群体，他们的通行规则是干活拖拉，好处共享，而小张刚刚来到这里，工作积极，严重违反了这一非正式群体的组织规范，招来了人际关系上的紧张。最后迫于压力，小张不得不屈从这个不成文的规范。小张的屈从为自己创造了一个相对和谐的人际关系氛围，但却使法制办公室的工作绩效的提高成为泡影。

讨论题

1. 非正式群体是如何影响组织绩效的?
2. 员工怎样做才能为组织创造一个相对和谐的人际关系氛围?

思考与练习

1. 请阐述现代组织理论。
2. 用列表的方式，分出组织的类型。

第四节 控制

在管理过程中存在着各种冲突，往往会导致目标上的偏差。而作为管理活动中一个重要环节的控制，则可以减少和避免偏差的出现和存在，从而保证组织的各项活动朝着既定的方向运行，并确保计划目标的实现。因此，优良的管理需要有效的控制，管理中的战略规划、组织与领导等，必须伴随有效的管理控制系统，才能真正发挥作用。

一、控制的含义

控制是监视各项活动保证其按计划进行，并纠正各项偏差，以确保组织目标得以实现的过程。作为管理的基本职能之一，“控制”一词最早出现在古希腊文中，其原意是“驾船术”、“操航术”，即掌舵的方法和技术。

（一）控制论中控制的含义

作为一门边缘科学的控制论，兴起于第二次世界大战后的20世纪50年代。其创始人是美国数学家、生物学家罗伯特·维纳。维纳于1948年出版了著名的《控制论（或关于在动物和机器中控制和通讯的科学）》一书。在该书中维纳所提出的“控制论”揭示了生物系统和非生物系统中存在的具有共同特性的通讯、调节和控制的一般性规律。它主要研究系统信息的接受、加工和传输。控制论中控制的含义为调节和制约一个系统的行为，使系统在动态环境中保持一定稳定性或促使系统由一种状态向另一种状态转换的活动。

（二）管理学中控制的含义

早期的管理控制采用工业工程方法，利用对计量、动作、时间等因素的控制以提高效率。法约尔曾指出：“在一个企业中，控制就是核实所发生的每一件事是否符合所规定的计划、所发布的指示以及所确立的原则，其目的就是要指出计划实施过程中的缺点和错误，以便加以纠正和防止重犯。控制在每件事、每个人、每个行动上都起作用。”

由此可见，在管理学中，控制是根据决策计划制定工作标准，用标准来检查、监督各项工作的进展情况和结果，看其是否符合组织目标，是否符合计划要求，及时发现偏离、差异和问题，采取矫正措施，使工作按原定计划进行，回到预定的目标上来，或适当调整计划或目标，使之符合客观实际及其变化的管理职能活动。

在某种意义上，控制包括了管理人员为确保组织目标得以实现而采取的所有行动。具体地说，在组织目标确立之后，管理者总是通过计划来设计出达到目标的手段或行动方案，而一旦计划付诸实施，就会发现许多事先未能预料到的因素在发生作用。例如，新的竞争对手的进入、新技术的出现、国家经济政策的调整等。所以，在计划的实施过程中，这样一些新情况的出现必然导致与原来的设想有不同程度的偏差。这时，就需要作出调整以适应环境的变化。一般来说，调整的途径有两个：或改变行动方案，或修改原来的计划。由此可见，在控制的概念中包含着创新的内涵。在这一点上，控制的目的不仅是要使一个组织按照原定计划，使组织的活动趋于相对稳定，实现既定目标；而且还要力求使组织的活动有所前进，有所创新。

二、控制的特点

从本质上说，管理上的控制和物理的、生物的以及社会系统的控制是一样的。然而，将控制应用于管理，又赋予了它新的特点。综合而言，控制的特点主要有如下体现。

（一）控制具有整体性

控制的整体性有两重含义：一是控制是组织全体成员的职责，完成计划是组织全体成员的共同责任；二是控制的对象是组织的各个方面。确保组织各部门和单位彼此在工作上的均衡与协调是管理工作的一项重要任务，为此需要了解掌握各部门和单位的工作情况并予以控制。

（二）控制具有未来性

控制是指向未来的，管理者对既成事实往往是无能为力的。但通过控制可以使工作失误及时得到补救，及时地发现问题并迅速加以制止，以免事态扩大和影响加剧，然后就可以利用计划和预设方案中所留有的弹性，进行事后补救。

（三）控制具有动态性

控制是在有机的社会组织中进行的，组织不是静态的，其外部环境和内部结构都在不断变化，从而决定了控制方法和标准不可能固定不变。这就使控制更加灵活、更加需要适应环境而不断调整，以增强其适应性和有效性。因此，从本质上说，控制是一个动态的过程。

（四）控制具有创新性

对控制工作而言，控制的目的不仅仅是要使组织维持现状，而且还应致力于使组织不拘泥于现状，有所创新，有所前进，争取达到新的目标与高度，即打破现状，这是由管理工作的特性决定的。管理的各种职能活动，通过信息反馈形成一个回路，一方面使系统的活动维持在一定稳定状态下，另一方面还要使系统的活动在原平衡点的基础上谋求更大的发展。

（五）控制具有人的本性

人是组织各项活动的执行者，组织中的各项活动都要靠人来完成。因此，管理的核心内容是对人的管理。控制归根到底就是对人的控制，同时，控制本身又必须由人执行。这就要求我们充分注意到人才是控制的关键，应充分调动和发挥人的自觉能动性，既要使人遵守控制的准则，又要努力使控制符合人的特性。因此，控制不仅仅是监督，更重要的是指导和帮助。通过控制工作，管理者可帮助职工分析偏差产生的原因，端正职工的工作态度，指导他们采取矫正措施。这样，既能达到控制的目的，又能提高职工的工作质量和自我控制能力。

（六）控制具有目标性

在组织系统的动态发展中，目标既是控制过程的起点，也是控制过程循环发展的终点，也就是说，目标贯穿整个管理控制过程的始终。良好的控制必须具有明确的目标，必须反映出业务的性质和需要。因此，管理者的重要任务之一就是从众多的甚至相互矛盾的目标中选出关键的、反映工作本质和需要的目标，并加以控制。

（七）控制具有反馈性

控制目标的实现，离不开信息反馈。没有信息的反馈，也就没有了赖以判断对错的对象和依据。因此，反馈性是任何一个控制系统都具有的特点。值得注意的是，对于一个简单的控制系统来说，反馈的信息是较单纯和特定的。但对管理工作而言，信息的种类繁多、数量巨大，这就使得控制活动更加复杂，所需技术更加先进，反应更加灵敏。

三、控制的必要性及其作用

在当今竞争加剧的时代，控制的必要性更为明显。斯蒂芬·罗宾斯这样描述管理对控制的需要："尽管计划可以制订出来，组织结构可以调整得非常有效，员工的积极性也可以调动起来，但是这仍然不能保证所有的行动都按照计划执行，不能保证管理者追求的目标一定能达到。"组织目标的实现不是一个自然的过程，必须通过控制来实现。

（一）控制的必要性

控制成为管理的必要职能主要基于以下几点原因：

1. 适应组织环境和组织自身情况的变化

在实施规划的过程中，组织环境与组织本身的情况都会发生变化，这会影响原有规划的完成。有时需要修正原有规划，有时需要重新制订规划，使之符合新情况。一般来说，规划的时间跨度越大，控制职能就越重要。有效的控制系统可以帮助管理者检查规划的落实情况，或在情况出现变化时，及时对规划作出正确调整。

2. 管理权力的分散

随着组织规模的扩大，组织的管理权限被分散在各个管理层次。组织分权的程度越高，控制就越有必要。每个层次的主管都必须监督、检查直接下属的工作，以保证授予他们的权力得到正确的运用，保证他们的行为符合决策目标和计划方案。如果没有控制，一旦发生下属滥用权力，或活动不符合决策计划的要求，管理者就无法及时发现和纠正，整个组织活动就会变得混乱无序。

3. 组织成员素质能力的差异

人力资源本身具有个体差异性，因此组织成员本身素质能力的差异是客观存在的，这种差异性必然导致他们在工作中有各自不同的表现。这种不同会使方案在实施过程中出现不协调，同时工作中的疏漏和错误也在所难免。如果不对此加以监督控制，及时纠偏，组织目标就无法实现。

（二）控制的作用

从控制监督的必要性入手，我们就不难理解控制在管理中的作用了。

1. 控制是一项重要的管理职能

计划、组织、人事领导等职能是控制的基础。控制过程通过检查、监督和纠正偏差活动与管理的其他基本职能紧密地联系在一起，并使整个管理过程成为一个相对封闭的系统。在这一相对独立的封闭系统中，管理的计划职能确立了组织的目标、战略规划、方针政策和主要策略方案，并限定了实现目标的基本程序。然后，采取必要的控制措施，参照计划任务的控制标准，动态地检查计划的执行情况。因此，控制是各项管理职能得以顺利完成的保证。

2. 控制是完成计划任务、实现组织目标的保证

控制对计划任务完成和组织目标实现的作用可以归纳为两方面：一方面，控制能及时纠正计划执行过程中出现的各种偏差，督促有关人员严格按照计划要求办事。在这一过程中，控制的主要目标就是确保计划得到近乎“不折不扣”的执行。另一方面，控制能发现计划中不符合实际的内容，并根据实践要求调整、修订原有计划，使计划建立在坚实的客观实践基础之上，并确保修订后的计划得到严格执行。在此，控制的目的在于修正计划，并且确保组织行为是围绕修正之后的计划目标展开，而不再是严格执行原

有的计划目标。

3. 控制是及时改正缺点、提高组织效率的重要手段

控制的这一作用同样表现为两个方面：一是对当前管理过程而言，控制有利于组织少走弯路，按照既定目标行动；二是对今后的管理实践而言，管理者在本管理过程中的经验积累和素质提高，将为今后的管理工作提供坚实的基础。

任何一个组织都有缺点，都有可能犯错误。虽然一些小的缺点和错误不一定会对整个组织目标的实现产生根本性的影响，但是会影响到组织的工作效率，延迟组织目标的实现。管理者依靠控制手段，可以及时发现自身或者下属出现的错误，并防止类似偏差的出现。在控制过程中，控制者可以及时了解受控者执行计划的能力和工作效率，也可以及时了解自身的管理能力和水平，有助于控制者不断总结经验，吸取教训，在控制实践中提高自身的管理素养和能力。

4. 控制是组织创新的推动力

控制不是简单地对受控者进行管、压、卡，控制是一种积极主动的管理实践活动。由于现实环境千变万化，现代管理越来越强调控制中良好的反馈机制和弹性机制。在控制中，一些新问题的出现，可以激发管理者推陈出新。如在预算控制中实行弹性预算就是这种控制思想的体现。特别是在具有良好反馈机制的控制系统中，施控者接受受控者的反馈，不仅可以及时了解计划执行的状况，纠正计划执行中出现的偏差，而且还可以从反馈中受到启发、激发创新。

5，控制是分权式组织结构的保证

分权是现代组织发展的必然趋势。然而分权对于组织具有一定的危险性，如不能有效控制就可能破坏组织所必需的统一，导致组织名存实亡。有些管理者之所以不愿授权和分权，一个重要原因就是担心当下属背离组织目标时，不能及时得到信息、及时纠正；另外管理者也担心权力一旦分下去，下属就会各自为政，难以控制，以致组织涣散。有效解决这个矛盾的关键是建立有效的控制系统，它能保证组织在通过分权调动各级管理者的积极性、主动性的同时，又能够随时监督下属的工作，及时获得下属工作进程和绩效的信息，进行动态的控制。

四、控制的类型

控制的类型多种多样，从不同的角度可以作出不同的分类。例如，按照控制的时间不同，可分为前馈控制、现场控制和反馈控制；按照控制的程度不同，可分为集中控制和分散控制；按照控制的范围不同，可分为综合控制和作业控制；按照控制的方式不同，可分为直接控制和间接控制等等。在此，我们主要介绍前馈控制、现场控制和反馈控制。

（一）前馈控制

前馈控制是未来导向的，控制作用发生在行动之前，故又称为未来定向控制。它是

在实际工作开始之前，管理者对工作中可能出现的偏差进行预测和估计，及时采取措施防止问题的产生，并期望组织未来的活动保持在允许限度内的一种控制类型。

前馈控制有很多优点：首先，前馈控制是在实施之前的计划阶段和实施准备阶段进行的，有备无患，可以避免事后控制无法挽回的损失，是一种比较经济的控制；其次，前馈控制是针对某项计划实施所依赖的条件实行控制，不是针对具体人，因而不会造成心理冲突，易于被员工接受并付诸实践；此外，前馈控制把各种控制措施预先告知执行者，由执行者自已根据情况对实施过程加以控制，有利于培养员工自我控制的觉悟和能力，调动员工的主动性和积极性。

通常情况下，前馈控制表现为针对可能出现的问题而作出的管理上的努力。例如，管理者得到过去和现在的销售情况，进行预测分析以后，知道销售额将下降到更低的水平，背离期望的水平，管理者就制定新的技术改革和产品引进计划、新的广告计划、新的销售计划，以改善销售的预期结果，并制定一系列对账制度让职工遵守，保证工作的顺利进行。

值得注意的是，要进行有效可行的前馈控制，必须满足以下几个条件：必须对计划和控制系统进行透彻、仔细的分析，确定重要的输入变量；必须建立清晰的前馈控制系统模型；必须经常检查模型，以了解所确定的输入变量及其相互关系是否仍然反映实际情况；必须经常收集系统输入量的数据并及时将其输入控制系统；必须定期评估实际输入量和计划输入量之间的差异并评估其对最终结果的影响；必须采取措施解决问题。

（二）现场控制

现场控制是同期导向的，控制作用发生于行动之时。在组织中，现场控制一般表现为两种方式：一是主管人员深入现场检查和指导下属的活动，它包括适当的工作方法和工作过程的指导，监督下属的工作，发现偏差及时监督纠正；二是基层工作人员的日常自我控制，控制的对象就是自我的操作工作过程。这种方式使每个组织成员都加入控制行列，加强自我控制能力，更能提高控制的效率。零缺陷管理就是在产品质量控制方面的一种有效的现场控制方式。

从维持组织的动态平衡的观点来看，现场控制比等结果产生后再进行行为检测的反馈控制更令人满意。当微小的偏差发生时即加以调整，比稍后改正较大的偏差来得容易。因此，现场控制的概念对在组织继续运行时把各种活动过程维持在期望限值之内是十分重要的，这种控制可以帮助个人学会在期望度内工作。

与前馈控制相比，现场控制活动往往是在偏差已经出现但尚未造成严重后果时进行的，它可以分析研究造成偏差的根源，并预测偏差继续发展的可能方向，然后作出控制。这样一来，现场控制就兼有前馈控制和反馈控制两个方面的特征。但是这种方式也有许多弊端。首先，这种方式容易受到管理者的时间、精力、业务水平的制约。管理者不能时时事事进行现场控制，只能在关键工作上使用。其次，现场控制的应用范围较窄。对生产工作进行现场控制比较容易，而对那些问题难以辨认、成果难以衡量的工作，如科研，几乎无法进行现场控制。再次，现场控制容易使控制者与被控者之间形成心理上的对立，容易损害被控者的工作积极性和主动性。因此，现场控制一般不能成为日常的主要控制方法，而只能是其他控制方式的补充。

（三）反馈控制

反馈控制是过去导向的，是一种针对结果、亡羊补牢式的控制，也是最常见的一种控制类型。它是由主管人员通过分析以前工作的执行结果，将它与控制标准相比较，发现偏差并分析偏差产生的原因，拟定纠正措施，防止偏差发展或继续存在的控制活动。由于反馈控制是在计划执行中的偏差已经出现并造成了一定后果的情况下进行的，所以也称作事后控制。反馈控制不是一种最好的控制，但却是使用最为普遍的一种控制，主要是因为预测往往要受到各种条件的限制，人们在执行计划中也会出现大量的失误，前馈控制和现场控制都无法避免所有偏差。所以需要对已经出现的偏差进行分析，并根据分析结果，调整或改变计划执行的方案，以求在下一个管理阶段中避免偏差的再度出现。

反馈控制是控制活动中运用较多的一种控制方式。与前两种控制类型相比，反馈控制具有以下优势：一方面，反馈控制能发现原先计划中的不合理方面，并加以修正。也就是在管理系统运行的中间阶段，根据中期结果及时发现问题，排除隐患，避免造成严重后果。即使是在一个完整的管理过程已经完成的情况下，反馈控制也是必要的，因为任何管理活动都是一个不断往复的连续的动态过程。前一管理过程的反馈结果往往是后一管理过程前馈控制的前提。另一方面，反馈控制可以增强员工的积极性。因为员工希望获得评价他们绩效的信息。从某种意义上看，一切控制都是建立在信息反馈的基础上的，所以人们往往在更广的意义上把一切控制都称作反馈控制。

总之，这三种控制方式的控制重点各不相同：前馈控制重在资源；现场控制重在进行的活动，多为生产过程；反馈控制是对已结束工作的资源、过程进行评价，用于对下一次活动开展进行控制。在实际工作中，应根据工作的重要性，结合不同控制的特点，采用适当的方式。

五、控制的原则

控制并不是管理者任意的行为，它必须依照科学的原则来指导控制活动，才能取得预期的成效。控制的原则主要如下。

（一）组织适宜性原则

控制必须反映组织结构的类型。组织结构是对组织内各个成员担任什么职务的一种规定，因而它也是明确执行计划和纠正偏差的依据。组织适宜性原则可表述为：一个组织结构中的职责和职务的要求越匹配，就越有助于纠正脱离计划的偏差。组织适宜性原则的另一层含义是：控制系统必须切合每个主管人员的特点。也就是说，在设计控制系统时，不仅要考虑具体的职务要求，还应考虑到担当该职务的主管人员的个性。在设计控制信息的格式时，这一点特别重要。

（二）相对封闭性原则

在实际的控制过程中，由于组织的内在因素与外部环境的变化是随时可能发生的，如果组织不加以封闭，就会导致组织系统的紊乱甚至崩溃，而无法保证组织目标的实现。因此控制系统内部要实行相对封闭的原则，其中要通过控制手段，构成连续封闭的信息回路，以促成组织目标的实现。

（三）及时控制原则

及时控制原则也叫控制效率原则。一个完善的控制系统要实施有效的控制，必须在一旦发生偏差时能够迅速发现，并根据实际情况，及时采取相应的补救措施。甚至在未出现偏差之前，就能预测出偏差的产生，防患于未然。追求控制效率是为了保证控制活动取得良好的成果，这是控制活动的核心。否则就有可能导致经济事态的进一步恶化，带来预想不到的后果。

（四）控制关键点原则

所谓关键点是指对完成计划起作用并在计划执行过程中要加以控制的关键因素或关键问题。有效的控制要求对那些评价个别计划执行情况的关键因素给予注意。在管理中运用控制活动进行纠偏和矫正时，必须善于捕捉最具有影响的和起干扰作用最大的、最急需解决又最能取得成效的因素，有重点地进行控制。这样，才能使控制最强有力地起到控制一点儿带动全面的作用。至于应注意哪些关键点，则没有什么简易的准则可用，因为关键点的选择主要体现了一种管理艺术。

（五）例外原则

主管人员越是注意对例外情况的控制，控制结果就越有效。这个原则说明，主管人员应当注意那些重大的偏差，以及特别好或特别不好的情况。例如质量控制中就应广泛地应用例外原则来控制工序质量，如果生产过程中出现了违反规律的异常状态，就需要立即查明原因，采取措施使之恢复稳定。这一原则与控制关键点的原则常常混淆，它们也确实有些共同之处。可是，控制关键点的原则是要认识到观察的关键点，而例外原则则是要观察关键点上的偏差大小。

（六）直接控制原则

管理系统内的主管人员工作质量越高，就越没有必要实行间接控制。因为大多数间接控制在很大程度上是基于这样一个事实，即人们常常犯错误并经常不能为此而采取适当、及时的纠正措施。而主管人员对自己所担任的职务越胜任，也就越能觉察出偏离计划的误差，并及时采取措施来避免误差的出现。这意味着任何一种控制的最直接有效的方式，就是采取措施来尽可能地保证和提高主管人员的工作质量。

（七）灵活控制原则

要使控制有效，不会因为计划的不可预见性而失败，在控制中就需要灵活性。按照这个原则，通常要求制定多种应付变化的方案和留有一定的后备力量，并采用多种灵活的控制方式和方法来达到控制的目的。不能过分依赖正规的控制方式，如预算、监督、检查、报告等，因为有时实际情况会有很大的差别，过分依赖他们会使控制失效。

（八）经济性原则

控制是一项需要投入大量的人力、物力和财力的活动，是否进行控制，控制到什么程度，都涉及费用问题。因此，必须考虑控制的经济性，要把控制所需要的费用与控制所产生的效果进行经济上的比较，只有当有利可图时才实施控制。控制的经济性原则要求：一方面，要实行有选择的控制，全面周全的控制不仅是不必要的也是不可能的，要正确而精心地选择控制点，太多会不经济，太少会失去控制；另一方面，要努力降低控制的各种耗费，提高控制效果，改进控制的方法和手段，以最少的成本查出偏差计划的现有原因，费用的降低使人们有可能在更大的范围内实行控制，花费少而控制效率高的系统才是有效的控制系统。

六、控制的内容

作为管理的一项重要职能，管理者的日常管理活动的主要内容就是从事控制工作。然而，管理者控制什么呢？美国管理学家斯蒂芬·罗宾斯将控制的内容归纳为对人员、财务、作业、信息和组织总体绩效等五个方面的控制。

（一）对人员的控制

管理者是通过他人的工作来实现其目标的。泰勒曾经给管理下的定义就是：知道你要别人去干什么，并使他用最好的方法去干。所以，管理者的一项重要工作就是保证员工理解其期望并按照其期望的方式进行工作。为了做到这一点，就必须对人员进行控制。常见的控制手段有：第一，现场巡视，即通过各种方式观察被管理者的工作并纠正出现的问题；第二，绩效评估，即通过对被管理者的工作进行系统化的评估，使每一位下属的近期绩效都得到鉴定，并对绩效好的予以奖励，使其维持或加强良好表现，对绩效差的就采取相应的措施，纠正出现的行为偏差。

（二）对财务的控制

控制财务活动是传统的控制内容，其目的就是减低成本、减少费用、提高资金利用率，使资源得到充分利用。因此，为保证企业获取利润，维持企业的正常运作，必须进行财务控制。财务控制包括审核各期的财务报表，保证一定的现金存量，保证债务的负担不致过重，保证各项资产都得到有效的利用等。但是在一些非营利组织中，管理者往往容易忽视管理中的财务控制问题，以至于出现了危机时才会意识到财务控制的意义。所以，所有的管理者都应关心组织运行中的财务问题，学会通过财务控制来提高组织活动的效率，降低组织的运行成本。目前预算是最常用的财务控制衡量标准，也是一种有效的财务控制工具。

（三）对作业的控制

一个组织成功与否在很大程度上取决于其作业能力，即取决于其提供产品或服务的效率与效能。作业控制就是通过对作业过程的控制来评价并提高作业的效率与效果，从而提高组织提供的产品或服务的质量。例如，一个教学机构如果无法实现对日常教学工作的控制，那么在其他方面的管理工作做得再好也是没有意义的。组织中常见的作业控制有：生产控制，即监督生产活动以保证其按计划进行；质量控制，即检测产品或服务的质量，以保证其符合预订标准；原材料购买控制，即评价组织的购买能力，以尽可能低的价格提供所需质量和数量的原材料等。

（四）对信息的控制

随着人类步入信息社会，信息在组织运行中的地位也越来越高，不精确的、不完整的、过多的或延迟的信息会大大降低组织效率。因此，在现代组织中对信息的控制显得尤为重要。现代组织为了更有效地加强对信息的控制和利用，大多都建立了管理信息系统，使之能在正确的时间以适当的数量为正确的人提供正确的数据。但是，信息系统的优化，以及如何有效地防止信息噪声等也是管理者应注意的问题。

（五）对组织总体绩效的控制

根据管理的效益原则，组织绩效是组织上层管理者关注的核心，组织目标的达成与否都从这里反映出来。所以，管理者应经常根据组织整体绩效的状况来实施其控制。在一些大的组织中，往往需要设立专门的机构来考察和衡量组织的整体绩效或效果，以便为主管人员的控制工作提供参谋。应注意的是，控制组织绩效的指标有很多，这些指标都从不同侧面反映组织绩效，都是衡量组织整体绩效的重要指标，但没有单一的指标可以用来衡量组织的整体绩效，即便是我们最注重的利润指标也是如此。所以，管理者对组织绩效的控制手段应该是多样性的和综合性的。

◇ 经典案例

蝴蝶效应

蝴蝶效应是气象学家洛伦兹于1963年提出来的。其大意为：一只南美洲亚马孙河流域热带雨林中的蝴蝶，偶尔扇动几下翅膀，可能在两周后引起美国得克萨斯州的一场龙卷风。其原因在于：蝴蝶翅膀的振动，导致其身边的空气系统发生变化，并引起微弱气流的反应，而微弱气流的产生又会引起它四周空气或其他系统产生相应的变化，由此引起连锁反应，最终导致其他系统的极大变化。此效应说明，事物发展的结果，对初始条件具有极为敏感的依赖性，初始条件的极小偏差，将会引起结果的极大差异。

案例分析

小的差错和失误并不会立即给组织带来严重的损害，但是时间一长，小的偏差就有可能演变为大的差错。因此任何组织都需要控制，不断地进行纠偏活动，才有可能顺利实现组织目标。

讨论题

1. 谈一谈你对蝴蝶效应的理解。
2. 举实例说说某企业是怎样进行“纠偏”活动的？

思考与练习

1. 计划在管理中有什么作用？它与其他管理职能的关系又是怎样的？
2. 计划制订的步骤有哪些？
3. 常见的决策类型及决策的影响因素有哪些？
4. 控制的内涵是什么？它与其他管理职能的关系如何？
5. 控制有哪些原则？

第六章

管理与战略

知识结构图

- 管理与战略
  - 战略管理概述
    - 战略管理的概念
    - 战略管理的特征
    - 战略管理的作用
  - 战略管理过程
    - 战略分析阶段
    - 战略决策阶段
    - 战略实施阶段
    - 战略评价阶段
  - 战略选择
    - 基本战略
    - 成长战略
    - 防御战略

学习目标

(1) 了解战略管理在整个管理过程中的重要意义。

(2) 理解战略管理过程。

(3) 掌握战略管理的概念、构成要素及其特征和作用。

战略管理萌芽始于第二次世界大战后。20 世纪 80 年代后，战略管理在被世界各主要跨国集团采用的同时，开始被逐渐介绍到中国。战略管理作为组织战略杠杆的驱动力，包括组织战略的制定、选择和实施的全过程，是关系到组织长期性、全局性和方向性的重大决策问题。因此，战略管理对组织的发展至关重要，组织的管理者应当切实重视并抓好组织战略的构成要素、类型和选择，特别是对战略管理的环境分析应作详细的论述。

第一节　战略管理概述

一、战略管理的概念

“战略”一词最早源于军事领域，意指对战争的谋划。我国古代杰出的军事家孙武所著的《孙子兵法》虽没有用“战略”二字来命名，但含有丰富的战略思想。军事上“战略”内涵的不断丰富和扩大，使战略这一对战争全局性的谋划的概念，明显地区别于战术的局部性特点。

在西方，“战略”（strategy）一词来源于希腊语 strategia，该词词义为“统帅”、“指挥官”，也意味着“战略”是首脑统帅的韬略，是全局性的策划。

“战略”被引入经济领域始于20世纪60年代，随后应用于企业管理。1962年，美国著名的管理学家阿尔弗雷德·D. 钱德勒（Alfred D. Chandler）发表了《战略与结构》一书，掀起了研究企业战略的浪潮。1965年安索夫（H. I. Ansoff）出版了《企业战略论》，同年安德鲁斯（K. R. Andrews）出版了《商业政策——原理与案例》，这三部开创性著作奠定了战略管理的理论基础。进入70年代，随着对战略理论研究的理论成果在管理实践中的发展，美国的霍福尔与舒恩德尔两人率先提出了战略管理的概念，将战略管理定义为：“战略是企业目前的和计划的资源配置与环境相互作用的基本模式，该模式表明企业将如何实现自己的目标。”这一模式奠定了战略管理理论的基础。

战略管理是关系到组织长期性、全局性和方向性的重大决策问题。战略管理是组织在复杂多变的环境中谋求生存和发展，在充分分析组织外部环境和内部条件的基础上，根据组织外部环境和内部条件，确定组织目标，保证目标落实并最终得以实现的一个动态过程。

二、战略管理的构成要素

尽管目前对战略管理要素没有统一的说法，但一般来说，战略管理要素概括起来包括四个方面：经营范围、资源配置、竞争优势和协同作用。这四要素可以产生合力，成为企业的共同经营主线。有了这条经营主线，企业内外的人员都可以充分了解企业的经营方向和产生作用的力量，从而扬长避短，发挥优势。

（一）经营范围

经营范围是指企业从事生产经营活动的领域。它反映出企业目前与其外部环境相互作用的程度，也可以反映出企业计划与外部环境发生作用的要求。确定一个企业的经营范围，应该以那些与企业最密切相关的环境为准，因此，对于大多数企业来说，他们应该根据自己所处的行业、自己的产品和市场来确定经营范围。企业确定经营范围的方式可以有多种形式：从产品角度来看，企业可以按照自己产品系列的特点来确定经营范围，如半导体器件公司、机床公司等；从技术角度来看，企业可以根据产品系列内含的技术来确定自己的经营范围，如计算机公司、光导纤维公司等。

（二）资源配置

资源配置是指企业过去和目前资源与技能配置的水平和模式。资源配置的好坏会极大地影响企业实现目标的程度。因此，资源配置又称为企业的特殊能力。

资源是企业进行生产经营活动的支撑点，企业只有以其他企业不能模仿的方式，取得并运用适当的资源，形成自己的特殊技能，才能很好地开展生产经营活动。如果资源贫乏或处于不利的境况，企业的经营范围便会受到限制。在企业针对外部环境的变化考虑采取相应的战略行动时，一般都要对已有的资源配置模式加以或大或小的调整，以支持企业总体的战略行为。

（三）竞争优势

竞争优势是指企业通过资源配置的模式与经营范围的决策，在市场上所形成的与其竞争对手不同的竞争地位。它表明了企业所寻求的、以某一产品与市场结合的特殊属性，凭借这种属性可以给企业带来强有力的竞争地位。竞争优势既可以来自企业在产品和市场上的地位，也可以来自企业对特殊资源的正确运用。一般来说，产品和市场的定位对于企业总体战略来讲相当重要，而资源配置则对经营战略起着十分重要的作用。

（四）协同作用

协同作用是指企业从资源配置和经营范围的决策中所能获得的综合效果。管理中，协同作用常被直观地描述为 $1+1>2$ 的效果。这就意味着企业各经营单位或某些生产、技术联合起来所产生的效益要大于各自独立创造的效益的总和。

安索夫进一步将企业的协同作用分为以下三类：

（1）投资协同作用。这种作用来源于企业各经营单位联合使用企业的设备、原材料储备、研发投资以及专用工具和专有技术。

（2）作业协同作用。这种作用产生于充分利用现有的人员和设备，共享由经验曲线造成的优势等。

（3）销售协同作用。这种作用来源于管理过程中的经验积累以及规模效益等。如对企业的新业务，管理人员可以利用过去积累的经验减少管理成本。

经营范围、资源配置、竞争优势和协同作用这四个要素是相辅相成的，共同构成了企业战略的内核。经营范围指出企业有获利的区域；资源配置指出这种范围扩展的方向；竞争优势指出企业最佳机会的特征；而协同作用则挖掘企业总体获利能力的潜力，提高企业获得成功的能力。

三、战略管理的特征

尽管战略学者对战略管理的内涵有不同的认识，但对于战略管理特征的认识却基本相同。概括起来，战略管理具有如下特征。

（一）全局性

战略是全局性的策略，是以组织全局为对象，根据组织的总体发展需要而制定的。战略涉及的是组织的总体活动，所追求的是总体效果。确定战略必须从整个组织的生存和发展来加以考虑。战略的全局性表现在：一方面，战略必须经过全局分析，包括组织外部环境和内部条件的分析；另一方面，战略必须是针对组织中全局性的问题而提出的。如果没有全局思想，就谈不上战略管理。因此，战略的制定者应该善于审时度势，胸怀全局，深谋远虑，运筹帷幄之中，决胜千里之外。

（二）长期性

战略是组织谋取长期发展的反映，是对组织一个较长时期的奋斗目标和前进方向的通盘筹划。因此，战略管理通常着眼于未来三至五年或更长远的目标，考虑的是组织未来相当长一段时期内的总体发展问题，注重的是组织长期的根本利益，而不是暂时的眼前利益。鼠目寸光，急功近利，都是与组织战略要求相违背的。

（三）权变性

战略是把组织中现有的资源运用于不确定的未来的一种规划，因此战略无法消除风险，也难以把风险减到最小。成功的战略应该拥有承受更大风险的能力。所谓权变，是指要对可能发生的变化、各种变化将会对组织造成的后果以及采取哪些应变的战略方案，都要有足够了解和准备，并要求具备相应的应变能力。战略制定后不是一成不变的，应根据组织内外环境的变化，适当地加以调整，以适应变化后的情况。这就是战略的权变性。

（四）稳定性

战略一经制定，必须保持相对的稳定性，不能朝令夕改。这就要求组织在制定战略时，必须准确把握外部和内部条件，正确决策。稳定性要与权变性相结合，当组织的外部环境和内部条件发生变化时，组织战略也要适时进行变化与调整。

此外，战略管理必须建立在现有的主客观条件的基础上，以确定组织在一定时期内的发展目标以及实现这一目标的基本途径。因此，战略管理必须与组织管理模式相适应，不能脱离现实可行的管理模式。战略管理如果缺乏实施的力量和技巧，也不会取得好成绩。

四、战略管理的作用

战略管理的作用首先取决于战略管理的地位。具体地讲，战略管理有如下几方面的作用。

（一）战略是编制经营计划的依据

战略本身属于计划的范畴，但它是带方向性的、反映全局的、长远的计划。它是通过许多具体的、短期的经营计划的实现来实现的。短期的经营计划是战略计划的保证，因此经营计划必须以战略计划为依据进行编制。

（二）战略有利于克服组织的短期行为

一个组织如果缺乏长远的战略计划，经营管理者自然不会从全局、长远来考虑决定组织的经营活动，就很有可能出现虚报浮夸、报喜不报忧等短期行为，组织上下表现得急功近利，从而严重损害组织长期的发展。战略计划确定了组织长远的发展方向和目标，这就使经营者把近期利益与长远目标结合起来，避免竭泽而渔的短期行为，使组织得到持续发展。

（三）战略有利于提高组织各项管理工作的效率

战略管理把规划付诸实施，战略的实施又同日常的经营计划执行与控制结合起来，这样把近期目标和远期目标结合起来，把总体战略目标与局部战术目标统一起来，可以调动各级管理人员参与战略管理的积极性，有利于充分利用组织的各种资源，从而提高工作效率。

（四）战略是组织经营成败的关键

战略本身作为一项十分重大的决策关系到组织的兴衰成败。一个组织战略方向的选择是决定组织经营成果的关键所在。正如美国未来学家托夫勒所说的那样：“如果对于将来没有一个长期明确的方向，对本组织未来形势没有一个实在的指导方针，不管组织的规模多大，地位多稳定，都将在新的革命性的技术和经济的发展变革中失去生存条件。”

经典案例

美的产品的差异化战略

美的集团针对大多数顾客在食物加工过程中担忧食物营养流失的情况，于2000年8月及时推出了将食物中的蛋白质、维生素和微量元素等营养成分保有量增加25%的

"营养星"微波炉，在中国微波炉行业第一次提出了营养保存的概念，营养价值的附加使新产品一上市就获得了好评。随后美的再接再厉，推出了一系列差异化产品，并赋予其新的价值，从黑钛星、铂金星到透明营养星和太空营养星，再到数字星，层层推进，得到了经销商和消费者的广泛认同和欢迎。

案例分析

在一定的条件下，正确的差异化 = 产品的个性 = 市场份额的拓展。

讨论题

1. 这种差异化战略能否真正地占领市场？
2. 举出两个实例，说说差异化战略的具体运用。

思考与练习

1. 就你所知，我国还有哪些品牌也曾运用差异化战略占领市场？
2. 欲使产品拓展市场份额，企业应在管理战略的构成上怎样开动脑筋？

第二节　战略管理过程

一、战略分析阶段

战略管理是对企业现在和未来的发展作出总体、全面的战略规划，对此要根据企业所处的系统环境、所具有的固有特点作出正确分析，以使战略决策的目标和方案科学、准确。战略分析就是分析企业的外部机会与威胁，分析企业内部所固有的优势与弱点。

企业外部环境分析。影响企业战略决策的外部因素分为两类：一类是直接对企业生产经营活动产生影响的环境因素，如政府、股东、供应者、竞争者、顾客、公众、媒体、社区等；另一类是能间接地影响企业活动和决策的环境因素，如政治、经济、科技、社会文化等客观环境因素。不论是直接因素还是间接因素，对于企业活动的战略决策的制定都关系重大，在战略分析上必须严格地分析和判断。外部分析的作用在于确认企业可以收益的机会和企业应当回避的风险。企业高层管理者进行外部分析的目的在于了解哪些因素对企业的未来活动会产生影响，认识产生积极作用的影响因素，以及对企业发展不利的消极影响因素，以便对这些不同性质的影响因素采取适当的对策。

企业内部环境分析。战略管理是企业内部各方面相互作用的过程，而且通过内部分析可作为促进组织内部沟通的途径。企业内部各种环境因素一般分为三类：一是企业资源状况（人、财、物、信息、技术等）；二是企业在市场营销、财务、生产、研发、认识及企业文化等方面的现实表现；三是企业管理者能否在市场营销、财富管理、生产管理与企业文化管理上使用正确方法，管理职能部门之间是否能建立良好的沟通关系。企业内部因素分析的目的是了解内部哪些因素对企业未来活动会产生影响，了解影响因素的性质以及如何针对企业各种不同性质的内部环境因素采取相应的对策。内部分析需要收集和吸收有关企业的管理、营销、财务会计、生产作业、研究开发及计算机信息系统方面的信息。对国内外环境因素的分析，能掌握企业生存和发展的动态信息，为战略决策提供真实、可靠的客观物质基础。

二、战略决策阶段

战略决策阶段是战略管理过程的核心阶段。按照战略决策过程和任务又可分为四个小步骤。

（一）确定企业的宗旨

企业的宗旨是指企业存在的理由和目的。主要根据企业内外环境因素的分析，确定企业应从事哪一行业的业务。企业的宗旨可以反映出一个企业的经营理念。

确立企业的宗旨是企业战略决策阶段的首要任务，也是最困难的工作。企业的宗旨必须把企业的性质、特点和目的描述清楚，既不能把企业的宗旨界定得过窄，也不能把企业宗旨界定得过宽。过窄的企业宗旨会限制企业的行动，使企业不能灵活地适应外界环境的变化；但企业宗旨过宽则会因内容庞杂而使企业无所适从，实现不了指导企业经营管理的目的。正确的企业宗旨既可以为战略决策及实施提供明确的指导方针，使企业能在所面临的多种发展机会与方向面前作出选择，又不至于在复杂的环境中迷失方向。企业宗旨是外向性的，必须定位于企业的外部，根据它所服务的顾客和顾客的需要来确立自己的宗旨。

（二）设置企业的战略目标

企业的战略目标是企业在遵循自己的宗旨时所要达到的长期的特定地位。企业宗旨为企业高层管理者选择要达到的战略目标提供了方向和范围。

第一，企业的战略目标与企业的内外因素相关。从企业外部因素分析，企业战略目标与企业在总体环境中的位置、形象、声誉相联系；从内部因素看，企业战略目标与企业追求的经营管理成果即市场份额、增长速度、盈利水平、现金流量、投资收益、竞争能力、经营方向、多种经营的程度等一系列指标相联系。

第二，战略目标的确定是企业战略决策、战略实施的关键一步。首先，战略目标应有一个明确的、特定的主题，不应是抽象的、模糊不清的。只有战略目标明确，企业才能根据目标的需求，合理地配置企业的各种资源，正确安排企业经营活动的程序，才能指明任务和责任。其次，战略目标应是可以测量的，如果可能，战略目标应尽量用定量指标描述。再次，战略目标应是积极进取的，具有挑战性，但又必须具有现实性和可操作性。

（三）制定企业的战略

这是战略决策阶段的中心环节。企业战略是为实现企业宗旨和目标服务的，它指的是企业经营管理的综合性蓝图，是从企业发展的全局出发做出较长时期的总体性的活动纲领。它涉及企业生存和发展中带有的全局性、长远性和根本性的问题。企业战略必须解决以下四个问题：

第一，对外界环境变化带来的威胁和机会，企业所应当作出的反应。

第二，不同业务、不同部门、不同行动之间，企业应当如何分配自己的资源；企业资源有限时，企业必须把自己有限的资源优先分配给哪些方面。

第三，企业运作中，应当如何与同行企业竞争。如怎样打入市场，怎样争取顾客，应当突出顾客的哪些要求，用什么样的技术向市场提供产品等。

第四，为贯彻企业的总体战略，企业应如何构建合理的组织结构，才能使企业在每一项业务范围内管理好职能部门，以使企业内部每一个单位都能为企业战略的实施而努力。

（四）制定企业战略的政策

这既是战略决策的必要环节，也是顺利实施战略的必要保障。企业战略的全部内容仍需由企业的政策来阐述和说明。战略决策是企业发展的基本方向，而企业政策则是指导人们实施战略的细则。

企业通过以上四个步骤可使战略决策更加科学、合理，也能使战略实施顺利完成和实现。

三、战略实施阶段

成功的战略制定、决策并不能保证战略成功地实施，在实际工作中战略实施总比战略决策要困难得多。战略实施是关系到企业经营战略能否成功，战略方案能否转化为实际的战略目标成果的关键环节。

（一）战略实施过程的任务

企业战略实施是借助于中间计划、行动方案、预算和一定的程序，实现企业战略和政策的行动过程。战略实施是一项行政性管理工作，是在企业最高管理层的监督和指导下，由企业中下层管理人员组织实施的。一个企业的总经理必须对企业战略的实施承担全部责任。在战略实施过程中有下列四项重要的任务：

第一，确认实施所选择的战略对行政管理的要求，分析企业战略实施过程中将产生的问题；

第二，协调企业战略与企业内部组织行为，使之相互适应；

第三，推进战略实施过程；

第四，监督战略实施过程。

（二）战略实施过程的内容

企业战略实施过程包括制订中间计划和方案、编制预算、确立工作程序、调整组织结构。

第一，用计划推行战略实施是战略决策方案的具体化。依据战略方案和重点，规定出任务的轻重缓急，明确工作量和期限。

第二，行动方案是完成某一次计划活动和步骤的陈述。例如，一个企业选择了产品开发战略，就需要在战略实施中为开发新产品制订行动方案。

第三，预算是企业在一定时期内的财务收支预计。从企业战略管理的角度来讲，预算是为了管理和计划控制而确立的每一项战略活动方案的详细成本。预算是战略实施的财务保证。

第四，程序是规定完成某一特殊行动或任务的步骤和方法。这些活动是实现企业战略目标所必要的，因而程序必须在时间、人、财、物等方面满足战略目标的要求。制定最佳工作程序，可以借助于计算机和计划评审法、关键线路法、线性规划、动态规划、目标规划等一系列科学方法。

第五，调整组织结构。企业根据内外环境制定战略，以新战略为依据调整企业原有的组织结构，使战略实施顺利完成。

四、战略评价阶段

战略评价阶段也是对战略的控制阶段。战略评价就是将战略实施过程、结果的信息及反馈回来的实际战略实施成效与预期战略目标进行比较，检测两者的偏离程度，并采取有效措施进行纠正，以达到战略目标的有效完成。战略评价对于整个战略管理过程十分必要。

（一）确定评价的标准

战略评价标准是用来衡量战略执行效果好坏的指标体系，它包括定性指标与定量指标两大类。

在定性评价标准方面，有以下六种标准：战略内部各部分内容具有统一性；战略与环境保持必要的平衡性；战略执行中注重评估其风险性；战略在时间上保持相对稳定性；战略与资源保持匹配性；战略在客观上保持可能性和可操作性。

在定量评价标准方面，可采用以下项目制定出具体指标：劳动生产率、经济效益、产品质量、新产品开发、物质消耗、市场占有率、产量、产值、销售利润率、实现利润、人均留利、工时利用率、成本费用等。企业战略各项定量标准还应根据其所在行业要求的标准来进一步确立。

（二）实际工作成果

实际工作成果是战略在实施过程中实际达到目标程度的综合反映。要想掌握准确的资料和数据，必须建立管理信息系统，并运用科学的控制方法和控制系统。控制方法和控制系统必须满足如下要求：节约、具有实际操作意义、定时地提供信息、能测量出经济活动的真实特性、能提供经济发展趋势的定性信息、提供信息简单明了。

（三）评价工作成绩

用取得的实际成果与预期目标进行比较，通过比较可能产生以下情况：第一，与预期目标基本相等，偏差甚微，结果较好。第二，超过预期目标，为正偏差，如稳定、协调发展，结果甚好。第三，没有达到预期目标，存在明显的负偏差，结果不好，在这种情况下企业应针对出现偏差的深层原因采取及时有效的措施，这样才能真正达到战略控制。

经典案例

山居小栈

山居小栈位于一个著名的风景区边缘，旁边是国道，每年有大批旅游者通过这条公路来到这个风景名胜区游览。（机会1：有市场发展潜力）

罗先生两年前买下山居小栈时是充满信心的，作为一个经验丰富的旅游者，他认为游客真正需要的是朴实但方便的房间——舒适的床，标准的盥洗设备以及免费有线电视，像公共游泳池等没有收益的花哨设施是不必要的。而且他认为重要的不是提供的服务，而是管理。但是在不断接到顾客抱怨后，他还是增设了简单的免费早餐。（劣势1：不能满足顾客需求）然而经营情况比他预料的要糟，两年来的入住率都维持在55%左右，而当地旅游局的统计数字表明这一带旅店的平均入住率是68%。毋庸置疑，竞争很激烈，除了许多高档的饭店宾馆外，还有很多家居式的小旅社参与竞争。（威胁1：竞争对手多，竞争激烈）

其实，罗先生对这些情况并非一无所知，但是他觉得高档宾馆太昂贵，而家庭式旅社则很不正规，象山居小栈这样既具有规范化服务特点又价格低廉的旅店应该很有市场。（优势1：有一定的市场定位）但是他现在感觉到事情并不是他想的这么简单。最近又传来旅游局决定在本地兴建更多大型宾馆的风声，罗先生越来越发觉处境不利，甚至想退出市场。这时他得到一大笔亲属赠予的遗产，这笔资金又使他犹豫起来。（优势2：资金充沛）也许这是个让山居小栈起死回生的机会呢？他开始认真研究所处的市场环境。

从一开始罗先生就避免与提供全套服务的度假酒店直接竞争，他采取的方式就是削减“不必要的服务项目”，这使得山居小栈的房价比它们要低40%，住过的客人都觉得物有所值，但是很多游客还是去别家投宿了。罗先生对近期旅游局发布的对当地游客的调查结果很感兴趣：

68%的游客是不带孩子的年轻或年老夫妇；

40%的游客两个月前就预定好了房间和旅行计划；

66%的游客在当地停留超过三天，并且住同一旅店；

78%的游客认为旅馆的休闲娱乐设施对他们的选择很重要；（劣势2：不能满足顾客需求）

38%的游客是第一次来此地游览。

得到上述资料后，罗先生反复思量：到底是退出市场拿这笔钱来养老，还是继续经营？如果继续经营的话，是一如既往，还是改变山居小栈的经营策略？

案例分析

对顾客需求的理解有误是导致山居小栈经营不理想的主要原因。旅游局发布的对当地游客的调查结果显示：78%的游客认为旅馆的休闲娱乐设施对他们的选择很重要，而他认为游客真正需要的是朴实但方便的房间，他认为重要的不是提供的服务，而是管理。

山居小栈的发展前景是十分乐观的：越来越多的人把旅游作为一种放松身心的必要方法，市场潜力巨大，旅店业大有可为；山居小栈有自己的市场定位。

改变山居小栈现在的不利局面的方法有：①注重服务，旅客的主要目的是休闲、度假，他们很重视旅馆的娱乐服务；②特色经营，现实表明低价已不是主要的竞争形式，因此应针对自己的市场定位突出特色；③加强营销力度，40%的游客两个月前就预定好了房间和旅行计划。针对这一点，应加大对山居小栈的宣传力度，要建立有效的旅客预定旅店的渠道，如积极加强与旅行社等旅游机构和订房中心的合作等。

讨论题

1. 你认为这种改变不利局面的方法还有什么弊端？
2. 怎样判断具有市场发展潜力的项目？

思考与练习

1. 简述战略管理的全过程。
2. 战略分析阶段是否重要？为什么？

第三节　战略选择

市场竞争日益激烈，对企业发展的探索不再停留在产品、技术、市场等业务层面，而是深入到谋求企业在多变的环境中保持竞争力，包括经营机制、经营模式、企业组织等多个层面，所有这些构成了企业的“战略选择”。

一、基本战略

基本战略是指无论什么行业或什么企业都需要选择并采用的战略。这些战略是由于产品成本、市场以及竞争力的不同组合而形成的几种基本形式的战略，企业应该根据自身的经营情况相应地选择合适的基本战略。

（一）基本战略类型

1. 成本领先战略

成本领先战略也称低成本战略，是指企业通过降低生产经营成本并保持低成本地位，以低廉优势取胜的战略。在这种战略指导下，企业的目标是要成为其行业中的成本生产厂商。成本优势的来源各不相同，并取决于产业结构，包括追求规模经济、专有技术以及优惠的原材料等等。

成本领先战略对于以下情况特别适用：

（1）产品的市场需求具有价格弹性；

（2）行业中所有企业本质上生产的是同种标准的通用产品；

（3）很难进行特色经营以使不同企业的产品之间具有差异性；

（4）大多数买主均以基本相同的方式使用产品，买主从一个卖主转向另一个卖主的转换成本很低。

2. 差异化战略

差异化战略是指企业自己经营的产品或提供的服务与竞争对手比具有某些特色而取得竞争优势的战略。企业在市场细分的基础上，可以从多种角度实现差异化战略。如产品质量的差异化，产品可靠度的差异化，产品创新的差异化，产品特征的差异化，产品形象、声誉、品牌的差异化和产品服务的差异化等。理想的情况是企业在几个方面同时具有差异特点。

实施差异化战略，一般应满足以下条件：

（1）具有很强的研究与开发能力，研究人员具有创造性的眼光；

（2）具有以其产品质量或技术领先的声望；

（3）具有悠久的发展历史或吸收其他企业技能并自成一体的能力；

（4）具有很强的市场营销能力，且各部门间具有很强的协调性；

（5）具有吸收高新技术人才、创新型人才和其他高技能人才的物质条件。

值得注意的是，这里的差异性是相对于普遍性而言的。一种方式开始推出时可能独具特色，当被多数经营者效仿后就不再是特色了，这时就要再创造新的特色。因此，差异化战略是企业不断推陈出新的过程。

3. 集中化战略

集中化战略又称目标集聚战略或专一化战略，它是企业或战略经营单位为了满足特定消费群体的特殊需要，通过集中力量于有限的地区市场或产品的某种用途，建立竞争优势和地区市场的战略。

实施集中化战略的关键是选好战略目标，一般原则是企业要尽可能选择那些竞争对手最薄弱的目标和最不易受替代品冲击的目标。不管是以低成本为基础的集中化战略还是以差异化为基础的集中化战略都应该满足下列条件：

（1）目标市场足够大且可以赢利，或者市场小但具有成长潜力；

（2）企业的资源或能力有限，不允许选定多个细分市场作为目标市场；

（3）在目标细分市场中没有其他竞争对手采取这一战略；

（4）企业拥有足够的能力和资源，能在目标市场上站稳脚跟；

（5）企业凭借建立起来的顾客声誉和公司服务来防御行业中的竞争对手。

集中化战略也有多种方式，如产品线的重点集中、用户的重点集中、地区的重点集中等。

（二）基本战略的选择

基本战略的深层含义是竞争优势，是任何战略的核心所在，创造竞争优势要求企业作出选择——如果企业要获取竞争优势，它必须选它所要获取的竞争优势的类型，因此在基本战略的具体选择时，可考虑下面几种组合：

（1）一个企业或经营单位可以在不同产品线上采取不同的竞争战略，如奔腾公司在轿车线上采取差异化战略，而在卡车线上采取成本领先战略。

（2）一个企业或经营单位可以在价值链的不同活动中采取不同的竞争战略。例如，可以在生产环节采取成本领先战略，而在销售和售后服务上采取差异化战略。

（3）一个企业或经营单位在不同时期可以采取不同的竞争战略。如，当行业处于投入期和成长期时可采取成本领先战略，而在行业成熟期则可采取差异化战略。

总之，一种基本战略可以有多种实现形式，同样，多种基本战略也可以通过一种形式实现。如成本领先战略，既可通过多元化战略产生协同作用来实现，也可通过加强控制供应商的一体化战略来实现；而多元化战略既可以实现成本领先，也可以实现特色优势。

企业要获得竞争优势，在成本领先和差异化战略中只能取其一。“事事领先，人人满意”的想法只会导致平庸战略和低于平均水平的经营业绩，因为它常常意味着企业根本没有任何竞争优势。

二、成长战略

从企业发展的角度来看，任何成功的企业都应当经历长短不一的成长战略实施期，因为从本质上说只有成长战略才能不断地扩大企业规模，使企业从竞争力弱的小企业发展成为实力雄厚的大企业。成长战略一般有以下几种：集约化成长战略、一体化成长战略和多元化成长战略。

（一）集约化成长战略

集约化成长战略是指企业在现有的生产范围内充分利用产品和市场方面的潜力，以快于过去的增长速度来求得成长和发展的战略。围绕产品和市场进行分类和组合，一般有以下几种产品增长战略。

1. 市场渗透战略

市场渗透战略是以现有的产品在现有的市场范围内通过更大的营销努力提高市场份额的战略。这种战略比较适用于处在成长期的市场，企业即使不进行新产品和新市场的开发，也能够由于现有市场容量的增长获得总的增长，其经营风险也比较小。但当市场处于成熟时期，由于竞争的加剧，采取此战略可能会遭遇较大的风险。通过市场渗透战略谋求企业的发展，必须系统地考虑市场、产品和营销组合策略。

2. 市场开发战略

市场开发战略是集约化成长战略在市场范围内的扩展。它是将现有产品或服务打入新地区的市场战略。它比市场渗透战略具有更多的战略机遇，能够减少由于原有市场的饱和而带来的风险，但不能减少由于技术的更新而使原有产品遭受淘汰的风险。

3. 产品开发战略

产品开发战略是企业在现有市场上通过改造现有产品（服务）或开发新产品（服务）而增加销售额的战略，是集约化成长战略在产品上的扩展。产品开发战略是企业成长和发展的核心。通过实施这一战略，可以延长产品的生命周期或充分利用现有产品的声誉，进而吸引新顾客对新产品的关注。这一战略的优势在于企业对现有市场的了解，产品开发针对性强，容易取得成功。但是，由于企业局限于现有产品的市场上，也容易失去扩大新市场的机会。

4. 产品多样化战略

产品多样化战略，是一种以不同产品满足不同市场需要，求得产品市场综合发展的战略。当企业在保留原产品或服务的基础上开展新的服务方向时，一般采取此种战略。产品多样化战略能提高企业的经营稳定性，增强企业应变能力，滞销产品减产后可将资源转向生产畅销产品，在提高盈利水平的同时，提升企业声誉和竞争能力。企业向同一市场投放多种产品和产品占有广大市场，都会影响顾客心理，有助于树立企业实力雄厚和产品质量优良的形象。

随着消费需求的多样化和业务种类的增多，没有一个企业能够成功地解决顾客所有的问题。只有为一定范围内的市场提供产品以成功地解决顾客所有的问题，为一定范围内的市场提供用途更大的产品的企业才能成为市场上的领先者。因此，以上战略在本质上仍是差异化战略的延伸，即市场的差异化和产品的差异化。

（二）一体化成长战略

企业在经营中除产品开发与市场开发等战略外，有时会加强对行业上游或行业下游资源的控制，如对供应商或经销商的控制。以面向用户为前向，获得对经销商的所有权或对其加强控制，称为前向一体化。前向一体化和后向一体化总称为纵向一体化。而横向一体化则指获得同行业竞争对手的所有权或对其加强控制。

以上准则不是绝对的，应灵活运用，观察研究现实中的战略管理案例，有助于有效运用相关战略。前向一体化战略在许多行业都有应用，比如IT行业、家电行业、汽车行业。在这些行业中，渠道往往成为决定制造企业命运的重要力量，加强对渠道的控制，建立自己掌握的营销系统，成为许多企业成功的重要因素。

（三）多元化战略

一体化成长战略均是同一行业链条内部的相关行动。跳出同一行业的圈子，进入其他行业，就有了多元化成长战略。在原有行业的基础上，进入新的但与原业务（如市场、客户、产品或技术等）相关的行业，被称为相关多元化，也被称为集中多元化；进入新的与原业务不相关的行业，被称为非相关多元化，也被称为混合多元化。

多元化成长战略通常有一些适用准则，比如当前行业吸引力不大，企业为寻求新的发展机会实施的多元化成长战略，称为产业突围型；而如果现有行业有较大赢利，企业资金、人才充足，并有其他重要资源，那么为充分发挥，寻求其他投资机会以获得新的增长点而实施的战略称为产业投资型战略。

大量实践证明，企业应慎重采取多元化成长战略。

三、防御战略

在一个竞争性的市场上，所有的企业都会受到来自其他竞争对手的挑战。虽然防御战略通常不会提高企业的竞争优势，但是它有助于加强企业的竞争地位，捍卫企业最有价值的资源和能力不被模仿，维护企业已有的竞争优势。

常见的防御战略一般有以下三类。

（一）收缩战略

收缩战略是指企业在目前的战略水平和基础上采用收缩或者撤退的战略。收缩战略在很多情况下是一种迫于情势的选择。在采取收缩战略无效时，企业可以尝试剥离战略。

（二）剥离战略

剥离战略是指企业的一个或几个主要部门转让、出卖或停止经营的战略。

（三）清算战略

清算战略是指卖掉其资产或停止整个企业的运行而终止一个企业存在的战略。如曾辉煌一时的新疆德隆集团崩溃时被破产清算。显然，只有在其他战略都失败时才考虑使用清算战略。

经典案例

2004 年 3 月，中国四大钢铁企业投资海外铁矿石企业，通过与其建立合资公司的方式获得澳洲一铁矿 40% 的股权，从而拥有每年购买 1 200 万吨铁矿石的权力。资料显示，2004 年中国进口了 2 亿吨的铁矿石，占全球铁矿石总贸易量的 1/3，中国对铁矿石进口依存度目前已达 50% 。

案例分析

中国四大钢铁集团海外买矿可看作为中国钢铁业摆脱被上游铁矿资源控制的一个重要战略。防御战略虽不会提高企业的绝对竞争优势，然而它却有助于加强本企业的竞争地位，维护企业已有的竞争优势，从而捍卫企业最有价值的资源和能力不被模仿。

讨 论 题

1. 在现在的竞争中，一体化成长战略能否占领市场?
2. “中国四大钢铁集团海外买矿可看作为是中国钢铁业摆脱被上游铁矿资源控制的一个重要战略”，对此你怎样评价?

思考与练习

1. 简述战略的构成要素及其特征。
2. 战略管理过程主要有哪些步骤?
3. 环境的变化对企业意味着什么？企业应该如何分析与把握环境的变化这一机遇?
4. 以熟悉的企业为背景，讨论战略选择中存在的典型问题。

第七章

管理与文化

知识结构图

- 管理与文化
  - 管理文化概述
    - 组织文化的含义
    - 组织文化的来源
    - 组织文化的基本特征
    - 组织文化的类型与基本内容
    - 组织文化的结构层次
  - 文化对于管理的作用与组织文化塑造
    - 文化对于管理的作用
    - 组织文化的塑造
    - 如何提高企业文化素养
  - 组织文化比较
    - 美国模式
    - 日本模式
    - 华人模式

学习目标

(1) 了解组织文化的创建及几种国际组织文化。

(2) 理解组织文化的结构、本质及其作用。

(3) 掌握组织文化的含义及决定组织文化的因素。

有关管理与文化的争论不应再纠缠于文化是否影响管理，而应该去研究文化究竟如何影响管理实践，以及如何在管理理论中考虑文化要素。文化不仅对管理实践具有重要的影响作用，而且对管理理论来说更是建构地方性管理知识体系的基点。在中国的管理研究中，对文化的不同处理构成了三种研究途径：管理中国化研究、中国式管理研究以及管理普适性研究。从当前中国实践的需求来看，中国管理研究是最为迫切需要的。中国式管理不仅存在，而且应成为中国学者研究的重要领域。

随着经济全球化的发展和对外开放的不断深化，从事国际贸易和跨国经营的企业越来越多，各种经营模式的国际商务活动融入到国际市场竞争大潮中。在国际商务活动中，跨文化障碍已成为企业经营国际化亟须破解的难题之一。因此，了解国际商务活动中跨文化理论演进，识别不同国家在商务活动中的文化特征表现，重视文化差异对企业经营的影响及发展趋向，选择适宜的解决跨文化难题的方法——文化重组与创新，则是企业经营国际化的关键步骤。

第一节 管理文化概述

管理文化也称组织文化和企业文化。组织中的管理和领导过程需要建立和加强对管理者、雇员、价值链伙伴和其他相关股东的价值观、态度、能力、行为和优先权的理解。这些价值观、能力和行为都与个人和企业的目标和任务的实现紧密相连。对这些过程的理解意味着在组织内部和其周围环境中对文化的认知。

一个企业正如一个人，一个成功的人必定有其成功的道理，必定有其成功的素养，企业亦然。改革开放30多年来中国已经取得了举世瞩目的成就，一大批具有核心竞争力的企业正在飞速发展，企业文化正如一个人的灵魂也被越来越多的企业领导人所重视。一个人要立足于社会，要有所成就，没有一点精神是不行的，要流芳百世，惠及子孙就更离不开自己的不断修炼；一个企业要想成为百年老店，没有灵魂是不行的，要想长期立足于市场也离不开不断的自我修炼。

一、组织文化的含义

(一) 组织文化的概念

文化一词，在中国古代本指“以文教化”，是与武力征服相对应的，即所谓“文治武功”。《周易·贲卦·象传》中的“观乎人文，以化成天下”可看作我国最早的对“文化”的原始想法。

文化一词源于拉丁文“culture”一词，其主要意思是指经过人类耕作、培养、教育、学习而发展的各种事务和方式，是与大自然本来就存在着的事物相对而言的。例如，野生的禾苗不是文化，但人类栽培稻、麦等整个过程，使用的工具及其获得的劳动成果都属于文化的内容。

谈到文化的由来，人们总要提到英国文化人类学家爱德华·泰勒。他在1871年出版的《原始文化》一书中，第一次把文化作为一个中心概念提了出来，并将文化的含义系统表述为：“文化是一个复杂的总体，包括知识、信仰、艺术、道德、法律、风俗、意见以及人类在社会里获得的一切能力与习惯。”这可以说是一个关于文化的最早的较为科学和全面的定义，至今仍被人们广泛引用。

一般来说，文化有广义和狭义两种。广义的文化是指人类在社会历史实践过程中所创造的物质财富和精神财富的总和；狭义的文化是指社会的意识形态，以及与之相适应的礼仪制度、组织机构、行为方式等物化的精神。文化具有民族性、多样性、积淀性、延续性和整体性的特点。

组织文化一词是20世纪80年代初在经济发达的美国首先提出的，是一种文化与经济相结合的产物，也称管理文化和企业文化。就组织的内涵而言，组织是按照一定的目的和形式而建构起来的社会集团，为了满足自身运作的要求，必须具有共同的目标、理想、追求、行为准则和相应的机构制度。否则，组织就像一盘散沙。组织文化的任务就是努力创造这些共同的价值观念体系和共同的行为准则。在这个层面上来说，组织文化是指组织在长期的实践活动中所形成的并且为组织成员普遍认可和遵循的具有本组织特色的价值观念、团队意识、行为规范和思维模式。

(二) 组织文化的表现形式

(1) 老板文化：很多企业特别是中小企业，创业初期的企业文化其实就是老板文化，老板个人的风格和魅力、理念及素质体现了整个企业运作的核心指导价值。应该指出，在企业的初期，强有力的老板文化将会对企业长期的文化建设打下一个好基础。

(2) 企业内强势个人的文化：很多企业老板并没有极强的影响力，而内部某些员工，特别是一些实际经营的骨干人员，由于自己的工作风格和能力受到大家的赞同，这种个人的强势影响力主导了企业的文化。

(3) 企业内强势组织的文化：很多企业由于内部部门的分工导致某个部门变得极其重要和强势，如采购部门或者销售部门；这些部门的运作逐步影响整个企业的运作，进而事实上代表了企业的当前文化。另外，某些企业由于本体文化较为弱势，通常引进一大批人才，如某个业务部门高层跳槽到该企业，同时将旧日部将一并空降该企业，这些人将会形成新的强势组织文化，一步步取代原来的企业文化。

(4) 企业内多个个体角力的平衡结果：很多企业各个部门之间、个人之间呈现出你不能影响我、我不能左右你的平衡状态。与之相对应，这种平衡的状态催生了平衡的企业文化。

(5) 企业内多个时期多种文化力量综合角力的结果：很多企业通常会经历成长期、成熟期等不同时期，由于自身发展的原因，不同时期都形成了相应的企业文化；有些企业甚至已经几易其主，企业文化的本体——内部员工经常变动更新。这种文化惯性致使多个时期多种文化相互角力，从而形成新的文化。

二、组织文化的来源

组织文化具有自己的构成要素，把这些要素有机地整合起来除了要有一定的正式组织和非正式组织以及规章制度之外，还要有一种协调力和凝合剂，它作为一种无形的软力量来约束组织，使之构成组织有效运行的内在驱动力，这种力量就是被称为管理之魂的组织文化。

(一) 组织文化的由来

以泰勒为代表的西方现代管理研究因过分注重理性主义，忽视“人”作为组织中的能动因素，导致了理性主义的科学管理弊端，这成为行为科学与组织文化研究的重要起因。组织文化研究热潮的兴起，源于日本经济的崛起对美国所造成的冲击，美国学者在比较了美日两国企业管理的根本差异后，首先提出了“组织文化”这一概念，并着手研究出适合于本土企业发展的“组织文化”。

20世纪70年代末80年代初，一大批美国学者赴日本考察发现日本经济之所以迅速崛起一跃成为世界第二大经济强国，他们认为这源于日本企业管理中的“软”因素即“组织精神”。日本企业界普遍认为，管理成功的关键是企业通过对员工的教育和领导者的身体力行，树立起大家共同遵循的信念、目标和价值观，培育出全体员工同心协力、共赴目标的“组织精神”，它是管理中的“软”因素，与社会文化有着密切的联系，但又不是整个社会文化，仅仅是一个组织的传统风貌的“亚文化”或“微观文化”，因此被称之为“组织文化”。这种组织文化是在组织内部把全员力量统一于共同目标之下，增强员工凝聚力的一种文化观念、历史传统、价值标准、道德规范和生活准则。概括起来，日本的组织文化主要有三个特点：和魂洋才、家族主义以及以人为中心。正是因为这种组织文化促使日本在20世纪80年代成为具有超级经济力量的强国，它展现于国际舞台之上，且大有取代欧美之势。

“组织文化热”发源于日本，兴起于美国，很快风靡全球，引起各国企业界和学术界的广泛关注。而将组织文化拓展到公共部门领域进行研究则源起于20世纪世界各国政府所面临的变革压力。随着公共部门组织生态环境的变化，世界各国政府都面临着同样的变革压力，为了缓解这种压力，同时为政府革新做准备，20世纪70年代末，一些西方学者开始了对政府部门“去官僚化”（de-bureaucratization）现象的研究，经过不断地概括和总结，他们在公共部门组织的任务、结构、程序和文化等层面上形成了一系列的理论研究成果。但是相对于其他三个层面的组织理论研究，公共部门文化层面的理论研究最为薄弱，仍处于初级阶段。直到20世纪80年代政府革新运动的兴起，公共部门组织文化建设的重要地位才得以凸显。一部分学者认为公共部门组织发展没有取得和在私人部门中一样的成功是理论进步落后于实践成就所致，因此他们开始从组织文化（行政文化）的层面来寻求新公共管理运动的成败得失。

1984年前后，组织文化传入中国，并很快得到了中国企业界和管理学界的认同和响应。到1989年底，组织文化的理论研究探索兴起，随着中国改革开放的深入开展，组织文化建设也在逐步深化，并且越来越面向市场，受市场经济影响最大的是我国的经济特区和开发区的三资企业、民办企业和国有企业。而对于公共部门组织文化的研究远不及私人部门，总结历次政府机构改革的经验和教训，我们发现，政府机构的改革如果与行政文化的要求不相一致，文化就会阻碍改革，这是“文化抗性”的激烈表现，仅仅围绕政府机构内部的权力关系就事论事地实行改革，而忽略组织文化的变革和创新，不从组织文化的系统性高度进行总体性设计，这样的改革是很难维持长久的。因此，我国政府机构的改革不应该简单、反复地进行职能、角色和机构调整，政府部门的人员需要改变其观念、态度、信仰和行为（文化）等，以期提高政府部门的领导力。公共部门组织文化来源于企业文化，但与企业文化互为关联，又相区别。公共部门组织文化受益于企业文化的研究，企业文化研究的深入则促进了公共部门组织文化的探索，两者均为社会意识形态在不同部门的具体反映。两者研究的对象都是随着政治、经济、文化、社会发展同步的人文环境。不同的是公共部门组织文化研究的主体是政府部门、公共事业部门和公共企业部门，企业组织文化研究的主体是为社会提供产品和消费的利益团体；公共部门组织文化研究的目标是追求公共道德规范、价值和行为，而企业组织文化研究的目标是为社会、顾客和组织成员提供服务，并实现利益最大化。

(二) 组织文化的来源

组织文化来源众多，主要包括以下几个方面：

(1) 西方文化：一个是基督教文化，另一个是各国具有本民族特色的文化，如希腊神话、维京海盗、吸血鬼伯爵、亚瑟王等。西方文明是个内涵相当宽广而丰富的概念，作为其主流的则是基督教信仰和人权民主思想。提倡爱人如己，提倡公义、公正、公平，提倡自由，提倡善待穷人，提倡重视每一个人。

(2) 自然沉淀的组织文化：是指预先没有任何人刻意地去设计和营造的文化内涵，在产品发展过程中经历的事件、故事和趣事逸闻成了企业文化的一部分，在后人的记忆中，这个品牌成了某种文化象征，进而具有了文化内涵。如美国著名的 Levi's 牛仔就是其中的典型例子。Levi's 植根于早年粗犷的美国西部生活，Levi's 牛仔是自由和个性的体现，它是独立、民主理想、社会变迁和富有情趣的象征，同时也是最为经典的牛仔品牌。对外国人来说，Levi's 是美国文化的象征，穿 Levi's 牛仔裤有一种异国风情。Levi's 品牌的上述文化就来源于历史的积淀。

(3) 民族文化：从民族的角度，文化可以被定义为共同思维定式或继承的民族习惯。

(4) 创立人、企业家或历史渊源：创立人或企业家的价值观、远景规划和意识形态会渗透到机构中。这是组织文化最快的创建方法，通常由策划公司和企业的高层管理人员进行交流和沟通，策划人员对公司高层管理人员尤其是公司一把手或创始人的运作想法进行提炼和提升，并进行艺术化的设计，在这个过程中把某种文化内涵赋予这个特定的产品。一旦这个刻意设计的品牌文化内涵为目标市场所认可，在品牌与特定的文化之间建立起有效的联想，这时品牌就有文化内涵了。用这个方法取得巨大成功的经典例子就是“万宝路”（香烟）。万宝路在 20 世纪 50 年代前作为女性香烟的品牌，运作了 30 多年，始终默默无闻。其后，对品牌重新定位，并赋予了品牌类似于 Levi's 牛仔的品牌文化后，万宝路才开始了其成功之路。

(5) 历史和经验：随着组织中的领导者、经理人和企业员工不断学习和积累经验，组织文化也会不断地发展变化。

(6) 基本信念、道德规范、意识形态：奠定价值判断和价值体系基础的基本信念、道德规范和意识形态也在刻画组织文化。这些信念、道德规范和意识形态可能会涉及企业家和资本的价值，合作、合伙和社群主义的需求，服务和社会责任的需求等。

(7) 传统习惯：个人习惯和社会传统的模式也会影响组织文化的演进进程。

(8) 事迹、英雄人物、传奇：随着时间的推移，组织会宣传一系列关于个人或群体榜样性行为的传奇故事。他们成为后来员工的榜样和超越的目标。

（9）热望和雄心：有力的领导和效忠的团队使许多企业成为行业中的第一。

（10）教育：创立人、领导者、经理和雇员文化教育的普遍类型和水平将塑造组织文化和价值。

组织的个性就是当我们把组织想象成是一个人时，这个“人”的个性是青春亮丽或成熟性感，是前卫或典雅，是内向或外向，是富有激情或沉着稳重……组织文化的这种来源通常就是组织个性的文化内涵表现。个性许多时候就是企业创始人的个性在企业上的投射，反映了创始人的个人自我或社会自我，当这种理想自我——个性文化，为众多消费者所欣赏并接纳时，就形成了组织文化。

三、组织文化的基本特征

(一) 组织文化的本质

组织文化是组织成员的共同价值观体系，它使组织独具特色，并与其他组织相区别，对此定义人们已经达成一致。如果仔细考虑的话，这种共同价值观体系实际上是组织所强调的一系列主要特征。最新研究结果显示，以下几个方面的特征综合起来构成了组织文化的本质：

一是创新与冒险，是指组织鼓励员工进行创新与冒险的程度。

二是注重细节，是组织期望员工做事认真、善于分析和注重细节的程度。

三是结果导向，是指组织的管理层在多大程度上将注意力集中于结果上，而不是强调实现这些结果的过程。

四是人际导向，是指组织的管理层在多大程度上考虑组织内部的决策结果对组织员工的影响。

五是团队导向，是指组织在活动时围绕团队而非个人进行组织的程度。

六是进取心，是组织成员具备进取心、竞争意识而非贪恋安逸的程度。

七是稳定性，像企业这类组织都有不断成长壮大的目标。所谓成长，是指市场占有率的提高、利润率的提高和与之相关的企业规模的扩大。稳定性是指企业日常运营组织结构、人员、工作方式、技术手段、运行程序的相对稳定。稳定性与成长相比，组织日常管理更注重稳定性。

(二) 组织文化的特征

组织文化本质上属于“软文化”的范畴，是组织的自我意识所构成的文化体系。组织文化是整个社会文化的重要组成部分，既有社会文化和民族文化的共同属性，也有自己的独特特征。

1. 组织文化的核心是组织价值观

任何一个组织总要把自己认为最有价值的对象作为本组织单位的最高目标、最高理想或追求，一旦这种最高目标与信念成为组织成员统一的、共同的价值观，那么就会成为组织内部强烈的凝聚力，成为统领组织成员共同遵守的行为准则。因此，组织价值观制约和支配着组织的宗旨、信念、行为和追求。从这个意义上来说，组织文化的核心就是组织价值观。

2. 组织文化的中心是以人为本的人本文化

人是整个组织中最宝贵的资源，也是组织活动的中心和主旋律，因此组织只有充分重视人的价值，最大限度地尊重、关心、依靠、理解、凝聚、培养、造就人，充分调动人的积极性，努力提高组织全体成员的社会责任感和使命感，使组织和成员成为真正的命运共同体和利益团体，这样才能增强组织的内在驱动力和实现组织的最高理想。

3. 以柔性为主的管理方式

组织文化通过柔性的而非刚性的文化引导，建立起组织内部合作友爱的文化心理环境，以及协调、和谐奋进的氛围，自动调节组织成员的心态和行为，并通过对这种文化氛围的心理认同，逐渐内化为组织成员的主题文化，使群体产生最大的协同力。

4. 组织文化旨在增强群体凝聚力

组织中的个体来自四面八方，不同的习俗文化、态度方式和目的愿望都会导致成员之间的排斥与矛盾，这往往不利于组织目标的实现。而组织文化通过建立共同的价值观和寻找观念共同点，不断强化组织成员之间的协作，信任和团结使之产生信任感与归属感，在达成共识的基础上，使组织具有一种巨大的向心力，这样才有助于成员采取共同的行为活动。

(三) 组织文化的特点

企业文化建设是一个长期阶段性的过程，是一个不断变化的过程。然而万变不离其宗，指导企业文化运转的核心是企业自我学习与自我修炼的能力。

企业文化的形成和作用是一个客观的过程，并不以人的意志为转移。正如一个人来到世间，总是要成长的，至于成长的方向则是可以控制的，父母的教育、家庭的环境、社会的环境和学校教育等使得具有同样能力的两个相同的个体，走出完全不同的人生轨道。所以必须先弄清楚企业所处的发展阶段：婴儿期、儿童期、青年期、壮年期、中年期、老年期，然后在不同阶段辅之以相应的企业文化，一个企业才能够顺利“成材”。

四、组织文化的类型与基本内容

(一) 组织文化的类型

组织文化在不同的外部环境和内部条件下，以及从不同的角度来看，会呈现出不同类型。

（1）权力导向型、角色导向型、任务导向型和个人导向型。权力导向型的主要特征是在组织中强调以权力为中心，强调个人的力量，组织的发展取决于中心地位的人物；角色导向型注重组织中的官阶和等级，这种组织文化着重点在于程序、条例和规章，对角色的要求十分明确；任务导向型强调团体的责任，有很大程度上的灵活性和自主权，其工作环境有利于发挥创造力；个人导向型往往适用于培养个人的能力、加速个人的成长和满足个人的需要。

（2）强文化型和弱文化型。虽然所有组织中都有组织文化，但并不是所有组织文化都对员工具有同等程度的影响力。强文化指一个组织强烈拥有并广泛共享的基本价值观；弱文化则指一个组织对什么重要和什么不重要不能达成共识，对基本价值观认识模糊。

（3）学院型、俱乐部型、棒球队型和堡垒型。学院型公司最适合于那些想全面掌握每一种新工作的人，在这样的组织中能不断成长进步；俱乐部型公司中，资历是关键因素，年龄和经验都至关重要；棒球队型公司是冒险家和革新家的天堂，这种公司从不同年龄和经验的人中寻求有才能的人；堡垒型公司着眼于公司的生存，这类公司工作安全保障不足，但对于喜欢流动性挑战的人来说，它不失为一个不错的选择。

（4）许多组织不能单纯地被划分为具有某种组织文化类型，因为它们在不同时期和阶段具有不同类型的组织文化，或同时兼有以上几种类型。这几种不同文化类型能吸引不同性格的人。员工个性与组织文化的匹配影响着一个人在管理层次上上升的高度和难度。

(二) 组织文化的基本内容

组织文化的基本内容包括：

1. 组织精神

作为组织灵魂的组织精神，一般是经过精心培养而逐步形成的并为全体组织成员认同的思想境界、价值取向和主导意识。组织精神折射出一个组织的整体素质和精神风格，成为凝聚组织成员无形的共同信念和精神力量。组织精神一般是以高度概括的语言精练而成的，如“团结一致”、“IBM 就是服务”等。

2. 组织价值观

组织价值观是指组织评判事物和指导行为的基本信念、总体观点和选择方针。组织价值观具有不同的层次或类型，而优秀的组织总会追求崇高的目标、高尚的社会责任感和卓越创新的信念。如“顾客第一”、“顺利是最重要的” 等等。

3. 组织形象

组织形象是指社会公众和组织成员对组织、组织行为与组织活动成果的总体印象和总体评价，反映的是社会公众对组织的承认程度，体现了组织的声誉和知名度。对组织影响较大的有：服务形象——能够提供品质优良、造型美观的产品和服务的企业总能赢得良好的社会形象；环境形象——整洁舒适的环境条件保证了工作效率的提高并且有利于强化组织的知名度；成员形象——组织成员整洁美观的仪容，优雅良好的气质，热情服务的态度，再加上统一鲜明的服装，不仅反映了个人的不俗风貌，也反映了组织的高雅素质；组织领导形象——即在领导行为、待人接物、决策规划、指导监督、人际交往乃至言谈举止中的文化素质、敬业精神、战略眼光、智慧能力上的综合体现；社会形象——即指组织对公众负责和对社会贡献的表现。

五、组织文化的结构层次

企业文化分为三个层次：一是“知”。就是知道，了解。其表现形式如公司标志，歌曲，远景，目标，价值观，编报纸、广播、杂志，口号（“员工是企业的最大财富”，“今天工作不努力，明天努力找工作”，“团结奋斗，拼搏向上”）等。二是“行”。在制度层面把“知”所规定的内容写入日常工作中，并以此指导员工的行为和工作。如ISO标准的实施就是要求“写我们要做的，做我们所写的，记录我们所做的”。三是知行合一。企业文化在理念层面转化为个体的自觉行为指导，个体或许感觉不到企业文化的存在，而这种企业的影响力又无处不在，说明企业已经具备自我修炼的能力了。

认识组织文化的构成以及各个部分之间的关系，是把握组织文化的内在规律、主动建设组织文化的前提。组织文化是一个有着丰富内涵的系统体系，其中包括许多相互联系、相互制约的基本要素。下面，从组织文化的三个层面对其具体内容加以叙述。

（一）物质层

物质层文化是组织文化中最直观的部分，包括组织的标识象征、环境与容貌、产品形象、广告等可以被人们直接看到和感受到的物质部分。对于组织来说，社会公众主要是通过产品和服务来了解组织的，又在使用产品和享用服务的过程中不断形成对企业的感性化和形象的认识。因此，那些能够提供品质优良、造型美观的产品和服务的企业组织，总是能够赢得良好的社会形象。

组织环境和组织容貌是组织物质文化的重要组成部分。组织环境主要是指与组织任务相关的各种物质设施、厂房建设以及职工的生活娱乐设施。组织容貌是组织文化的表征，是体现组织个性化的标志，它包括组织的名称象征和组织的空间结构布局等。组织象征物是一种反映组织文化的人工制作物，它可以制成各种造型，一般矗立在组织中最醒目的地方，例如上海宝钢的不锈钢铸像，象征宝钢人奋起腾跃，暗示一种自强不息的组织文化。组织布局是指组织的内外空间设计，包括厂容厂貌和内部装饰，一个企业的布局应给人一种“花园式”的感觉。

（二）制度层

制度层文化是指具有本组织文化特色的各种规章制度、道德规范和员工行为准则的综合。组织文化的制度层又称行为层。行为规范是对行为的非书面约束，或称“游戏规则”，它为人们的行为方式提供非正式指导。行为规范告诉人们应该做什么、说什么、相信什么，甚至对衣着也有规定。行为规范从来不以书面形式出现——书面的东西是政策或程序。行为规范是人们相互传达或用行为表达的，它通过人们的反应体现出来，如果你做错什么，你会很快从人们的反应中明白。行为规范之所以对人们产生强大的压力即在于此——通过自己对他人的反应来控制他人。

（三）精神层

精神层文化是指组织员工长期形成并共同接受和遵守的思想意识活动，包括组织精神、价值观念等。在整个组织文化系统中，它处于核心的地位。

组织精神是指组织在长期的发展过程中，由企业家积极倡导、全体员工自觉实践而形成的代表员工信念、激发组织活力、推动组织生产经营的规范化的群体意识。组织精神作为组织内部员工群体心理定式的主导意识，是组织经营宗旨、价值准则、管理信条的集中体现，它构成组织文化的基石。

从哲学上说，价值观是关于对象对主体有用性的一种观念。这里所说的价值是一种主观的、可选择的关系范畴。一事物是否有价值，不仅取决于它对什么人有意义，而且取决于是谁在判断。不同的人很可能作出不同的判断。如把“创新”作为组织价值的企业，当利润、效率与创新发生矛盾时，它会自然地选择后者，使利润、效率让位。同样，另外一些企业可能认为“企业的价值在于致富”、“企业的价值在于利润”、“企业的价值在于服务”等。当代企业的发展趋势已经开始把人的发展视为目的，而不单纯是手段，这是企业价值观的根本性变化。企业能否给员工提供一个适合人发展的良好环境，能否给人的发展创造一切可能的条件，这是衡量一个当代企业优劣、先进落后的标志。

物质层、制度层、精神层由外而内的分布就形成了组织文化结构。这种结构不是静止的，它们之间存在着相互联系和相互影响的作用。组织文化三个层面的内容相互依存并且不断发展，形成了多种多样的组织文化：精神层是组织文化的核心，物质层和制度层是精神层的直观表现，而组织文化的精神层决定着其他两个层次。因此，构建组织文化要以精神层文化的确立为依据。

◇ 经典案例

从中国文化看《喜羊羊与灰太狼》的红火

这两年在国内最红火的动画片要算《喜羊羊与灰太狼》了，其动漫形象与故事颇受孩子们的青睐，这部定位在六岁以下儿童的动漫巨作也同时吸引了成年人的目光。统计数据显示，《喜羊羊与灰太狼》各地的收视率能达到10%以上，播出集数超过500集，电影《喜羊羊与灰太狼之牛气冲天》首轮票房就达到8 000万元。随着电影、电视剧的热播，该剧获得了巨大的经济效益和品牌效益，剧中的动漫形象衍生产品迅速铺开，充斥着大街小巷，品种达数十种之多。该动画片市场价值已超过10个亿，创造了中国动漫史上的商业神话，也创造出国产动画前所未有的价值。

《喜羊羊与灰太狼》的一炮走红除了巧妙的商业炒作外，笔者认为更主要的原因是整部动漫剧更多地借用了中国文化的智慧，以及当前社会生活来源，具有浓厚的中国特色，让观众总觉得似曾相识，从而引起共鸣。当我们许多家长忙于赚钱，孩子的灵性被国外的动漫所掩盖的时候，土生土长的《喜羊羊与灰太狼》换醒了国人对动漫剧的正确理解，原来我们的生活方式及我们的思维模式也如此受到孩子们的喜爱，也同样能教育和引导孩子的健康成长。很多人认为《喜羊羊与灰太狼》是《猫和老鼠》、《哆啦A梦》的翻版，是“拿来主义”，而且情节老套……批评的声音也是此起彼伏，认为该剧的红火充满了侥幸。笔者并不认同，《喜羊羊与灰太狼》的红火并非偶然，其红火的背后是近年国学的持续升温及中国式智慧的深入人心，它是献给孩子们中国式的文化大餐，并释放出了无限能量，让孩子们在娱乐中体会着中国式智慧的神奇。

贵和尚中的青青草原

《喜羊羊与灰太狼》是讲述发生在青青草原上羊与狼斗智斗勇的故事，斗争的结果都以灰太狼的阴谋不能得逞而告终。这部看似充满斗争的动漫剧实则诙谐、幽默，“贵和尚中”是整部故事片的主调。

青青草原的动物世界里，所塑造的形象繁多，而且个性鲜明，俨然成了一个社会大观园。猛兽“泰哥”老虎，虽强悍威猛，但他更多的是指挥着道德的大棒维护着青青草原的安宁；巨兽“包包大人”大象，虽孔武有力，但他却是依据着《草原法典》维护着青青草原的正义与公平；蟑螂与老鼠，看似眇小，但成群的力量却势不可当……主角狼和羊之间也不是水火不容，蕉太狼与暖羊羊是患难之交，小灰狼（灰太狼儿子）在羊村里一样受到羊儿们的呵护。只是灰太狼继承了先辈们的血统与本性，与羊村有着世仇，虽屡犯羊村，但终不敌喜羊羊，每次均以失败而告终。这正是我们每个中国人心中的祈愿，祈愿着这个世界和谐安宁。

当然，青青草原也并不是世外桃源，羊儿们随时都有碰到危险与困境的可能，只是“道高一尺，魔高一丈”，青青草原也终能平静祥和。这正符合中国传统的“和而不同，贵和尚中”思想。

弱者有了智慧与勇气，强者有了责任与道义，青青草原就能永保和平。这并不仅仅是因为剧情的需要，它更反映了我们中国人的世界观与人生观。而相比之下，《猫和老鼠》、《哆啦A梦》只是为了说故事而说故事，为了娱乐而娱乐。

家族伦理本位的狼族与羊族

与国外动漫作品有一个很大不同的是，在《喜羊羊与灰太狼》中始终贯穿着家族的观念。开篇的述说便为整个故事埋下伏笔，狼族与羊族有着五百年的历史恩怨，灰太狼具有贵族血统，有着重振狼威的志向与责任。灰太狼为了达到目的，不择手段，但他一直不是一个人在战斗，除了与他并肩作战的爱妻——红太狼，还有祖先留给他的大批秘籍经书、超强武器。无奈狼族显赫的家世与优良的遗传基因，到了灰太狼这里，只剩下空无所依的野心、自大和贪婪。灰太狼的一点点聪明才智在喜羊羊的光环下暗淡无光。

我们反观羊村，很多人把羊村的同学们看作一群没有父母的“孤儿”，其实不然，羊村的祖辈同样有着兴衰史，只是到了慢羊羊村长手上，有着一个无敌的团队与智慧。羊村里的羊儿就是一个大家族，面临着险恶的生存挑战，但总能借助祖先一代代积累下来的经验及自身的才智化险为夷，在青青草原上过着悠然自得的生活。

《喜羊羊与灰太狼》的家族故事在不断地延续，灰太狼为了拯救儿子——小灰狼而不惧危险，灰太狼经常欺负其他小动物而遭到其家族成员的报复。我们从中可以体会到家的温馨与家人的伟大……中华民族历来都是以家族为单位，“修身、齐家、治国、平天下”，家书、家谱、家训，由此可见家族文化源远流长，家族文化是中华文明的重要组成部分。《喜羊羊与灰太狼》如此大力度地宣传家族文化，在国外的动漫作品中也是很少见的。

阿Q精神的灰太狼

“我还会再回来的”（每一集都会出现的经典语录）、“老婆，就差一点点了，都怪喜羊羊”（沮丧地回到家跟老婆解释，结果得挨一平底锅）等等灰太狼的口头禅，刻画出一个永不妥协、寻求自我心理平衡的灰太狼形象。这奇妙的内心世界，在羊儿们那也很流行。“根据我多年的经验分析……我也不知道”（慢羊羊村长说完，全体羊汗），“我想到了……办法就是……快逃”（这是喜羊羊经常想到的最好办法），作为绝顶聪明的喜羊羊在关键时刻也同样有无计可施的尴尬局面。

“既生瑜，何生亮”，灰太狼在外面的形象也是英俊潇洒、机警多谋、风度翩翩，无奈碰到了老对手喜羊羊，总被喜羊羊打得落花流水，而在老婆面前也是尽力报喜不报忧，维护自己仅有的一点自尊。所以灰太狼被数落与调侃的时候经常说“狼也是有尊严的”。

俗话说“人要面子树要皮”、“死要面子活受罪”，这道出了中国人的人性特点，阿Q的精神胜利法就是为了维护自己的面子，即维护自己的尊严与荣誉。只是灰太狼爱面子到了不要脸的地步，结果是自己的“里子”都没有，让人奚落。

《喜羊羊与灰太狼》这一出戏来源于我们的生活，也道出了中国人多方面的人性特点，亦正亦邪、亦善亦恶。国外的动漫剧里猫和老鼠、机器猫等经典形象确实率真可爱，却永没有喜羊羊与灰太狼那么复杂的人性特点。

中国式婚姻的灰太狼与红太狼

《喜羊羊与灰太狼》里面灰太狼与红太狼的关系也是故事的一大重要看点，平底锅估计都成了许多小孩的游戏道具。灰太狼对红太狼是打不还手、骂不还口，并百般讨好。看似野蛮刁钻、性情暴躁的红太狼，其实内心里也是对灰太狼死心塌地，恩爱有加。虽身为狼，但自从嫁给灰太狼，就再也没有尝到羊肉味，即使这样，也只是偶尔闹闹脾气，关键时候还是对灰太狼不离不弃。灰太狼与红太狼稳固的婚姻关系就是在吵吵闹闹中居家过日子，也是中国现在最为普遍的婚姻特点。

我们身边有太多这样的例子，两个人一见倾心、自由恋爱，相爱的时候爱得死去活来，惊天地泣鬼神，看似爱得天昏地暗的两个人结婚没多久，就分道扬镳、各走各路。反观那些平平淡淡、偶尔吵闹的两个人却能相濡以沫、厮守到老。灰太狼在外人面前非常强悍，而在红太狼面前却是心胸宽广、忍气吞声；红太狼在外人面前也是温柔体贴，而在灰太狼面前却是心高气傲、飞扬跋扈。奇妙之处在于，在家里老婆红太狼管得越严，老公灰太狼抓羊的决心和动力越大。这也许道出了中国式婚姻的某些秘密。

最近网上流传“嫁人要嫁灰太狼”，并列举出选择灰太狼的十大理由。灰太狼型的男人广受女生青睐也可见一斑。在国外的动漫作品中也有讲述一些爱情故事，但所宣导的观念与此却是大相径庭。比如《猫和老鼠》中，猫为追求自己的爱人，弄得债台高筑，却依旧无法打动对方的芳心，最终不敌富豪情敌。

案例分析

中华文化博大精深，笔者只能从几个方面粗略作分析探讨。《喜羊羊与灰太狼》的红火同样是一个成功品牌营销的典型案例。当然，这部动漫剧的某些地方也有借鉴国外动漫的一些成功经验，但真正打动人心、与孩子们拉近距离的是因为有着中国式思维的动漫形象。在外来文化如洪水猛兽般涌入国内的时候，具有本土文化的《喜羊羊与灰太狼》让人精神为之一振。这也给我们营销人一个较大的启示，立足中国成长与发展的本土品牌又怎么能不在中国文化上下工夫？来源于本土的《喜羊羊与灰太狼》打上了中国文化的烙印，它的红火不仅是商业化运作的成功，更是中国文化广受欢迎的结果。

讨论题

1. 《喜羊羊与灰太狼》凭借什么打动了广大的电视观众，案例中的文化有什么特征，此种文化的来源又是什么？

2. 将“阿Q”与“灰太狼”作一下人性的对比。

思考与练习

1. 什么是组织文化以及它的基本特征有哪些？
2. 组织文化的来源有哪些？
3. 组织文化的本质及功能是什么？
4. 组织文化有哪几个层次？它们之间存在什么关系？

第二节 文化对于管理的作用与组织文化塑造

一、文化对于管理的作用

组织文化近年来之所以能得到广泛的研究和重视，是因为其具有丰富的内涵和强大的生命力。组织文化不仅强化了传统管理的一些功能，而且还有很多传统管理不能完全替代的功能。

（一）导向功能

组织文化决定着企业的价值取向，规定着企业所追求的目标，对员工和整个团队起着导航的作用。组织文化的导向功能主要表现在组织价值观念对组织主体行为，即组织领导人和广大职工行为的引导上。由于组织价值观是组织多数人的共识，因此，这种导向功能对多数人来讲是建立在自觉的基础上的。他们能够经常地自觉对照组织的要求对自己的一言一行进行检查，纠正偏差，发扬优点，改正缺点，使自己的行为基本符合组织价值观的要求。对少数未取得共识的人来讲，这种导向功能就带有某种强制性质。组织的目标、规章制度、传统等迫使他们按照组织整体价值取向行事。

（二）凝聚功能

组织文化的凝聚功能在于它可以增强组织的凝聚力。这种凝聚力的产生来源于组织文化的同化、规范和融合作用。组织文化的凝聚功能表现在组织文化所体现的“群体意识”方面，它能把员工的个人追求和组织追求紧紧联系在一起。由于组织文化体现强烈的“群体意识”，可以改变原来那种从个人角度建立价值观念的一盘散沙的状态。因此，组织文化比组织外在的硬性管理方法本能地更具有一种内在凝聚力和感召力，它能使每个职工产生强烈的归属感、荣誉感和目标服从感。

（三）激励功能

所谓激励功能，就是组织文化通过满足员工的需要，引导员工产生强大的内在动力，起到激发、调动员工积极性的作用，使之为实现组织的目标而努力奋斗。组织文化的激励功能表现在组织文化所强调的信任、尊重、理解每一个人，能够最大限度地激发职工的积极性和创新精神。积极的组织文化强调尊重每一个人，凡事都以职工的共同价值观念为尺度，而不是单纯地以领导者个人的意识为尺度；职工在组织中受到重视，其参与愿望能够得到充分的满足。因此，组织文化能够最大限度地激发职工的积极性和首创精神，使他们以主人翁的姿态，关心组织的发展，贡献自己的聪明才智。

（四）约束功能

组织文化的约束功能不仅表现在通过其物质层和制度层的各种物质形式和规章制度来约束员工的行为，更主要的是通过组织文化，对员工的行为形成一种无形的群体压力。

（五）创新作用

鼓励创新、容忍失败、勇于冒险的组织文化能够为员工提供良好的环境，是激发员工创新精神的动力。

（六）提高素质功能

组织文化的提高素质功能表现在组织文化能为组织营造一种追求卓越和创新的氛围，这种氛围对提高人员素质极为有利。人的素质是组织素质的核心，人的素质能否提高，很大程度上取决于他所处的条件和环境。优秀的组织文化体现卓越、成效和创新。具有优秀文化的集体是一所“学校”，为人们积极进取创造良好的学习和实践环境，具有提高人员素质的功能。

（七）阻抑作用

组织文化会对不符合现有文化要求的思想和行为起到抑制作用，从而维系现有的组织文化。

（八）塑造形象功能

组织文化的塑造形象功能主要体现在优秀的组织文化通过组织与外界接触，起到向社会大众展示本组织成功的管理风格、积极的精神风貌等方面的作用，从而为组织塑造良好的形象服务。组织文化比较集中地概括了组织的基本宗旨、经营哲学和行为准则。优秀的组织文化会通过组织与外界的每次接触，包括业务洽谈、经济往来、新闻发布、参加各种活动、职工在社会上的每一次言行等，向社会大众展示本组织成功的管理风格、比较好的经营状态和积极的精神风貌，从而为组织塑造良好的整体形象，树立信誉，扩大影响。组织文化是组织的一笔巨大的无形资产，可以为组织带来很高的美誉度和市场占有率。

要使一个组织结成一个整体，组织文化的灌输是必不可少的。组织的精神、文化不可能在职工中自然而然地形成，需要对它们进行组织信仰、观念的灌输，这是组织管理的一个根本任务。因为组织文化确立了对人们应做什么、不应做什么的约束，所以它与管理者尤其相关。松下幸之助认为，一个人在组织中的终身经历对其个性的形成有着不可磨灭的影响，企业有着不可推卸的责任去帮助员工陶冶他们的内心世界。的确，一个成功的组织背后都拥有一个非常丰富的持续多年的价值、信念和教义的传统，这些被称为组织文化的东西对组织制定战略都会产生重大的影响。组织文化的约束很少是清晰的，也没有用文字写下来，甚至很少听到有人谈论，但它们确实存在，而且组织中所有的管理者很快就会领会“该知道什么和不该知道什么”。

如果一个企业的文化支持这样的观点：消减费用能带来利润的增加，以及低速平稳增长的季度收入能给公司带来最佳利润的话，那么在这种情况下，管理者不可能追求创新的、有风险的、长期的或扩张的计划。如果一个组织的文化是以对雇员的不信任为基础的，那么管理者更可能采用独裁式的领导方式，而不是民主的方式。原因何在呢？因为文化把什么是恰当的行为传递给了管理者。

二、组织文化的塑造

组织文化的塑造是一项极其复杂的系统工程。组织文化的塑造要在借鉴一些非常优秀的组织文化基础上，根据自己组织的实际情况，本着一定的原则，按照具体步骤来进行。

（一）组织文化建设的原则

（1）立足民族传统文化，要特别注重吸收外来文化。立足民族传统文化，即从我国的国情出发，从我国现在的企业状况出发，同时又要大胆吸收当今世界的一切先进管理理念和优秀的组织文化。

（2）全体成员参与与专家参与相结合的原则。在贯彻全员参与的基础上，聘请专家进行指导和设计，或者委托有经验的专家领导组织文化的建构。

（3）普遍性和特殊性相结合的原则。人与人之间有共同性，当然也有差异性，通常共同性和差异性的有机结合就形成了一个人具有的特色人格模式，组织文化也是同样的道理。

（4）形式与内容相结合的原则。组织文化应该首先考虑组织文化内容的建设，在内容当中，就应同时包含组织文化的某些形式。在内容框架完成后，就应该付诸实践，以具体的形式来体现组织文化的内涵。

（二）塑造组织文化的主要途径

1. 选择价值的标准

由于组织价值观是组织文化的核心和灵魂，因此，选择正确的组织价值观是组织文化的首要战略问题。选择组织价值观有两个前提：一是要立足于本组织的具体特点，选择适合自身发展的组织价值观。二是要把握住组织价值观与组织文化各要素之间的协调。因为各个要素只有经过科学的组合才能实现系统整体优化。

在这个基础上，选择正确的组织价值标准要围绕以下四点展开：一是组织价值标准要正确、明晰、科学，具有鲜明性。二是组织价值观和组织文化要体现组织的宗旨、战略定位和发展方向。三是要切实调查本组织成员的认同程度和接纳程度，使之与本组织员工的基本要素相和谐，过高或过低的标准都很难起作用。四是选择组织价值观要坚持群众路线，充分发挥群众的首创精神，认真听取员工的各种意见，并经过自上而下或自下而上的多次反复工作，谨慎地筛选出既符合本组织的特点又反映员工心态的组织价值观。

2. 强化员工认同

选择和确立了组织价值观和组织文化模式之后，就应该把基本认同的方案通过一定的形式灌输来使其深入民心。包括以下一些手段：

（1）充分利用一切宣传工具与手段，大张旗鼓地宣传组织文化的内容与要求，使人尽皆知，以创造浓厚的环境氛围。

（2）树立榜样。典型榜样是组织精神和文化的人格化身与形象缩影，能够以其特有的感染力和号召力为组织成员提供可以效仿的具体榜样人物，而组织成员也正是从英雄人物和典型人物的精神风貌和言行表现中深刻理解到组织文化的实质。尤其是组织发展的关键时段，组织成员总是以榜样人物的言行为尺度来决定自己的行为导向。

（3）培训教育。有目的的培训教育，能够使组织成员系统地接纳和认同组织所倡导的组织精神文化。但是培训教育的形式可以灵活多样，当前，在健康有益的娱乐活动中恰如其分地融入组织文化的内容，不失为一种很好的方法。

3. 提炼定格

（1）精心分析。在经过群众性的充分认同和实践后，应该将反馈回来的意见加以评析，详细分析和仔细比较实践结果与规划方案的差距，必要时吸收专家和员工的合理化意见。

（2）全面接纳。在系统分析的基础上进行综合的整理归纳和总结反思，采取去伪存真、由此及彼的方法删除那些落后的、没有被员工认同的内容，保留那些卓有成效、积极进步的、为广大员工认同的内容和形式。

（3）精炼定格。把经过科学认证和实践检验的组织文化以条理化、完善化、格式化加以必要的理论加工和文字处理，用精练的语言表达出来。

4. 巩固落实

（1）建立必要的制度。建立某种奖惩制度使每个成员都能自觉主动地按照组织文化和组织精神去做事是十分必要的。如具有高度文明和自律精神的新加坡，也少不了苛刻的处罚制度。

（2）领导率先垂范。组织领导者在塑造组织文化的过程中起着决定作用，他本人的模范行为就是一种无声的号召导向，会对广大员工产生强大的示范作用。所以任何一个组织如果没有组织领导以身作则，要想培育和巩固优秀的组织文化是比较困难的，这就要求组织领导者观念新颖、作风正派，真正肩负起带领组织成员共建优秀组织文化的重担。

5. 丰富发展

任何一种组织精神都是特定历史的产物，所以当组织的内外条件发生变化时，需要不失时机地调整、更新和丰富组织文化的内容和形式。这既是一个不断淘汰旧文化和不断生成新文化的过程，也是一个认识与实践不断深化的过程。组织文化由此经过循环往复到达更高的文化层次。

（三）组织文化建设的步骤

1. 制定组织文化系统的核心内容。

企业价值观和企业精神是企业组织文化的核心，它为组织文化的建设设定了基本框架和目标。合理而有效的组织文化内容一般不会自觉产生，必须进行严格的选择。

2. 进行组织文化的表层建设。

组织文化的表层建设主要是从企业的硬件设施和环境因素入手，为组织文化精神层的建设提供物质上的诸多保证。

3. 组织文化核心观念的贯彻和渗透。

在全体员工中培育组织文化核心观念是组织文化建设的重要步骤。要想使已经确立的组织文化核心内容贯彻并渗透到全体员工心目中去，通常需要较长的时间和更加深入细致的工作。

三、如何提高企业文化素养

首先分析自己企业文化的成长阶段：是杂乱无章，无力量合力，还是有一定的影响力，但无自己的特点和个性；然后把目前给企业带来积极和消极方面的因素及相应措施罗列出来，根据自己企业所处行业特点和员工心理学，甚至人体工程学，组织专门研究人作为生产要素如何才能达到最佳状态。诚然，金无足赤，人无完人，有如人之优缺点，成功与否取决于优点是否多过缺点；企业的成功也取决于企业文化的优势方面胜过劣势方面。总之，企业文化是要为公司的经营服务的，不必矫枉过正，剔除所有消极的因素。

作为企业的灵魂核心人物，企业家的个人修炼至关重要，企业家只有通过不断地学习，改变气质，才能适应企业发展不断变化的需求。局外的人公正，但往往与实际不符；局内的人能够抓住实质，但往往有个人私心；只有修炼有道的企业家才能够高屋建瓴综合考虑天时地利人和，有目标有步骤地制定、实施并检视企业文化。

能够生存的企业不多，能够活得好的更少，能够活得长的更是凤毛麟角。百年老店都是由时间和市场的无情竞争打造的，极少有一个人能够通盘考虑，且能够长期一贯实施。所以企业文化的立足点应该是企业的自我学习修炼能力。

经典案例

华为《基本法》

第一章　公司的宗旨

一、核心价值观

（追求）

第一条　华为的追求是在电子信息领域实现顾客的梦想，并依靠点点滴滴、锲而不舍的艰苦追求，成为世界级领先企业。

为了使华为成为世界一流的设备供应商，我们将永不进入信息服务业。通过无依赖的市场压力传递，使内部机制永远处于激活状态。

（员工）

第二条　认真负责和管理有效的员工是华为最大的财富。尊重知识、尊重个性、集体奋斗和不迁就有功的员工是我们事业可持续发展的内在要求。

（技术）

第三条　广泛吸收世界电子信息领域的最新研究成果，虚心向国内外优秀企业学习，在独立自主的基础上，开放合作地发展领先的核心技术体系，用我们卓越的产品自立于世界通讯列强之林。

（精神）

第四条　爱祖国、爱人民、爱事业和爱生活是我们凝聚力的源泉。责任意识、创新精神、敬业精神与团结合作精神是我们企业文化的精髓。实事求是是我们的行为准则。

（利益）

第五条　华为主张在顾客、员工与合作者之间结成利益共同体，努力探索按生产要素分配的内部动力机制，绝不让雷锋吃亏，奉献者定当得到合理的回报。

（文化）

第六条　资源是会枯竭的，唯有文化才会生生不息。一切工业产品都是人类智慧创造的。华为没有可以依存的自然资源，唯有在人的头脑中挖掘出大油田、大森林、大煤矿……精神是可以转化成物质的，物质文明有利于巩固精神文明，我们坚持以精神文明促进物质文明的方针。

这里的文化，不仅仅包含知识、技术、管理、情操……也包含了一切促进生产力发展的无形因素。

（社会责任）

第七条　华为以产业报国和科教兴国为己任，以公司的发展为所在社区作出贡献。为伟大祖国的繁荣昌盛，为中华民族的振兴，为自己和家人的幸福而不懈努力。

二、基本目标

（质量）

第八条　我们的目标是以优异的产品、可靠的质量、优越的终生效能费用比和有效的服务满足顾客日益增长的需要。

质量是我们的自尊心。

（人力资本）

第九条　我们强调人力资本不断增值的目标优先于财务资本增值的目标。

（核心技术）

第十条　我们的目标是发展拥有自主知识产权的世界领先的电子和信息技术支撑体系。

（利润）

第十一条　我们将按照我们事业的可持续发展要求，设立每个时期合理的利润率和利润目标，而不单纯追求利润的最大化。

三、公司的成长

（成长领域）

第十二条 我们进入的新的成长领域，应当有利于提升公司的核心技术水平，有利于发挥公司资源的综合优势，有利于带动公司的整体扩张。顺应技术发展的大趋势，顺应市场变化的大趋势，顺应社会发展的大趋势，就能使我们避免大的风险。

只有当我们看准了时机和有了新的构想，确信能够在该领域中对顾客作出与众不同的贡献时，才进入相关市场新领域。

（成长的牵引）

第十三条 机会、人才、技术和产品是公司成长的主要牵引力。这四种力量相互作用：机会牵引人才，人才牵引技术，技术牵引产品，产品牵引更多更大的机会。加大这四种力量的牵引力度，促进它们之间的良性循环，就会加快公司的成长。

（成长速度）

第十四条 我们追求在一定利润率水平上的成长最大化。我们必须达到和保持高于行业平均增长速度和行业中主要竞争对手的增长速度，以增强公司的活力，吸引最优秀的人才和实现公司各种经营资源的最佳配置。在电子信息产业中，要么成为领先者，要么被淘汰，没有第三条路可走。

（成长管理）

第十五条 我们不单纯追求规模上的扩大，而是要使自己变得更优秀。因此，高层领导必须警惕长期高速增长有可能给公司组织造成的隐患和危机，必须对组织成长进行有效的管理。在促进公司迅速成为一个大规模企业的同时，必须以更有效的管理方式，促使公司更加灵活和更为优秀。始终保持造势与做实的协调发展。

四、价值的分配

（价值创造）

第十六条 我们认为劳动、知识、企业家和资本创造了公司的全部价值。

（知识资本化）

第十七条 我们是用资本这种形式，使劳动、知识以及企业家的管理和风险的累积贡献得到体现和报偿；利用股权分配这种形式，形成公司的中坚力量和保持对公司的有效控制，使公司可持续发展。知识资本化与适应技术和社会变化的有活力的产权制度，是我们不断探索的方向。

我们实行员工持股制度。一方面，普惠认同华为的模范员工，结成公司与员工的利益与命运共同体。另一方面，将不断地使最有责任心与最有才能的人进入公司的中坚层。

（价值分配形式）

第十八条 华为可分配的价值主要为组织权力和经济利益；其分配形式是：机会、

职权、工资、奖金、安全退休金、医疗保障、股权、红利以及其他人事待遇。我们实行按劳分配与按资分配相结合的分配方式。

（价值分配原则）

第十九条 效率优先、兼顾公平、可持续发展是我们价值分配的基本原则。

按劳分配的依据是：能力、责任、贡献和工作态度。按劳分配要充分拉开差距，分配曲线要保持连续和不出现拐点。股权分配的依据是：可持续性贡献，突出才能、品德和所承担的风险。股权分配要向核心层和中坚层倾斜，股权结构要保持动态合理性。按劳分配与按资分配的比例要适当，分配数量和分配比例的增减应以公司的可持续发展为原则。

（价值分配的合理性）

第二十条 我们遵循价值规律，坚持实事求是，引入外部市场压力和公平竞争机制，建立公正客观的价值评价体系并不断改进，使价值分配制度基本合理。衡量价值分配合理性的最终标准是公司的竞争力和成就，以及全体员工的士气和对公司的归属意识。

第二章 基本经营政策

一、经营重心

（经营方向）

第二十一条 我们中短期经营方向集中在通讯产品的技术与质量上，重点突破、系统领先，摆脱在低层次市场上角逐的被动局面，同时发展相关信息产品。公司优先选择资源共享的项目，产品或事业领域多元化紧紧围绕资源共享展开，不进行其他有诱惑力的项目，避免分散有限的力量及资金。

我们过去的成功说明，只有大市场才能孵化大企业。选择大市场仍然是我们今后产业选择的基本原则。但是，成功并不总是一位引导我们走向未来的可靠向导，我们要严格控制进入新的领域。

对规划外的小项目，我们鼓励员工的内部创业活动，并将提供一定的资源，支持员工把出色的创意转化为顾客需要的产品。

（经营模式）

第二十二条 我们的经营模式是：抓住机遇，靠研究开发的高投入获得产品技术和性能价格比的领先优势，通过大规模席卷式的市场营销，在最短的时间里形成正反馈的良性循环，充分获取“机会窗”的超额利润；不断优化成熟产品，驾驭市场上的价格竞争，扩大和巩固在战略市场上的主导地位。我们将按照这一经营模式的要求建立我们的组织结构和人才队伍，不断提高公司的整体运作能力。

在设计中构建技术、质量、成本和服务优势是我们竞争力的基础。日本产品的低成本，德国产品的稳定性，美国产品的先进性，是我们赶超的基准。

（资源配置）

第二十三条 我们坚持“压强原则”，在成功的关键因素和选定的战略生长点上，以超过主要竞争对手的强度配置资源，要么不做，要做，就集中最大限度的人力、物力和财力，实现重点突破。

在资源的分配上，应努力消除资源合理配置与有效利用的障碍。我们应认识到对人、财、物这三种关键资源的分配，首先是对优秀人才的分配。我们的方针是使最优秀的人拥有充分的职权和必要的资源去实现分派给他们的任务。

（战略联盟）

第二十四条 我们重视广泛的对等合作和战略伙伴关系，积极探索在互利基础上的多种外部合作形式。

（服务网络）

第二十五条 华为向顾客提供产品的终生服务承诺。

我们要建立完善的服务网络，向顾客提供专业化和标准化的服务。顾客的利益所在就是我们生存与发展最根本的利益所在。

我们要以服务来定队伍建设的宗旨，以顾客满意度作为衡量一切工作的准绳。

二、研究与开发

（研究开发政策）

第二十六条 顾客价值观的演变趋势引导着我们的产品方向。

我们的产品开发遵循在自主开发的基础上实行广泛开放合作的原则。在选择研究开发项目时，敢于打破常规，走别人没有走过的路。我们要善于利用有节制的混沌状态，寻求对未知领域研究的突破；要完善竞争性的理性选择程序，确保开发过程的成功。

我们保证按销售额的10%拨付研发经费，有必要且可能时还将加大拨付的比例。

（研究开发系统）

第二十七条 我们要建立互相平行且符合大公司战略的三大研究系统，即产品发展战略规划研究系统，产品研究开发系统以及产品中间试验系统。随着公司的发展，我们还会在国内外具有人才和资源优势的地区，建立分支研究机构。

在相关的基础技术领域中，不断地按“窄频带、高振幅”的要求，培养一批基础技术尖子。在产品开发方面，培养一批跨领域的系统集成带头人。把基础技术研究作为研究开发人员循环流程的一个环节。

没有基础技术研究的深度，就没有系统集成的高水准；没有市场和系统集成的牵引，基础技术研究就会偏离正确的方向。

（中间试验）

第二十八条 我们十分重视新产品、新器件和新工艺的品质论证及测试方法研究。要建立一个装备精良、测试手段先进、由众多“宽频带、高振幅”的优秀工程专家组成的产品中间试验中心。为了使我们中间试验的人才和装备水平居世界领先地位，我们在全世界只建立一个这样的大型中心。要经过集中的严格筛选过滤新产品和新器件，通过不断的品质论证提高产品的可靠性，持续不断地进行容差设计试验和改进工艺降低产品成本，加快技术开发成果的商品化进程。

三、市场营销

（市场地位）

第二十九条 华为的市场定位是业界最佳设备供应商。

市场地位是市场营销的核心目标。我们不满足于总体销售额的增长，我们必须清楚公司的每一种主导产品的市场份额是多大，应该达到多大。特别是新产品、新兴市场的市场份额和销售份额更为重要。品牌、营销网络、服务和市场份额是支撑市场地位的关键要素。

（市场拓展）

第三十条 战略市场的争夺和具有巨大潜力的市场的开发是市场营销的重点。我们既要抓住新兴产品市场的快速渗透和扩展，也要奋力推进成熟产品在传统市场与新兴市场上的扩张，形成绝对优势的市场地位。

作为网络设备供应商，市场战略的要点是获取竞争优势和控制市场主导权的关键。市场拓展是公司的一种整体运作，我们要通过影响每个员工的切身利益传递市场压力，不断提高公司整体响应能力。

（营销网络）

第三十一条 营销系统的构架是按对象建立销售系统，按产品建立行销系统，形成矩阵覆盖的营销网络。

（营销队伍建设）

第三十二条 我们重视培育一支高素质的、具有团队精神的销售工程师与营销管理者队伍，重视发现和培养战略营销管理人才和国际营销人才。

我们要以长远目标来建设营销队伍，以共同的事业、责任、荣誉来激励和驱动。

（资源共享）

第三十三条 市场变化的随机性、市场布局的分散性和公司产品的多样性，要求前方营销队伍必须得到及时强大的综合支援，要求我们必须能够迅速调度和组织大量资源抢夺市场先机和形成局部优势。因此营销部门必须采取灵活的运作方式，通过事先策划与现场求助，实现资源的动态最优配置与共享。

四、生产方式

（生产战略）

第三十四条 我们的生产战略是在超大规模销售的基础上建立敏捷生产体系。因地制宜地采用世界上先进的制造技术和管理方法，坚持永无止境的改进，不断提高质量，降低成本，缩短交货期和增强制造柔性，使公司的制造水平和生产管理水平达到世界级大公司的基准。

（生产布局）

第三十五条 为了顺应公司事业领域多元化和经营地域国际化的趋势，我们将按照规模经济原则、比较成本原则和贴近顾客原则，集中制造关键基础部件和分散组装最终产品，在全国和世界范围内合理规划生产布局，优化供应链。

五、理财与投资

（筹资战略）

第三十六条 我们努力使筹资方式多样化，继续稳健地推行负债经营。开辟资金来源，控制资金成本，加快资金周转，逐步形成支撑公司长期发展需求的筹资合作关系，确保公司战略规划的实现。

（投资战略）

第三十七条 我们中短期的投资战略仍坚持产品投资为主，以期最大限度地集中资源，迅速增强公司的技术实力、市场地位和管理能力。我们在制定重大投资决策时，不单只追逐今天的高利润项目，同时要关注有巨大潜力的新兴市场和新产品的成长机会。我们不从事任何分散公司资源和高层管理精力的非相关多元化经营。

（资本经营）

第三十八条 我们在产品领域经营成功的基础上探索资本经营，利用产权机制更大规模地调动资源。实践表明，实现这种转变取决于我们的技术实力、营销实力、管理实力和时机。外延的扩张依赖于内涵的做实，机会的捕捉取决于事先的准备。

资本知识化是加速资本经营良性循环的关键。我们在进行资本扩充时，重点要选择那些有技术、有市场以及与我们有互补性的战略伙伴，其次才是金融资本。

资本经营和外部扩张，应当有利于潜力的增长，有利于效益的增长，有利于公司组织和文化的统一性。公司的上市应当有利于巩固我们已经形成的价值分配制度。

第三章 基本组织政策

一、基本原则

（组织建立的方针）

第三十九条 华为组织的建立和健全，必须：

1. 有利于强化责任，确保公司目标和战略的实现。
2. 有利于简化流程，快速响应顾客的需求和市场的变化。
3. 有利于提高协作的效率，降低管理成本。
4. 有利于信息的交流，促进创新和优秀人才的脱颖而出。
5. 有利于培养未来的领袖人才，使公司可持续发展。

（组织结构的建立原则）

第四十条　华为将始终是一个整体。这要求我们在任何涉及华为标识的合作形式中保持控制权。

战略决定结构是我们建立公司组织的基本原则。具有战略意义的关键业务和新事业生长点，应当在组织上有一个明确的负责单位，这些部门是公司组织的基本构成要素。

组织结构的演变不应当是一种自发的过程，其发展应具有阶段性。组织结构在一定时期内的相对稳定，是稳定政策、稳定干部队伍和提高管理水平的条件，是提高效率和效果的保证。

（职务的设立原则）

第四十一条　管理职务设立的依据是对职能和业务流程的合理分工，并以实现组织目标所必须从事的一项经常性工作为基础。职务的范围应设计得足够大，以强化责任、减少协调和提高任职的挑战性与成就感。

设立职务的权限应集中。对设立职务的目的、工作范围、隶属关系、职责和职权，以及任职资格应作出明确规定。

（管理者的职责）

第四十二条　管理者的基本职责是依据公司的宗旨主动和负责地开展工作，使公司富有前途，工作富有成效，员工富有成就。管理者履行这三项基本职责的程度，决定了他的权威与合法性被下属接受的程度。

（组织的扩张）

第四十三条　组织的成长和经营的多元化必然要求向外扩张。组织的扩张要抓住机遇，而我们能否抓住机遇和组织能够扩张到什么程度，取决于公司的干部队伍素质和管理控制能力。当依靠组织的扩张不能有效地提高组织的效率和效果时，公司将放缓对外扩张的步伐，转而致力于组织管理能力的提高。

二、组织结构

（基本组织结构）

第四十四条　公司的基本组织结构是一种二维结构：按战略性事业划分的事业部和按地区划分的地区公司。事业部在公司规定的经营范围内承担开发、生产、销售和为用户服务的职责；地区公司在公司规定的区域市场内有效利用公司的资源开展经营。事业部和地区公司均为利润中心，承担实际利润责任。

（主体结构）

第四十五条　职能专业化原则是建立管理部门的基本原则。对于以提高效率和加强控制为主要目标的业务活动领域，一般也应按此原则划分部门。

公司的管理资源、研究资源、中试资源、认证资源、生产管理资源、市场资源、财政资源、人力资源和信息资源……是公司的公共资源。为了提高公共资源的效率，必须进行审计。按职能专业化原则组织相应的部门，形成公司组织结构的主体。

（事业部）

第四十六条 对象专业化原则是建立新事业部门的基本原则。

事业部的划分原则可以是以下两种原则之一，即产品领域原则和工艺过程原则。按产品领域原则建立的事业部是扩张型事业部，按工艺过程原则建立的事业部是服务型事业部。

扩张型事业部是利润中心，实行集中政策，分权经营。应在控制有效的原则下，使之具备开展独立经营所需的必要职能，既充分授权又加强监督。

对于具有相对独立的市场，经营已达到一定规模，相对独立运作更有利于扩张和强化最终成果责任的产品或业务领域，应及时选择更有利于它发展的组织形式。

（地区公司）

第四十七条 地区公司是按地区划分的、全资或由总公司控股的、具有法人资格的子公司。地区公司在规定的区域市场和事业领域内，充分运用公司分派的资源和尽量调动公司的公共资源寻求发展，对利润承担全部责任。在地区公司负责的区域市场中，总公司及各事业部不与之进行相同事业的竞争。各事业部如有拓展业务的需要，可采取会同或支持地区公司的方式进行。

（矩阵结构的演进）

第四十八条 当按职能专业化原则划分的部门与按对象专业化原则划分的部门交叉运作时，就在组织上形成了矩阵结构。

公司组织的矩阵结构，是一个不断适应战略和环境变化，从原有的平衡到不平衡再到新的平衡的动态演进过程。不打破原有的平衡，就不能抓住机会，快速发展；不建立新的平衡，就会给公司组织运作造成长期的不确定性，削弱责任建立的基础。

为了在矩阵结构下维护统一指挥原则和责权对等原则，减少组织上的不确定性和提高组织的效率，我们必须在以下几方面加强管理的力度：

1. 建立有效的高层管理组织。
2. 充分授权，加强监督。
3. 加强计划的统一性和权威性。
4. 完善考核体系。
5. 培育团队精神。

（求助网络）

第四十九条 我们要在公司的纵向等级结构中适当地引入横向和逆向的网络动作方式，以激活整个组织，最大限度地利用和共享资源。我们既要确保正向直线职能系统制定和实施决策的政令畅通，又要对逆向和横向的求助系统作出及时灵活的响应，使最贴近顾客、最先觉察到变化和机会的高度负责的基层主管和员工，能够及时得到组织的支援，为组织目标作出与众不同的贡献。

（组织的层次）

第五十条 我们的基本方针是减少组织的层次，以提高组织的灵活性。减少组织层次，一方面要减少部门的层次，另一方面要减少职位的层次。

三、高层管理组织

（高层管理组织）

第五十一条 高层管理组织的基本结构为三部分：公司执行委员会、高层管理委员会与公司职能部门。

公司的高层管理委员会有：战略规划委员会，人力资源委员会，财经管理委员会。

（高层管理职责）

第五十二条 公司执行委员会负责确定公司未来的使命、战略与目标，对公司重大问题进行决策，确保公司可持续发展。

高层管理委员会是由资深人员组成的咨询机构。负责拟制战略规划和基本政策，审议预算和重大投资项目，以及审核规划、基本政策和预算的执行结果。审议结果由总裁办公会议批准执行。

公司职能部门代表公司总裁对公司公共资源进行管理，对各事业部、子公司、业务部门进行指导和监控。公司职能部门应归口设立，尽量避免多头领导现象。

高层管理任务应以项目形式予以落实。高层管理项目完成后，形成具体工作和制度，并入某职能部门的职责。

（决策制度）

第五十三条 我们遵循民主决策和权威管理的原则。

高层重大决策需经高层管理委员会充分讨论。决策的依据是公司的宗旨、目标和基本政策；决策的原则是从贤不从众。真理往往掌握在少数人手里，要造成一种环境，让不同意见存在和发表。一旦形成决议，就要实行权威管理。

高层委员会集体决策以及部门首长负责制下的办公会议制度，是实行高层民主决策的重要措施。我们的方针是：放开高层民主，使智慧充分发挥；强化基层执行，使责任落在实处。

各部门首长隶属于各个专业委员会，这些委员会议事而不管事，对形成的决议有监督权，以防止一长制中的片面性。各部门首长的日常管理决策应遵循部门首长办公会确定的原则，对决策后果承担个人责任。各级首长办公会的讨论结果，以会议纪要的方式向上级呈报。报告上必须有2/3以上的正式成员签名，报告中要特别注明讨论过程中的不同意见。

公司总裁有最后的决策权，在行使这项权力时，要充分听取意见。

（高层管理者行为准则）

第五十四条 高层管理者应当做到：

1. 保持强烈的进取精神和忧患意识，对公司的未来和重大经营决策承担个人风险。
2. 坚持公司利益高于部门利益和个人利益。
3. 倾听不同意见，团结一切可以团结的人。
4. 加强政治品格的训练与道德品质的修养，廉洁自律。
5. 不断学习。

第四章　基本人力资源政策

一、人力资源管理准则

（基本目的）

第五十五条　华为的可持续发展，从根本上靠的是组织建设和文化建设。因此，人力资源管理的基本目的，是建立一支宏大的高素质、高境界和高度团结的队伍，以及创造一种自我激励、自我约束和促进优秀人才脱颖而出的机制，为公司的快速成长和高效运作提供保障。

（基本准则）

第五十六条　华为全体员工无论职位高低，在人格上都是平等的。人力资源管理的基本准则是公正、公平和公开。

（公正）

第五十七条　共同的价值观是我们对员工作出公平评价的准则；对每个员工提出明确的挑战性目标与任务，是我们对员工的绩效改进作出公正评价的依据；员工在完成本职工作时表现出的能力和潜力，是比学历更重要的评价能力的公正标准。

（公平）

第五十八条　华为奉行效率优先、兼顾公平的原则。我们鼓励每个员工在真诚合作与责任承诺的基础上展开竞争，并为员工的发展提供公平的机会与条件。每个员工应依靠自身的努力与才干，争取公司提供的机会；依靠工作和自学提高自身的素质与能力；依靠创造性地完成和改进本职工作满足自己的成就愿望。我们从根本上否定评价与价值分配上的短视、攀比与平均主义。

（公开）

第五十九条　我们认为遵循公开原则是保障人力资源管理的公正和公平的必要条件。公司重要政策与制度的制定均要充分征求意见与协商，抑侥幸，明褒贬，提高制度执行上的透明度。我们从根本上否定无政府、无组织、无纪律的个人主义行为。

（人力资源管理体制）

第六十条　我们不搞终身雇佣制，但这不等于不能终身在华为工作。我们主张自由雇佣制，但不脱离中国的实际。

（内部劳动力市场）

第六十一条　我们通过建立内部劳动力市场，在人力资源管理中引入竞争和选择机制。通过内部劳动力市场和外部劳动力市场的置换，促进优秀人才的脱颖而出，实现人力资源的合理配置和激活沉淀层，并使人适合于职务，使职务适合于人。

（人力资源管理责任者）

第六十二条　人力资源管理不只是人力资源管理部门的工作，而且是全体管理者的职责。各部门管理者有责任记录、指导、支持、激励与合理评价下属人员的工作，负有帮助下属人员成长的责任。下属人员才干的发挥与对优秀人才的举荐，是决定管理者的升迁与人事待遇的重要因素。

二、员工的义务和权利

（员工的义务）

第六十三条　我们鼓励员工对公司目标与本职工作的主人翁意识与行为。

每个员工主要通过干好本职工作为公司目标作贡献。一方面，员工应努力扩大职务视野，深入领会公司目标对自己的要求，养成为他人作贡献的思维方式，提高协作水平与技巧。另一方面，员工应遵守职责间的制约关系，避免越俎代庖，有节制地暴露因职责不清所掩盖的管理漏洞与问题。

员工有义务实事求是地越级报告被掩盖的管理中的弊端与错误。允许员工在紧急情况下便宜行事，为公司把握机会、躲避风险以及减轻灾情作贡献。但是，在这种情况下，越级报告者或便宜行事者，必须对自己的行为及其后果承担责任。

员工必须保守公司的秘密。

（员工的权利）

第六十四条　每个员工都拥有以下基本权利：咨询权、建议权、申诉权与保留意见权。

员工在确保工作或业务顺利开展的前提下，有权利向上司咨询，上司有责任作出合理的解释与说明。

员工对改善经营与管理工作具有合理化建议权。

员工有权对认为不公正的处理向直接上司的上司提出申诉。申诉必须实事求是，以书面形式提出，不得影响本职工作或干扰组织的正常运作。各级主管对下属员工的申诉，都必须尽早予以明确的答复。

员工有权保留自己的意见，但不能因此影响工作。上司不得因下属保留自己的不同意见而对其歧视。

三、考核与评价

（基本假设）

第六十五条　华为员工考评体系的建立依据下述假设：

1. 华为绝大多数员工是愿意负责和合作的，是高度自尊和有强烈成就欲望的。
2. 金无足赤，人无完人，优点突出的人往往缺点也很明显。
3. 工作态度和工作能力应当体现在工作绩效的改进上。
4. 失败铺就成功，但重犯同样的错误是不应该的。
5. 员工未能达到考评标准要求也有管理者的责任，员工的成绩就是管理者的成绩。

（考评方式）

第六十六条 建立客观公正的价值评价体系是华为人力资源管理的长期任务。

员工和干部的考评，是按明确的目标和要求，对每个员工和干部的工作绩效、工作态度与工作能力的一种例行性的考核与评价。工作绩效的考评侧重在绩效的改进上，宜细不宜粗；工作态度和工作能力的考评侧重在长期表现上，宜粗不宜细。考评结果要建立记录，考评要素随公司不同时期的成长要求应有所侧重。

在各层上下级主管之间要建立定期述职制度。各级主管与下属之间都必须实现良好的沟通，以加强相互的理解和信任。沟通将列入对各级主管的考评。

员工和干部的考评实行纵横交互的全方位考评。同时，被考评者有申诉的权利。

四、人力资源管理的主要规范

（招聘与录用）

第六十七条 华为依靠自己的宗旨和文化，成就与机会，以及政策和待遇，吸引和招揽天下一流人才。我们在招聘和录用中，注重人的素质、潜能、品格、学历和经验。按照双向选择的原则，在人才使用、培养与发展上，提供客观且对等的承诺。

我们将根据公司在不同时期的战略和目标，确定合理的人才结构。

（解聘与辞退）

第六十八条 我们利用内部劳动力市场的竞争与淘汰机制，建立例行的员工解聘和辞退程序。对违反公司纪律和因牟取私利而给公司造成严重损害的员工，根据有关制度强行辞退。

（报酬与待遇）

第六十九条 我们在报酬与待遇上，坚定不移地向优秀员工倾斜。

工资分配实行基于能力主义的职能工资制；奖金的分配与部门和个人的绩效改进挂钩；安全退休金等福利的分配依据工作态度的考评结果；医疗保险按贡献大小，对高级管理和资深专业人员与一般员工实行差别待遇，高级管理和资深专业人员除享受医疗保险外，还享受医疗保健等健康待遇。

我们不会牺牲公司的长期利益去满足员工短期利益分配的最大化，但是公司保证在经济景气时期与事业发展良好阶段，员工的人均年收入高于区域行业相应的最高水平。

（自动降薪）

第七十条 公司在经济不景气时期或事业成长暂时受挫阶段，根据事业发展需要，启用自动降薪制度，避免过度裁员与人才流失，确保公司渡过难关。

（晋升与降格）

第七十一条 每个员工通过努力工作以及在工作中增长的才干，都可能获得职务或任职资格的晋升。与此相对应，保留职务上的公平竞争机制，坚决推行能上能下的干部制度。公司遵循人才成长规律，依据客观公正的考评结果，让最有责任心的人担负重要的职责。我们不拘泥于资历与级别，按公司组织目标与事业机会的要求，依据制度性甄别程序，对有突出才干和突出贡献者实施破格晋升。但是，我们提倡循序渐进。

（职务轮换与专长培养）

第七十二条 我们对中高级主管实行职务轮换政策。没有周边工作经验的人，不能担任部门主管。没有基层工作经验的人，不能担任科以上干部。我们对基层主管、专业人员和操作人员实行岗位相对固定的政策，提倡爱一行，干一行；干一行，专一行。爱一行的基础是要通得过录用考试，已上岗的员工继续爱一行的条件是要经受得住岗位考核的筛选。

（人力资源开发与培训）

第七十三条 我们将持续的人力资源开发作为实现人力资源增值目标的重要条件。实行在职培训与脱产培训相结合，自我开发与教育开发相结合的开发形式。

为了评价人力资源开发的效果，要建立人力资源开发投入产出评价体系。

第五章 基本控制政策

一、管理控制方针

（方针）

第七十四条 建立健全管理控制系统和必要的制度，确保公司战略、政策和文化的统一性，在此基础上对各级主管充分授权，形成一种既有目标牵引和利益驱动又有程序可依和制度保证的活跃、高效和稳定的局面。

（目标）

第七十五条 公司管理控制系统进一步完善的中短期目标是：建立健全预算控制体系、成本控制体系、质量管理和保证体系、业务流程体系、审计监控体系、文档体系以及项目管理系统，对关系公司生存与发展的重要领域，实行有效的控制，建立起大公司的规范运作模式。

（原则）

第七十六条 公司的管理控制遵循下述原则：

1. 分层原则。管理控制必须分层实施，越级和越权控制将破坏管理控制赖以建立的责任基础。

2. 例外原则。凡具有重复性质的例常工作，都应制定出规则和程序，授权下级处理。上级主要控制例外事件。

3. 分类控制原则。针对部门和任务的性质，实行分类控制。对高中层经营管理部门实行目标责任制的考绩控制；对基层作业部门实行计量责任制的定额控制；对职能和行政管理部门实行任务责任制的考事控制。

4. 成果导向原则。管理控制系统对部门绩效的考核，应促使部门主管能够按公司整体利益最大化的要求进行决策。

5. 公司坚决主张强化管理控制。偏离预算（或标准）的行动未必一定是错误的；单纯奖励节约开支的办法不一定是一种好办法。公司鼓励员工和部门主管在管理控制系统不完善的地方，在环境和条件发生了变化的时候，按公司宗旨和目标的要求，主动采取积极负责的行动。

经过周密策划，共同研究，在实施过程中受到挫折，应得到鼓励，发生的失败不应受到指责。

（持续改进）

第七十七条 部门和员工绩效考核的重点是绩效改进。

公司的战略目标和顾客满意度是建立绩效改进考核指标体系的两个基本出发点。在对战略目标层层分解的基础上确定公司各部门的目标，在对顾客满意度节节展开的基础上，确定流程各环节和岗位的目标。绩效改进考核指标体系应起到牵引作用，使每个部门和每个员工的改进努力朝向共同的方向。

绩效改进考核指标必须是可度量的和重点突出的。指标水平应当是递进的和具有挑战性的。只要我们持续地改进，就会无穷地逼近高质量、低成本和高效率的理想目标。

二、质量管理和质量保证体系

（质量形成）

第七十八条 优越的性能和可靠的质量是产品竞争力的关键。我们认为质量形成于产品寿命周期的全过程，包括研究设计、中试、制造、分销、服务和使用的全过程。因此，必须使产品寿命周期全过程中影响产品质量的各种因素始终处于受控状态；必须实行全流程的、全员参加的全面质量管理，使公司有能力持续提供符合质量标准和顾客满意的产品。

我们的质量方针是：

1. 树立品质超群的企业形象，全心全意为顾客服务。
2. 在产品设计中构建质量。
3. 依合同规格生产。
4. 使用合格供应商。
5. 提供安全的工作环境。
6. 质量系统符合 ISO9001 的要求。

（质量目标）

第七十九条 我们的质量目标是：

1. 技术上保持与世界潮流同步。
2. 创造性地设计、生产具有最佳性能价格比的产品。
3. 产品运行实现平均 2 000 天无故障。
4. 从最细微的地方做起，充分保证顾客各方面的要求得到满足。
5. 准确无误的交货；完善的售后服务；细致的用户培训；真诚热情的订货与退货。

我们通过推行 ISO9001，并定期通过国际认证复审，建立健全全公司的质量管理体系和质量保证体系，使我们的质量管理和质量保证体系与国际接轨。

三、全面预算控制

（性质与任务）

第八十条　全面预算是公司年度全部经营活动的依据，是我们驾驭外部环境的不确定性、减少决策的盲目性和随意性、提高公司整体绩效和管理水平的重要途径。

全面预算的主要任务是：

1. 统筹协调各部门的目标和活动。
2. 预计年度经营计划的财务效果和对现金流量的影响。
3. 优化资源配置。
4. 确定各责任中心的经营责任。
5. 为控制各部门的费用支出和评价各部门的绩效提供依据。

公司设立多级预算控制体系。各责任中心的一切收支都应纳入预算。

（管理职责）

第八十一条　公司级预算和决算由财经管理委员会审议，由公司总裁批准。公司级预算由财务部负责编制并监督实施和考核实施效果。各级预算的编制和修改必须按规定的程序进行。收入中心和利润中心预算的编制，应按照有利于潜力和效益增长的原则合理确定各项支出水平；成本或费用中心的预算编制，应当贯彻量入为出、厉行节约的方针。

公司以及事业部和子公司的财务部门，应定期向财经管理委员会提交预算执行情况的分析报告。根据预算目标实现程度和预算实现偏离程度，考核财务部预算编制和预算控制效果。

四、成本控制

（控制重点）

第八十二条　成本是市场竞争的关键制胜因素。成本控制应当从产品价值链的角度，权衡投入产出的综合效益，合理地确定控制策略。

应重点控制的主要成本驱动因素包括：

1. 设计成本。
2. 采购成本和外协成本。
3. 质量成本，特别是因产品质量和工作质量问题引起的维护成本。
4. 库存成本，特别是由于版本升级而造成的呆料和死料。
5. 期间费用中的浪费。

（控制机制）

第八十三条　控制成本的前提是正确地核算产品和项目的成本与费用。应当根据公司经营活动的特点，合理地分摊费用。

公司对产品成本实行目标成本控制，在产品的立项和设计中实行成本否决。目标成本的确定依据是产品的竞争性市场价格。

必须把降低成本的绩效改进指标纳入各部门的绩效考核体系，与部门主管和员工的切身利益挂钩，建立自觉降低成本的机制。

五、业务流程重整

（指导思想）

第八十四条 推行业务流程重整的目的是，更敏捷地响应顾客需求，扩大例行管理，减少例外管理，提高效率，堵塞漏洞。

业务流程重整的基本思路是，将推行ISO9001标准与业务流程重整和管理信息系统建设相结合，为公司所有经营领域的关键业务确立有效且简捷的程序和作业标准；围绕基本业务流程，理顺各种辅助业务流程的关系；在此基础上，对公司各部门和各职位的职责准确定位，不断缩小审批数量，不断优化和缩短流程，系统地改进公司的各项管理，并使管理体系具有可移植性。

（流程管理）

第八十五条 流程管理是按业务流程标准，在纵向直线和职能管理系统授权下的一种横向的例行管理，是以目标和顾客为导向的责任人推动式管理。处于业务流程中各个岗位上的责任人，无论职位高低，行使流程规定的职权，承担流程规定的责任，遵守流程的制约规则，以下道工序为用户，确保流程运作的优质高效。

建立和健全面向流程的统计和考核指标体系，是落实最终成果责任和强化流程管理的关键。顾客满意度是建立业务流程各环节考核指标体系的核心。

提高流程管理的程序化、自动化和信息集成化水平，不断适应市场变化和公司事业拓展的要求，对原有业务流程体系进行简化和完善，是我们的长期任务。

（管理信息系统）

第八十六条 管理信息系统是公司经营运作和管理控制的支持平台和工具，旨在提高流程运作和职能控制的效率，增强企业的竞争能力，开发和利用信息资源，并有效支持管理决策。

管理信息系统的建设，坚持采用先进成熟的技术和产品，以及坚持最小化自主系统开发的原则。

六、项目管理

（必然性）

第八十七条 公司的高速增长目标和高技术企业性质，决定了必须在新技术、新产品、新市场和新领域等方面不断提出新的项目。而这些关系公司生存与发展的、具有一次性跨部门特征的项目，靠已有的职能管理系统按例行的方式管理是难以完成的，必须实行跨部门的团队运作和项目管理。因此，项目管理应与职能管理共同构成公司的基本管理方式。

（管理重点）

第八十八条 项目管理是对项目生命周期全过程的管理，是一项系统工程。项目管理应当参照国际先进的管理模式，建立一整套规范的项目管理制度。项目管理进一步改进的重点是，完善项目的立项审批、项目变更审批、预算控制、进度控制和文档建设。

对项目管理实行日落法控制。控制项目数量以实现资源有效利用和提高组织整体运作系统。项目完成验收后，按既定程序转入例行组织管理系统。

七、审计制度

（职能）

第八十九条 公司内部审计是对公司各部门、事业部和子公司经营活动的真实性、合法性、效益性及各种内部控制制度的科学性和有效性进行审查、核实和评价的一种监控活动。

公司审计部门除了履行财务审计、项目审计、合同审计、离任审计……基本内部审计职能外，还要对计划、关键业务流程及主要管理制度等关系公司目标的重要工作进行审计，把内部审计与业务管理的进步结合起来。

（体系）

第九十条 公司实行以流程为核心的管理审计制度。在流程中设立若干监控与审计点，明确各级管理干部的监控责任，实现自动审计。

我们坚持推行和不断完善计划、统计、审计既相互独立运作又整体闭合循环的优化再生系统。这种三角循环，贯穿于每一个部门、每一个环节和每一件事。在这种众多的小循环基础上组成中循环，由足够多的中循环组成大循环。公司只有管理流程闭合，才能形成管理的反馈制约机制，不断地自我优化与净化。

全公司审计人员的流动能促进审计方法的传播与审计水平的提高，形成更加开放、透明的审计系统，为公司各项经营管理工作的有效进行提供服务和保障。

（权限）

第九十一条 公司审计机构的基本权限包括：

1. 直接对总裁负责并报告工作，不受其他部门和个人的干涉。
2. 具有履行审计职能的一切必要权限。

八、事业部的控制

（方针）

第九十二条 事业部管理方针是：

1. 有利于潜力的增长。
2. 有利于效益的增长。
3. 有利于公司组织与文化的统一性。

（绩效考核）

第九十三条 事业部是利润中心，在公司规定的经营范围内自主经营，承担扩张责任、利润责任和资产责任。

对事业部的考核指标主要为销售收入、销售收入增长率、市场份额和管理利润。考核销售指标的目的是鼓励事业部扩张，考核管理利润的目的是兼顾扩张、效益和资产责任。公司将按照对各事业部的不同发展要求，通过调节与事业部销售收入、销售收入增长率和管理利润各部分挂钩的利益分配系数，影响事业部的经营行为。

事业部的全部利润由公司根据战略和目标统一分配。

（自主权）

第九十四条 我们的方针是只要符合事业部控制的“三个有利于”原则，就对之实行充分的授权。

事业部总经理的自主权主要包括：预算内的支出决定权和所属经营资源支配权，以及在公司统一政策指导下的经营决策权、人事决定权和利益分配权。

（控制与审计）

第九十五条 公司对事业部的控制与审计主要包括：

1. 事业部的总经理、财务总监、人力资源总监、审计总监由公司任免。
2. 依据经过批准的预算对事业部的收支进行总量控制。
3. 公司统一融资，事业部对资金实行有偿占用。
4. 对现金实行集中管理，事业部对自身的现金流量平衡负责。
5. 事业部定期向公司财经管理委员会提交财务绩效报告。
6. 公司审计部对事业部履行审计职能。

（服务型事业部）

第九十六条 服务型事业部的职能是以低利方式提供内部服务，以提高整体扩张实力。内部运作实行模拟市场机制。

（联利计酬）

第九十七条 事业部实行按虚拟利润联利计酬的报酬制度。在事业部的报酬政策上，公司遵循风险和效益与报酬对等的原则。

九、危机管理

（危机意识）

第九十八条 高技术的刷新周期越来越短，所有高科技企业的前进路程都充满了危机。华为公司作为高科技企业，公司组织内部蕴涵的危机也越来越多，越来越深刻。我们应该看到，公司处于危机点时既面临危机又面临机遇。危机管理的目标就是变危险为机遇，使企业越过陷阱进入新的成长阶段。

（预警与减灾）

第九十九条 公司应建立预警系统和快速反应机制，以敏感地预测和感知由竞争对手、客户、供应商及政策法规等造成的外部环境的细微但重大的变化；处理公司高层领导不测事件和产品原因造成的影响公司形象的重大突发事件。

第六章 接班人与基本法修改

(继承与发展)

第一百条 华为经年积累的管理方法和经验是公司的宝贵财富，必须继承和发展，这是各级主管的责任。只有继承，才能发展；只有量变的积累，才会产生质变。承前启后，继往开来，是我们的事业兴旺发达的基础。

(对接班人的要求)

第一百零一条 进贤与尽力是领袖与模范的区别。只有进贤和不断培养接班人的人，才能成为领袖，成为公司各级职务的接班人。

高、中级干部任职资格的最重要一条是能否举荐和培养出合格的接班人。不能培养接班人的领导，在下一轮任期时应该主动引退。仅仅使自己优秀是不够的，还必须使自己的接班人更优秀。

我们要制度化地防止第三代、第四代及以后的公司接班人腐化、自私和得过且过。当我们的高层领导人中有人利用职权谋取私利时，就说明我们公司的干部选拔制度和管理出现了严重问题，如果只是就事论事，而不从制度上寻找根源，那我们距离死亡就已经不远了。

(接班人的产生)

第一百零二条 华为公司的接班人是在集体奋斗中从员工和各级干部中自然产生的领袖。

公司高速成长中的挑战性机会，以及公司的民主决策制度和集体奋斗文化，为领袖人才的脱颖而出创造了条件；各级委员会和各级部门首长办公会议，既是公司高层民主生活制度的具体形式，也是培养接班人的温床。要在实践中培养人、选拔人和检验人。要警惕不会做事却会处世的人受到重用。

我们要坚定不移地向第一、二代创业者学习。学习他们在思想上的艰苦奋斗精神，勇于向未知领域探索；学习他们的团队精神和坦荡的胸怀，坚持和不断完善公正合理的价值评价体系；学习他们强烈的进取精神和责任意识，勇于以高目标要求和鞭策自己；学习他们实事求是的精神，既具有哲学、社会学和历史学的眼界，又具有一丝不苟的工作态度。走向世界，实现我们的使命，是华为一代又一代接班人矢志不渝的任务。

(基本法的修订)

第一百零三条 《基本法》每十年进行一次修订。修订的过程贯彻从贤不从众的原则。

在管理者、技术骨干、业务骨干、基层干部中推选出10%的员工，进行修改的论证，拟出清晰的提案。

然后从这10%的员工中，再推选20%的员工，与董事会、执行委员会一同审议修改部分的提案，并将最终的提案公布，征求广大员工意见。

最后，由董事会、执行委员会、优秀员工组成三方等额的代表进行最终审批。

《基本法》是华为公司宏观管理的指导原则，是处理公司发展中重大关系的对立统一的度。其目的之一是培养领袖。高、中级干部必须认真学习《基本法》，领会其精神实质，掌握其思想方法。

案例分析

说得真好，华为——中华有为！将企业的理念与民族的命运充分结合，以法案的形式形成了自己公司的文化，目标如此清晰、震撼，鼓舞人心，企业的未来就在眼前！华为正处在一个关键的发展时期，已经连续数年大量招收新员工，壮大队伍。新员工进入华为，第一眼看到的、处处感受到的就是华为的艰苦奋斗，一些人对此感到不理解，他们会提出这样的问题：华为为什么要艰苦奋斗？回答这个问题涉及另一个根本问题，那就是：华为为什么能活到今天，华为将来靠什么活下去？幸福不会从天降，全靠我们来创造，天道酬勤！这就是华为文化的形成方式，这就是华为得以成功的表现。

讨 论 题

通过阅读华为《基本法》，你有什么感触？

思考与练习

1. 组织文化具有怎样的强大功能？
2. 影响组织文化管理的因素有哪些？试举例并说明。
3. 组织文化的塑造原则是什么？
4. 员工个人如何为塑造组织文化作出实际行动？

第三节　组织文化比较

不同企业的企业文化千差万别，没有两个企业具有完全相同的企业文化。但在相同或相似的社会历史背景、民族文化传统及生活风俗习惯的影响下，企业文化也存在着共性，有着相同或相似的企业行为特点、企业群体意识和企业价值观。根据企业的地域差别和企业管理风格的差异，我们将其分为三大类。

一、美国模式——突出个人能力，强调理性主义管理

美国是一个由移民组成的年轻国家，文化根基浅，陈旧或僵化的传统不多，社会文化流派纷呈，其文化源头是基督教和新教文化。这种社会文化背景成为美国企业文化的基础，在企业中表现为重视突出个人的作用，提倡个人主义、英雄主义和理性主义，强

烈的竞争意识，强烈的个人奋斗意识和进取精神，强烈的自我驾驭生活的意识，明显的雇佣观念，淡漠的人际关系等特点。美国企业文化的核心有两条：一是突出个人能力，强调个人作用；二是重视管理硬件，追求理性化管理。

美国企业一般不着眼于集体管理，而是注重个人冒尖，把发挥个人能力作为企业管理的基本思想。这种个人能力主义的企业文化在企业管理中表现在三个方面：一是尊重个人尊严和价值；二是强调个人决策和个人负责；三是奖励针对个人，充分调动个人工作的积极性。这种突出个人能力的企业文化，确实对调动职工的劳动积极性起到了积极的作用，激励了员工的竞争意识和创新精神，减少了人际关系的摩擦以及由此产生的不必要的能量消耗。但也有负面的影响：一是影响团队合作能力的发挥；二是员工把企业当作发挥自己能力的场所，对企业没有责任感和荣誉感。

美国耐克公司在短短的二三十年时间里，由一家简陋的小鞋业公司成长为行业霸主，由鲜为人知到今天的名满天下（在美国知名度几乎为100%），耐克行销传播居功至伟，在某种意义上，是耐克传播创造了耐克神话。耐克公司在女性市场上的广告更是匠心独运、魅力无穷。耐克公司比锐步公司较晚进入女性市场，部分原因是耐克认为其气垫技术革命的广告主题是针对男士们的，如果当时反过来吸引女性，那么势必会损及男鞋市场的增长势头。当时耐克管理者曾及时纠正了在加利福尼亚进行的一些促销活动，公司认为活动超出了公司的原意。公司管理者不想损害自己作为一家技术先进、勇于创先的体育用品公司的良好声誉，沦为一个女性味十足的流行用品公司。当耐克公司在青少年市场和男性市场上牢牢站稳脚跟后，转而集中火力进攻女性市场。广告创意方案的策划者 Janet 和 Charlotte 两位女士采用自我审视的方法来了解女性的内心世界，以女人与女人的“对话”作为主要沟通手段。广告作品采用对比强烈的黑白画面，背景之上凸现的是一个个交织在一起的“不”字，广告文字富有情意，意味深长，语气柔和但充满一种令人感动的关怀与希望

美国企业文化的另一个特点是理性主义。理性主义文化追求直接、效率和准确，以生产经营活动是否符合实际、是否合理、是否符合逻辑为标准。其具体表现是：第一，求真务实，形式主义较少；第二，提倡科学合理，注重组织结构和规章制度的作用。美国理性文化一方面为提高企业效率奠定了良好的基础，但另一方面又对发挥团队作用形成了无形的障碍。由于企业只注重理性和效率，缺少感情和弹性，再加上等级森严的人事制度和各种明文规定，使得企业管理刚性有余而柔性不足，压抑了员工的情感，在企业经营出现暂时困难时缺乏必要的凝聚力。

二、日本模式——重视团队精神

日本国土面积非常小，没有丰富的自然资源，而战后经济飞速发展，一跃成为仅次于美国的第二大经济强国，成为东亚经济奇迹的象征。从历史的角度看，这不能不归功于欧美的科学技术与中国传统文化的结合，但也与日本能够吸收外来科学技术并与日本民族传统文化有机结合有关。日本企业文化的精髓就是团队精神。

日本是一个传统上的农耕民族，种族单一，受儒家文化的影响较深，具有长期的家

族主义传统，以及较强的集体合作意识。日本的家族主义传统和与之相联系的团队精神就渗透在企业管理的各种制度和习惯中，使企业全体员工结成一个共同体，员工与组织“共存亡”。职工与企业间保持着较深厚的关系，职工对企业忠诚信奉，对企业有着非常强烈的归属感。

但是，正是因为日本企业把培养团队精神视为企业的灵魂，所以也存在负面影响，会出现文山会海、效率低下的现象。近年来，越来越多的日本青年对企业中论资排辈的现象不满，团队精神也大不如以前。而且受西方文化的影响，新一代年轻人开始追求个性自由和个人能力。为适应这种变化，很多日本企业开始反思各种管理方式，在强调团队意识的同时，开始注意突出个人能力因素。但是，这种以团队精神为核心的企业文化源于日本民族文化传统，有深刻的历史渊源，不可能被轻易否定。

日本索尼公司重视科学技术，索尼的创建人深知科学技术的重要性，该公司创立宣言确定，“公司的宗旨是迅速地将战时各种非常进步的技术应用到国民生活中去”，“及时地把各大学和研究所等最有应用价值的优秀研究成果变成产品和商品”。此外，他们还大力引进国外先进技术，如引进美国技术，在日本率先生产出半导体收音机和磁带录音机，花了2.5万美元（在当时是一笔巨款）购买了美国半导体晶体管的专利权。人尽其才，索尼公司为了充分发挥科技人才的积极性和首创精神，他们推行一种独特的用人制度，即允许并鼓励科技人员根据自己的兴趣、爱好和特长，“毛遂自荐”去申请各种研究课题和开发项目，允许他们在公司各部门、各科研组之间自由流动，各部门领导不得加以阻拦。索尼公司认为，一个人老在一个地方，会因为成功、过于自信而失去创造力，而那些不安于现状、不墨守成规、敢于在各科研组跳来跳去的人，最具创造精神，能激发竞争，增强科技队伍的活力，很多新产品都是他们开发出来的。例如，笔记本式电脑就是34岁的工程师平山“毛遂自荐”到英国考察后开发成功的。这种灵活的用人机制，使许多年轻的科技人才脱颖而出，成为课题负责人，或担任了公司重要职务。不断创新是索尼企业文化的重要内容，也是成功的要诀。公司创建人曾说：“索尼成功的关键是在科学技术、管理、销售等方面不盲从他人，永远不跟在别人后面。”“我们的一贯做法是独出心裁，发前人之未发”。现在索尼每年推出约1 000种新产品，平均每个工作日4种。在管理方面，索尼也一改以往从名牌大学招聘大学生的传统做法，而采用对毕业生来源“不准问、不准说、不准写”的招聘方式，客观、公正地评价应聘者，广招天下英才，增强企业活力。索尼公司从总裁、总经理到每一位员工，都一视同仁，互相敬爱，互相尊重。上班时间，大家都穿一样的夹克衫，在不分等级的餐厅里一起就餐，像一个融洽的大家庭。索尼公司的高级主管、各厂厂长都没有单独的办公室，而是与工人们在一起，以便尽快地认识、熟悉他们。

三、华人模式——东方家族式管理

由于历史、政治等多种原因，在这些华人华侨中，中国传统文化保留得最为完整，他们兴办的企业在经营管理的方式方法上有鲜明的民族特色，如北京同仁堂。在他们的企业内部形成了独具特色的企业文化。其主要表现为：深受中国传统儒家文化的影响，东方家长式的企业管理，重视社会道德力量。

北京同仁堂是中药行业闻名遐迩的老字号，中药业的第一品牌，创建于清康熙八年(1669)，创始人乐显扬。清雍正元年（1723）同仁堂开始供奉御药房用药，享受皇封特权，历经八代皇帝，长达188年。300多年来，同仁堂把“炮制虽繁必不敢省人工，品味虽贵必不敢减物力”作为永久的训规，始终坚持传统的制药特色，其产品以质量优良、疗效显著而闻名海内外。客为导向一直是同仁堂的信条，多年以来同仁堂抱着“同修仁德，济世养生”的堂训，不断开发新品种，已经拥有了乌鸡白凤丸、牛黄清心丸、大活络丹、安宫牛黄丸等许多优秀的药品，并且涉及营养保健品、药膳餐饮、化妆品、医药机械且提供有关的技术咨询、技术服务等等。这些都是适应了患者的需求，所以才能获得发展。2000年10月在香港成立了同仁堂和记（香港）药业发展有限公司，为同仁堂产品进入国际主流市场迈出了关键一步。1993年以来，同仁堂相继在香港、马来西亚、英国和澳大利亚开设了分店，与泰国合资组建北京同仁堂（泰国）有限公司。同仁堂科技上半年分拆至香港上市后，公司表示将以科技为先导，以中药现代化、国际化为目标，利用国内外先进技术进行中药产品的开发和引进，实施国际化的先进管理，进行现代化的市场运作，使自身更具国际竞争力。通过上述一系列的运作，同仁堂已经成为一家现代化的跨国公司。

华人企业的企业文化灵魂是中国传统的儒家和道家文化。儒家思想是入世的，于是华人办企业就有实业救国的理想，有经世致用的愿望；儒家思想讲究和为贵，华人企业家把选择人、用人看作企业经营好坏的关键。道家文化是无为的，但道家对辩证法的运用出神入化，有无为、以柔克刚、以屈求伸、以退为进的主张。以儒道两家为主，加上兵家的策略，就形成了华人企业精神的主导。所以遍布海内外的华人企业有两大特点，一是有雄心大志，勤劳肯干，成为当地的经济命脉；二是华人企业重视仁和的因素，形成家族式管理，并且讲究经营策略。亚洲“四小龙”的发展与中国传统文化是密不可分的，这也是华人企业成功的重要原因。

华人企业的另一个重要文化是企业家族化。大多数华人企业家都是一些仁慈的家长式领导人，具有许多家长式的特征。他们大都是企业的创业者，经过艰苦奋斗才赢得了成功，他们将自已视作企业的永久代表，而将企业的管理看作个人价值观念和行为准则的延伸。在用人方面，不一定以客观标准来衡量，而是直接培养任用子女或亲属，不信任外人。由此，企业管理中就不存在组织机构的上下级关系，而是晚辈对长辈的遵从关系。即使进行企业规模扩大和企业制度创新，需要引入其他股东投资，华人企业一般也极力谋求控股，以保持家族对企业的控制。家长的专制与慈爱、亲情与相残等现象在华人企业中交织在一起，都成为独特的家族式企业文化。

华人企业第三个重要文化就是重道德表率、重人情，轻制度、轻实效。大多数华人都白手起家，在成功之后依然保持勤劳节俭、谦逊朴实的作风，成为员工的道德楷模。企业家也以此为荣，经常以亲身经历来要求鼓励职工。职工品行最重要，能力再强的职工一旦品行不端也难以被企业容忍。在华人企业中，企业关系较为复杂，家族成员的亲朋好友在企业中构成了纵横交错的关系网。随着经济的发展和社会的进步，华人企业文化的局限性也暴露出来，封建家族观念制约了华人企业的发展。

经典案例

韩剧《大长今》品牌铸就之术

2003年末至2004年初，由李秉勋执导、李英爱主演的长篇历史剧《大长今》在韩国MBC电视台一经播出，迅速刷新了多项纪录，最高收视率曾高达50%以上，并在国内外屡获殊荣，《大长今》被誉为一部真正意义上的韩国国民电视剧。

2005年初，香港无线电视台（又名翡翠台TVB）引进该剧并在台里播出，播出后便引起了社会各界的关注，热播期间香港翡翠台的收视率不断攀升，由此而来广告收入显著。"大长今"综合效应不断扩散，一切关于《大长今》的纪录片、动画片、专题片及其他音像制品热销，内地电视台抢夺《大长今》播放权日趋白热化，粤港台三地还掀起了《大长今》美食养生热，韩国料理的餐馆如雨后春笋般出现在南国街头，"中医热"一浪高过一浪，"韩国文化"及韩国服饰备受吹捧，墙内开花，里外都香，不仅在南中国《大长今》深入民心，而且在韩国也出现了大量"韩国传统文化新娘培训班"，专为准新娘传授韩国传统的文化，当然包括饮食方面的！值得一提的是，拍摄《大长今》的处所已经成为旅游观光的风景区，粤港台旅行社纷纷推出"大长今"体验文化游路线。而在国外，《大长今》同样火爆，日本NHK电视台将《大长今》重新剪辑，播出长达一年；美国芝加哥电视台破例首次播放韩国古装剧，芝加哥的中产阶层们每周六晚聚集于咖啡馆，集体观看《大长今》，《大长今》沙龙人气火爆。霎时间，《大长今》这一文化品牌迅速飙升，引领全球！

《大长今》为何如此炙手可热、风靡全球，在短时间内其品牌如何迅速成就？

市场研究：知己知彼、准确把握

该剧策划、创作、拍摄、发行人员在拍摄《大长今》前，想必对全球，特别是中国的电视剧市场经过了一番研磨，对中国文化的"劣根"性（如在一定程度上抑制了人们求"真"即自然科学知识的欲望；忽略了个人和自我的价值；造成了人格的某种缺陷等）潜心研究，并对中国的电视剧消费市场了如指掌，深谙由于意识形态的差异，目前中国的影视宣传还有许多禁区，针砭时弊的现实题材剧多被"枪毙"，因而在中国充斥黄金时段的电视节目尽是些传统宫廷剧，其中又以清宫戏为主，而中国宫廷剧最大的"死穴"，在于缺乏艺术性与其商业价值双向的互动，市场化运作程度不高。其实，他们也深知中国是不乏优秀的电视连续剧的，光拿《三国演义》、《水浒传》、《西游记》、《红楼梦》四大名著改编的电视连续剧就足以称雄世界！

然而，中国的电视剧市场都是"半吊子"的单打一，"四流的发行、三流的导演、二流的剧本、一流的演员"，也就是说出品、包装、策划、发行都各做各的，脱节、错位、断层互不匹配，从而导致了叫好不卖座、卖座不看好的局面！而且还存在阻碍其市场化的"三大误区"：一是故事情节过分猎奇、人物形象塑造"酷毙"方罢；二是盲目追求雅俗共赏、老少皆宜；三是极尽媚俗之能事，缺乏应有的生活内涵。

在对中国影视市场分析研究准确把握的基础上，他们对自身的"短板"也有充分的认识——韩国文化师承中国文化，特别是"饮食和医学"深深打上了中国文化的烙印，双方存在着很大的差距，文化根基浅、缺乏自主原创性无形中就成为韩国文化的劣势。就拿中医来说吧，“根在中国、日本开花、韩国结果、美国收获”，如何扬长避短、推陈出新，就成为《大长今》品牌塑造成败的关键（因为该剧“食+医”两大主线无不浸透饱蘸深厚的中国文化）。

经过深刻分析，擅长“营销”、品牌塑造的韩国导演们及其他相关人员明确了自身的“优势”：品牌战略、传播策略、市场运作、推广手段等，他们瞄准了中国影视市场的空白，扮演“追随者”、“补缺者”的角色进行侧翼攻击抢占市场，并确立了其市场战略意图：通过《大长今》的品牌打造，确立韩剧的市场地位，进一步带动韩国文化传播。

产品包装：适销对路、有的放矢

《大长今》具有以下卖点：

差异性：用中国文化做“馅”包装起来的宫廷剧无异于旧瓶装新酒，好拍要叫卖就困难，而其“出品者”也意识到必须有陌生化、差异性的“卖点”。韩剧《大长今》一改中国宫廷剧那种要么金戈铁马、气势恢弘、刀光剑影、惊心动魄，要么主题贫血、思想苍白、剧情枯燥、翻来覆去、说三道四、调侃嬉戏等等弊端，通过不愠不火的“小家百姓”料理“君王起居”（包括日常饮食、养生之道）的写实手法来表现历史，看似平淡，实则暗流涌动、环环相扣，极度扣人心弦。霎时间从中外宫廷剧的丛林中脱颖而出、一枝独秀。而中国的宫廷剧千篇一律，唯独差异的就是朝代不同！

可选性：好马配好鞍，一个好的产品必须要有几项过硬的“核心功能”。《大长今》里头除了“主心骨”大长今外，另一大“核心功能”就是其他演员，《大长今》之所以演“活”了，这与整个演员队伍的通力合作是密不可分的，该剧一改“一枝独秀”的做法，让每位演员各得其所，各唱各戏，由头至尾塑造的有血有肉、有名有姓的人物就多达几十位，其中主要人物就有16位，分为忠邪以及中立派三类，他们在戏里一直都扮演着很重要的角色，直至剧终，每一位“配角”都全心全意地尽情发挥，兵团作战，联袂上演了一出感天动地、超凡脱俗的历史剧。而正是由于有了他们的配合，长今才能出污泥而不染，万绿丛中别样红！也正是由于各个年龄层的演员八仙过海齐上阵，让老中青少观众能对号入座，各取所爱。而中国的《铁齿铜牙纪晓岚》，演来演去无非就是纪晓岚、和珅和乾隆，怎能让老百姓有“认领”所爱的选择？

能动性：《大长今》为“引进者”留有很大的“可加工地带”，各国可以根据自身的需要，对其中的主题曲、插曲、配音进行本土化的提炼、民族化的再加工和再包装，也可以改编成为歌剧（如由汤灿演唱的大长今内地版主题曲《呼唤》）、动画片。香港翡翠台（TVB）在引进《大长今》后就进行了韩剧汉化的艺术包装，除了重新用粤语为该剧配音外，更令人赞叹的是，它还为所引进的《大长今》谱了曲、添了词，如由我国著名词作家林夕填词、陈伟谱曲、陈慧琳主唱的主题曲《希望》（粤语版），还有于光中填词、陈伟谱曲、张韶涵演唱的插曲《娃娃》（国语版）以及由林保怡演唱的片尾插曲《思念》等。

实用性：《大长今》把民众喜闻乐见的饮食、医疗题材糅入剧中，贴近百姓的日常生活，具有浓郁的家庭气息，观众们可以从剧中学到许多实用的烹饪常识和养生之道，便于边学边用、活学活用，这种家庭式的定制，弥补以往宫廷剧脱离老百姓生活太远的缺陷，同时也扭转过去类似“方太”那种单一说教烹饪节目的苍白、枯燥。

体验性：看了《大长今》，观众们可以动手学几手厨艺、学习一些医术尝试养生之道，同时还能买几套韩国服饰感受一下韩国文化，有条件的还能到韩国大长今的拍摄现场感受。

教育性：《大长今》这一文化产品具有以下的综合效用：①提高审美的、愉悦的、情感的体验；②获得信息、知识和思维能力（学学长今如何在饮食或行医时克服重重困难、寻求解决的办法）；③减轻由个人、职业或社会问题带来的压力；④密切与家人和亲朋故旧的联系。

延伸性：主打产品是电视连续剧《大长今》，而附加产品则是“韩国文化”，包括“长今”菜、长今音像制品、韩国游及韩国服饰等等。能很好地满足消费者各方面的延伸需求。

增值性：《大长今》成为名牌符号后，与其相关的一切（包括珍藏品）都成为“名牌”，都有升值的可能。

市场定位：环环相扣、互为引擎

《大长今》主攻华人市场以及受中国文化影响的区域市场（如新加坡、马来西亚等东南亚国家），其市场划分为四个等级：

一级市场：中国大陆。中国幅员辽阔，电视观众过亿，文化消费市场潜力巨大，而目前中国文化市场整齐划一、文化产品营销力不强，几乎是自产自销，国际化运作程度较低，相对而言准入门槛不高，比较容易以低成本抢占。同时，中国文化源远流长、辐射面广，有电视的地方就有华人，征服这一市场就等于赢得了全球市场。因此《大长今》先由外围的港台发功，然后波及中国内陆，香港无线电视的热播效应，确实证明了这一事实。

二级市场：全球华人散布的区域及有中国文化根源的外籍华裔聚居地。他们不论是否有血缘关系，也不论是否深受中国传统文化熏陶，都与中国大陆有着千丝万缕的联系，而且不争的事实是他们不论经商或从政，在当地都具有一定的影响力，都能在一定程度上引领当地的文化消费时尚。而微妙的是一级市场启动了，二级市场自然打开，几乎不需要任何营销成本。

三级市场：欧美市场。二级市场启动之后，欧美市场也相应开启。

四级市场：受欧美国家文化影响的世界其他国家（包括宗主国、移民国家在内），包括第一、第二、第三世界在内的国家。

总之，一级市场是核心层，二级市场是“影响层”，三级市场属“扩散层”，四级市场属辐射层，通过韩国策动、港台开启，一生二，二生三，三生四，四生全球。需强调的是《大长今》从现在起算至少有3～5年的市场规划发展期，中国市场是个长远的市场，而欧美市场是明天的市场，待中国市场成熟饱和时，其会上升为一级市场，而《大长今》采取“边开发、边培育”的开发战略，力争做到开发一个、存活一片，成熟一个、收获一片的地步。

营销渠道：强强联手、优势互补

《大长今》在区域选择、代理商选择、营销模式以及代理费用等方面也是下足了工夫的，它前期首先确定了中国香港和台湾、日本、美国等地作为代理的区域，而这些地方都是华人聚居地，与《大长今》文化的欣赏消费习惯比较吻合，且上述地方也是全球影视的“好莱坞”、“梦工厂”，作为影视资源的集散地，具有极强的辐射扩散功能。

1. 文化营销：未雨绸缪、事先预热

令人称奇的是，独具匠心的香港翡翠台（TVB）在购进韩剧《大长今》时就精心安排播出了一部港式宫廷剧《金枝玉孽》，该剧热播后备受观众喜爱，从而吊起了观众对宫廷剧狂热期待的胃口。而后无线特别安排在《金枝玉孽》中扮演御医的林保怡赴韩拍摄《娓娓道韩风》，介绍韩国皇室的生活习性，给观众热身，同时在无线每晚7：30的《娱乐大搜查》中持续进行详尽的韩国历史、文化概述，着重围绕大长今生长的历史年代展开宣传，主要介绍当时的宫廷生活（包括官阶）、朝鲜的饮食文化、朝鲜与明朝的关系及历史渊源。并对《大长今》里头的主要演员李英爱（饰演大长今）、池振熙（饰演闵政浩）、梁美京（饰演韩尚宫）、甄美莉（饰演崔尚宫）、赵真（饰演童年长今）等进行逐一介绍，主要介绍韩国演员的教育背景、演艺生涯及演技，让粤港澳台的观众对韩国演员（老中青少四代都有）有一个大致的了解，让中国老中青少观众对号入座，各取所爱，并相应地对他们产生较高的期待视野。选好“点”（捕捉并挖掘潜质好的韩国演员重点宣传）、定位“准”（韩国演员各自代表的身份及身后的文化）以及“点对点”（演员与观众配对）的“文化营销”为成功营销该剧奠定了基础。

2. 关系营销：艺员互动、娱乐嫁接

而《大长今》剧组的主要成员李英爱更是马不停蹄地在世界各国的演艺圈登台亮相，接受世界各国电视娱乐栏目的专访，并通过演艺圈的朋友扩大该剧的影响范围。李英爱与香港艺员梁朝伟、陈慧琳、林保怡等关系就很不错。为此，香港翡翠台（TVB）采用了明修栈道、暗度陈仓的手法，承前启后，将预热阶段的韩国演艺圈的“伏笔”导向播出阶段的香港娱乐圈，巧妙嫁接中韩演员胜利“会师”（韩港演员的交流互访活动），同样在每晚的7：30 的《娱乐大搜查》中总少不了介绍《大长今》的收视率，香港著名歌星陈慧琳、主演《金枝玉孽》走红的演员林保怡以及历届香港小姐等备受内地喜爱的演员都先后赞誉《大长今》。更令人叫绝的是，香港翡翠台走下台去实现了普通观众之间的“融合”，扩大了娱乐影响面。在每晚的《娱乐大搜查》中播放随街采访的追着收看《大长今》各行各业的人士（他们当中有大学教授、商人、家庭主妇等）的现身说法及观感，并播放在茶楼酒肆随机拍录“食客们”边吃边看《大长今》的狂热场景。这样一来，就构筑了点线面结合立体宣传的攻势。

3. 体验营销：台上台下、感同身受

“距离”能产生陌生的美感，但陌生的距离有时也会妨碍审美，为了消除“审美障碍”，营造“熟悉的陌生”的审美氛围。《大长今》每晚在香港翡翠台（TVB）播出的时间是10点钟，而在开播前5分钟，“导游”香港艺员林保怡总要带观众到韩国《大长今》拍摄的现场感受一番，扼要介绍一下当晚要播出的剧情的内容：一道菜、一个处所或某种食料或某方面的养生常识，“导游”画龙点睛般引人入胜的讲解再次刺激了观众“味觉”、激发了观众的兴趣，为几分钟后正式播出的《大长今》煽风点火！

《大长今》播出进入尾声时，香港翡翠台（TVB）先后邀请了韩尚宫、崔尚宫、闵大人、郑尚宫、小长今等韩国演员赴港促进韩港文化交流，与当地的观众见面联谊；香港翡翠台（TVB）还邀请饰演郑尚宫、小长今的演员参加TVB举办的《大长今》之夜晚会，并为香港的韩国餐饮文化活动剪彩。在《大长今》里扮演重要角色的韩国演员“前仆后继”赴港，再次掀起了《大长今》热，勾起了观众们对《大长今》的无限眷恋和铭刻在心的恒久记忆。尔后，翡翠台拿出了杀手锏，《大长今》的饰演者李英爱千呼万唤始出来，翡翠台为她专门举行了“大长今驾到”专题晚会，把高潮推向极致！可谓剧终人聚，好戏连台！

4. 政府营销：文化搭台、经济唱戏

专业人士认为，香港无线的成功还归功于善于谋求政府支持，将企业行为升格为社会公益的举动。香港是全球繁华的商业之都、购物天堂，而2003年的“非典”后遗症严重阻滞了香港的经济发展，为了给香港经济带来新的发展契机，香港无线电视台想到移植日渐盛行的韩国文化来港，而作为韩国文化缩影的《大长今》，无形中会成为韩港经济文化沟通交流的“信使”。无线台的想法得到了香港贸易发展局的响应，同时通过香港政府的牵线，获得韩国相关经济组织的支持，通过《大长今》架设两地商贸桥梁，也为《大长今》宣传营造了良好的经济氛围。

总之，香港翡翠台（TVB）采用了点线面结合的立体宣传攻势，以及台上台下呼应的文化经济活动，成就了《大长今》在内地综合的品牌价值和社会效应！

品牌效应：深入持久、不断增值

当时，在内地一部《还珠格格》卖出了55万元人民币一集的天价，让制片商、发行商、后电视产品生产商大发其财，一时间与“格格”有关的一切都成了抢手货，但也出现了孩子学“格格”闹出大祸，家长要状告“格格”制作者的事情。

而《大长今》却能很好地规避那种只图市场利益而无社会综合效益的缺憾。

《大长今》的品牌效应催生了三部分价值：

第一，市场价值。即来自《大长今》及其相关产品的市场回报，据韩国MBC电视台透露，《大长今》目前在韩国国内外播放以及复制的发行权，到2005年6月底为止，已经为他们盈利333万美金。其中湖南电视台以近2 000万的高价，买断了《大长今》的内地版权，创下了海外剧目在中国的最高版权价格纪录。另外其推出的电视剧相关小说、相关导游手册以及《大长今海苔》、《大长今泡菜》等食谱也广受好评。据MBC电视台透露，他们还计划推出《大长今》的动画片。

第二，品牌价值。就是升华为品牌后的无形资产，这方面的市场价值更是不可估量。

第三，社会价值。《大长今》再次掀起韩国的“衣风”（韩国服饰，上绿下蓝的韩服已成为大长今的符号）、“食风”（韩国餐馆火爆）、“医风”（各地掀起中医热）、“学风”（该剧具有显著的社会教育价值）、“游风”等。特别是游风更是劲吹，负责拍摄该剧的MBC电视台将位于首尔近郊的拍摄现场保留包装成占地约2 000平方米的“大长今公园”，游客络绎不绝，还有该剧主要拍摄地——韩国全罗南道的乐安民俗村、智异山、潭阳潇洒园等都成为韩国游的热点，而且令人叹服的是，世界各国旅行社都专门开辟了“大长今”精品路线游。与此截然相反的是，中国许多影视城在完成其拍摄使命后大都“寿终正寝”，鲜有能发挥社会商业价值的！

如今，《大长今》无疑已成为中外影视界一个响当当的品牌，其知名度、美誉度还在不断攀升，其名利双收的营运模式及宣传手法，值得内地影视机构借鉴。

案例分析

由于各国的政治、经济、文化、风俗习惯等原因，各个国家有自己的文化特征。为了迎合本国的顾客，各国企业也必然刻上本国文化的烙印，我们通过对各种文化的比较，首先要明白不同国家企业文化的冲突问题，但更重要的是要懂得如何融合各国文化，使企业得到更大的发展，这是我们的最终目的。如何进行冲突管理，使移植得以成功？案例中文化的完美结合，为我们提供了强有力的借鉴。

讨论题

案例中的企业是如何把本国企业与中国文化结合在一起的？中国文化是如何接受的？韩国文化与中国文化有什么异同？

思考与练习

1. 美国文化有什么特点？
2. 日本文化有什么特点？
3. 你还知道哪些国家的企业文化？是怎样的？
4. 中国企业能从美国、日本文化中汲取哪些营养？

第八章

成功组织构建

知识结构图

- 成功组织构建
  - 共同愿景的构成
    - 成功组织的含义
    - 共同愿景的含义
    - 共同愿景的效用
    - 共同愿景的构成
  - 建立共同愿景的方式途径
    - 构建共同愿景的基本原则
    - 构建共同愿景的基本方式
    - 构建共同愿景的基本途径
    - 构建共同愿景的基础及步骤
    - 构建共同愿景应注意的问题

学习目标

（1）了解构建共同愿景的途径和步骤。

（2）理解共同愿景的构成部分及构建基础。

（3）掌握成功组织构建的含义及必要性。

一个组织是由众多成员组成的，组织的资源配置过程是全体组织成员一起参与的过程。尽管进入组织的成员都承诺要遵守组织运作的规则，为组织目标的实现尽力，但组织的成员仍然带有各自的其他目的和要求，在组织实际运作过程中，他们各自的其他要求有时还会与组织的既定目标与管理目标等产生矛盾和冲突，这些矛盾和冲突有时甚至会对组织的运行产生重大影响。要解决这些问题，增强组织成员的凝聚力，从而使组织成员为组织目标的实现极尽其能，这既是组织提高有限资源配置效率的要求，也是提高组织竞争生存能力的必要，对于组织管理者来说，要想成功构建组织，解决这些问题的首要方式是在组织内设置共同愿景，以此作为实施有效管理的契机。

第一节　成功组织构建——共同愿景的构成

一、成功组织的含义

杨斌写的“成功企业的9个奥秘”这样阐述成功组织：“在过去四五年中，我们研究了国内的领先企业，包括在中国的外资企业，研究他们之所以领先的奥秘，目前总结为九个方面，概括为：中的精神、变的战略、强的领袖、家的组织、融的文化、和的环境、学的创新、搏的营销、苛的运营。

先讲变的战略，关于战略的管理教科书上都会谈到，然而我们看到，这些成功企业的蓝图，都有着非常强的权变性，这是由过去30年，中国特殊的国情、特殊的格局所决定的。

强的领袖，在我们的研究对象中，成功的企业毫无例外地有一位或者两位领导者长期任职，长期布局，长远思考，长久影响。

家的组织，这个家和美国人所理解的家不一样，理解成其乐融融是不对的，这是尊卑长幼分明的家。

融的文化，咨询公司设计的往往留不下来，成功留下来的文化，往往是一把手、创始人建立的。文化中间多多少少包含理想驱动的色彩，太务实的文化，人们刚开始会认同它，但会很快淡化。我们的观察是，文化应该有一定的理想色彩。

和的环境，中国的企业家不懂政治成不了企业家，但是不能玩政治。懂政治是前提，怎么去处理好‘离不开靠不住’的关系，这是很多企业家成功非常重要的一点，当然，还包括怎样和同行、上下游处理好共赢的社会系统。

学的创新，它的特点是标杆模仿与整合再造相结合。另外从创新的角度来说，党中央号召自主创新，我们的研究发现，成功企业的经验是以学习和模仿、拆解基础上的再造作为最重要的方式，我个人认为自主创新一定不能意识形态化。

搏的营销，营销在中国成了一个草根到极致的战争爆发，中国的很多企业在没有经历很漫长的传统营销方式的基础上，就遇到新型的营销方式，有很多的企业创办没多久，就接触了互联网和信息系统，有了今天精准营销的特点，这个很有意思。

苛的运营，中国的劳动力不是多不多的问题，而是在劳动权利方面，在过去多少年当中，让位于资本，或者让位于管理。当然苛的另一个原因，是日韩企业包括中国台湾企业，在很多方面给了本土企业家启发。

倒回来是中的精神，英文有个词叫平衡，跟一些欧美的企业家相比，中国的企业家在探讨他的决策中，左和右是冲突点和矛盾点，他要把两样事情都做好。对环境的态度来说，成功的企业家和初出茅庐的企业家越来越了解内部环境和外部环境，以及企业家本身和企业本身，我们称为互动的关系：在适应大环境的基础上，设法去影响大环境，但是不要去挑战大环境，不要扮演先驱和先烈的角色。中的精神我们的研究对象就是柳传志先生，所谓的有理想但是不理想化，这是中的精神的代表。”

综上所述，成功组织就是在某个行业或领域内通过进行资源整合和优化，能够不断实现其目标、创造新价值和可持续发展的组织。成功的组织最终表现为企业运行的效率高，目标易于实现，而表现在现状和过程上主要为人员精简、部门配合协调、信息通道顺畅、较少的信息传递失真等等。

为了成为成功组织，企业必须齐心协力，构建共同的愿景。

二、共同愿景的含义

愿景是由英文“vision”翻译而来。目前对“vision”有愿景、远景、景象等多种译法，但均不如“愿景”更能够贴切地反映“vision”的原意。愿景包含着两层内容：其一是“愿望”，指有待实现的意愿；其二是“景象”，指具体生动的图景。在解释愿景时，西方有本教科书曾用了一幅漫画，画中一只小毛毛虫指着它眼前的蝴蝶说，那就是我的愿景。可见，愿景是一个主体对于自身想要实现目标的具体刻画。因此，共同愿景（shared vision）是指组织成员普遍接受和认同的组织的长远目标。共同愿景阐述了人们希望达到什么目标，是他们就所能达到的理想的未来状况形成的概念。共同愿景不同于一般的短期目标，它往往更为笼统，描绘了一幅更远大的前景。

组织的战略是描述组织未来发展的行动方案，换句话说战略方案本身描述了组织未来的一种景象，从这个意义上看，组织战略能不能算是组织的共同愿景呢？组织的精神表达的似乎是组织成员共同需要的产物，表明了一定组织的一种价值取向，这能不能算是组织的共同愿景呢？某一个创新的想法，某一个绝妙的主意，对组织而言可能非常重要，这又算不算是组织的共同愿景呢？

准确来说，组织的战略、精神、创新想法都不能算是组织的共同愿景。所谓组织的共同愿景是指组织中所有成员共同的发自内心的意愿，这种意愿不是一种抽象的东西，而是具体的能够激发所有成员为组织这一愿景而奉献的任务、事业或使命，它能够创造巨大的凝聚力，进而使得企业成功构建组织。组织共同愿景的这一概念实际上包含以下几层含义：

（1）组织共同愿景所表示的一种景象是组织未来发展成功的目标、任务、事业或使命。它不一定包含具体的行动方案，但它一定是比较具体的，未来通过努力是可以实现的。如果这种景象虽然描述得十分漂亮宏伟，但无论如何都达不成的话，那么这种景象就难以成为激发组织成员为之努力的内在力量。反之，如果这种景象描述得并不十分宏伟，但大家争取一下便可实现，那么它反倒成了激励的力量。

（2）组织共同愿景是全体成员共同的发自内心的愿望。每个组织成员都有自己的个人愿望，在这样的愿望中，有许多是不相一致的，也有许多是一致的，但在这许多的一致中未必能表达出组织的根本利益，因此，构建这样一种共同的发自内心的愿望就显得比较困难。

（3）真正的共同愿望能够使全体成员紧紧联结在一起，淡化人与人之间的个人利益冲突，从而形成一种巨大的凝聚力。只有当人们致力于实现某种他们常常关心的事业时，他们才会忘掉自己的私利，才会不顾一切地团结。

三、成功组织构建的必要性——共同愿景的效用

共同愿景可以唤起人们的希望，特别是内生的共同愿景。工作变成是在追求一项蕴涵在组织的产品或服务之中、比工作本身更高的目的。

苹果电脑使人们透过个人电脑来加速学习，AT&T 借由全球的电话服务让全世界互相通讯，福特制造大众买得起的汽车来提升出行的便利。这种更高的目的，可以深植于组织的文化或行事作风之中。企业中的共同愿景会改变成员与组织间的关系。它不再是“他们的公司”，而是“我们的公司”。共同愿景是使互不信任的人一起工作的第一步，它产生一体感。事实上，组织成员所共有的目的、愿景与价值观，是构成共识的基础。心理学家马斯洛晚年从事于杰出团体的研究，发现它们最显著的特征是具有共同愿景与目的。

具有上述内涵的组织共同愿景的概念，表明它的非同一般，这可以从其效用中具体体现出来。

（一）孕育无限的创造力

由于组织的共同愿景是组织全体成员发自内心的愿望，并由此产生了对全体成员永久的激励，如果全体成员真正把这一共同愿望当作自己努力的方向，那么此时此刻全体成员就会真正发挥出无限的创造力。

在学习了美国的企业管理方法手段之后，日本企业曾创造了许多新的管理方法，开发拓展了巨大的国际市场。这些成功给人以莫大的启示：日本企业在确立企业管理模式时注重全体成员的集体主义观念，把全体成员融为一个大家庭，结果员工们把企业看作自己的家，使得成员们有了创造力的持久激励源，尽管日本的企业尚未明白共同愿景为何物，但现实中它们确实在向这方面努力，因而也铸就了日本企业不可战胜的神话。

（二）激发强大的驱动力

无数的事实可以证明这么一个真理：如果没有一个强大的拉力把人们拉向真正想要实现的目标，维持现状的力量将不堪一击。事实上一个共同愿景通常指建立一个高远而又可逐步实现的目标，它引导人们一步步排除干扰，沿着正确的方向到达成功的彼岸。好的共同愿景可以产生强大的驱动力，驱动组织的全体成员产生追求目标愿景的巨大勇气，从而把这种勇气转化为自己发自内心的行为动力。

可口可乐公司拥有永远要做软饮料世界第一的共同愿景，对可口可乐公司的成员的确产生了巨大的驱动力，我们可以从他们身上感受到一种作为可口可乐一员的自豪和自家亲人的亲切感觉，我们也体会到了他们要做得比百事可乐更好的巨大愿景与勇气，而这种精神面貌在一般的企业是很难感受到的。

1961 年肯尼迪总统宣示了一个愿景，它汇集许多美国太空计划领导者多年的心愿，

那便是：在十年内，把人类送上月球。这个愿景引发出无数勇敢的行动。另外，共同愿景培育出承担风险与实验的精神，就如赫门米勒家具公司的总经理赛蒙所说："当你努力想达成愿景时，你知道需要做哪些事情，但是却常不知道要如何做，于是你进行实验。如果行不通，你会另寻对策、改变方向、收集新的资料，然后再实验。你不知道这次实验是否成功，但你仍然会试，因为你相信唯有实验可使你在不断尝试与修正之中，一步步接近目标。"

（三）创造未来的机会

共同愿景是全体成员发自内心的未来欲实现的愿望或景象，这种具有未来特性的愿望与景象实际上为组织未来发展提供了机会。系统科学已经向我们证明，许多短期不错的对策可能会产生长期的恶果，而采取消除组织近期不良症状的对策，可能会导致人们舍本逐末的倾向，就好像如果对产品的价格大战不加以限制的话，实际上将导致社会资源配置的低效益。因此，现代组织的共同愿景是要给定组织一个长远的经得起推敲的未来，而这种未来也应该充满了挑战和风险的机会。

如果没有共同愿景，将无法想象 AT&T、福特、苹果电脑等怎样建立起他们骄人的业绩和成就。这些由他们的领导人所创造的愿景分别是：裴尔想要完成耗时 50 多年才能达成的全球电话服务网络；福特想要使一般人，不仅是有钱人，能拥有自己的汽车；杰伯斯、渥兹尼亚以及其他苹果电脑的创业伙伴，则希望电脑能让个人更具力量。同样，日本公司若不是一直被一种纵横世界的愿景所引导，也无法如此快速地崛起。例如，佳能从一无所有到 20 世纪 90 年代即赶上施乐复印机的全球市场占有率；本田公司也在全球市场获得了成功。其中最重要的是共同愿景所发挥的作用，这些个人愿景被公司各个阶层的人真诚地分享，并凝聚了这些人的能量，在不同的人之中建立了一体感。

四、成功组织构建——共同愿景的构成

（一）共同愿景的组成

组织共同愿景有如此大的效用，那么一个良好共同愿景一般包含哪些组成部分呢？一个优良的共同愿景具体由以下四个部分组成：

（1）景象。所谓景象就是未来组织所能达到的一种状态及描述这种状态的蓝图或图像。该景象应具有以下气魄和诱人的特性：它应该给人以希望，给人以激动，而不应该空话连篇，正是如此，景象才能成为全体成员发自内心的共同愿望，也正因为如此，景象才能产生于全体成员的个人愿望之上。

（2）价值观。此处的价值观是指组织对社会与组织的一种总的看法。例如，松下认为其企业从不追求利润，利润只是社会给企业的一种回报，这就是松下的价值观，在这种价值观的引导下，松下公司有不同于其他企业的追求。如果企业的价值观是个人奋斗第一，那么将引导成员互相竞争从而抛弃合作，沉溺于斤斤计较的行为方式。从某种

意义上说，价值观不同，追求的景象就会不同。

（3）使命。所谓使命是指组织未来要完成的任务过程。使命代表了组织存在的根本理由，例如宝钢人的使命就是要把宝钢建成世界一流的钢铁联合企业，也就是说宝钢人因为这个使命的存在而存在。使命应令人感到任重道远，令人具有自豪感，而这又与景象和价值观相关。没有良好的景象，使命感就会消失；没有良好的价值观，使命感就不会持久。就好像若把追逐金钱看作唯一的价值追求的话，当已经拥有很多金钱时，使命感就会淡化。

（4）目标。这里的目标是指组织在努力实现共同愿望或景象过程中的短期目标，这种短期目标可以说是总的愿望的阶段性具体目标，代表了成员们承诺的将在未来几个组织成员个人目标中产生，在成员们追求自己目标的同时实现了组织的目标，或在实现组织目标的过程中达成个人的目标。短期目标的不断实现与不断地向共同愿景靠拢也引导成员持续努力和奉献。

（二）共同愿景的构造

共同愿景的四个部分是相互关联、有机结合的，其具体结合方式可用下图表示。

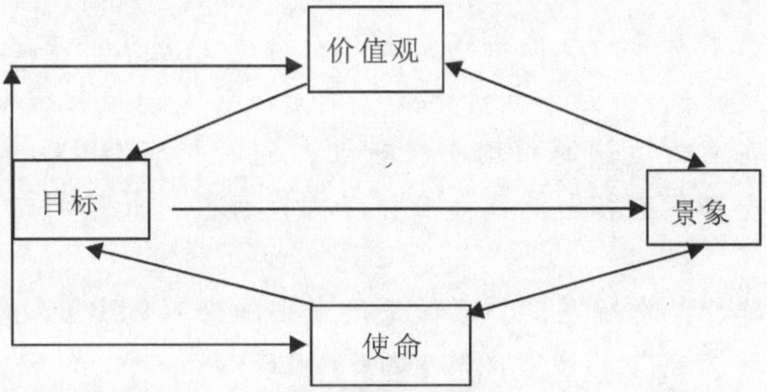

共同愿景构成图

从共同愿景构成图中可以看到以下几点：

（1）价值观与使命二者支撑了景象本身，也就是说景象具体是什么在很大程度上受到价值观与使命的约束。反之，景象一旦确立也就给定了使命，表达了组织的价值观。因此，没有价值观的景象是苍白无力的景象，而一个景象如果不能给组织成员以使命感的话，那么这个景象难以成为共同愿景中的共同景象。所以，从这个意义上看，构建共同愿景首先需要组织有自己良好的价值观。

（2）宏大的景象决定了阶段性的行动目标，但价值观和使命对目标构成和目标实现也有重大影响。可以说价值观决定了目标选择，决定了目标实现的方式和途径，而使命和使命感则给定了行为主体为实现此目标的内在激励动力。良好的共同愿景应该拥有良好的价值取向，拥有崇高的使命，若非如此就谈不上共同愿景。

（3）价值观与使命本身是互动的关联的两部分。一方面，良好的价值观是与崇高的使命相配合的。价值观若很不合时宜，即使行为主体有使命，恐怕也未必崇高。另一方面，使命和使命感强化了人们对企业和自己的看法，提升了自己的价值判断力，比如以振兴民族工业为己任的使命，必定会使行为主体在完成这一使命中升华他对民族工业及竞争、管理、市场、企业等的认识。

（4）文化氛围。共同愿景是一定的组织文化背景下的产物。无论是价值观或使命，无论是景象或目标，都带有本组织文化的深深烙印，是本组织文化的产物。组织的文化氛围又带有一定特征，就像美国企业的文化一定带有美国文化特征一样。文化氛围对于共同愿景来说是一种广泛的土壤，也就是说一个组织如果没有优良的文化特征的话，就不会产生很好的共同愿景。所以，广义地说构造组织共同愿景首先是构建组织自己的文化。

我们知道了共同愿景的一般构造，并不意味着共同愿景就可以构建了，因为组织自己的共同愿景一定是组织自己创新的成果，是组织在实践中逐步摸索而最终创立的，是进一步引导组织走向未来过程中的产物。

经典案例

向步步高学什么

在同行都认为很不景气的手机市场，大部分省月销量上万甚至数万台（足抵一个小品牌全国月销量总和），并且不靠价格战、不走模仿和同质化道路，利润、品牌形象均处于领先地位。在波云诡谲的中国手机行业，同时拥有 OPPO 和步步高两个手机品牌，每个品牌经营手法各不相同，且都经营得有声有色，并且创造了广阔的发展空间，羡煞同行。

这便是步步高阵营，准确点说，应该是段永平阵营（OPPO 和步步高均是其旗下品牌，以下所提的“步步高”指步步高阵营/含 OPPO）。

在中国手机市场，先后有很多国产品牌取得过阶段性成功，也让同行称羡过，但从没有一个品牌能像步步高那样得到高度一致的称羡和认同。为什么，因为这是一家真正懂得经营、不浮躁的企业，是一家有着长远目光、坚信胜者为王、笑到最后才是胜利的企业，是一家坚守自己商道、追求健康经营的企业，更重要的是，这是一家所进入的每一个领域都能取得行业领先地位的企业。因此，步步高的成功引得很多同行效仿和学习，可惜学者虽多，得其要领者寡。

了解步步高

了解步步高得从了解步步高的灵魂人物段永平开始，关于段永平的故事和他的传奇经历，网上很多，在此不再赘述。步步高的身上，打下了段永平深深的烙印。

步步高于 1995 年 9 月成立，从电话机起步，先后进入视听、电教、生活电器、手机等领域，均取得成功。现拥有四大系列产品：视听产品（DVD、移动 DVD、迷你组合音响等）、通讯产品（音乐手机、有绳电话、无绳电话、数字无绳电话等）、教育电子产品（学习机、电子词典、点读机、商务学习机、复读机等）、生活电器（电磁炉、电压力锅、豆浆机、电热水壶等）。从 1998 年起，步步高各类产品的市场占有率均在国内同行业中名列前茅。

步步高基因

“相对保守与悲观”，这是段永平留给外界的印象，但这种“保守与悲观”成就了步步高稳健基础上的快速发展：

早期奉行“缝隙经济”理念，专做大品牌看不上眼、或者没有经营优势的小产品，从而在产业上避开了实力相差悬殊的正面竞争，在自身实力不够的时候赢得了积攒力量的宝贵空间。

“敢为天下后”，不看懂不上，看懂了就大胆上。当年颁发第一批手机牌照的时候，别人抢着上，信产部指名步步高申请，但步步高拒绝第一批进入手机行业，在没看准时不做自己没把握的事情。步步高虽然错过了第一批赚钱的机会，但也避免了轻松赚钱之后带来的亏损风险和浮躁心态，为赢得后面的机会做好了经验和心态的积累。

保守与悲观背后，隐藏的是对行业发展态势以及自身现状的清醒认识和冷静把握。

“诚信赢天下”，坚持诚信原则，对内对外树立起正派的企业形象，极大地降低内耗和沟通成本，进而赢得内外的认同与支持。

“好的企业没有什么不同，不好的企业各有各的困难”，基于对企业经营的系统认识，段永平形成了自己独特的“段式商道”，坚守段式商道的一些基本原则，使经营在步步高变得十分简单：

在进入新市场时，采取“后发制人”的策略，切入市场较早但不是最早，一般选在其他三五家国内企业进入行业并取得成功的第二年进入市场。把探索者和开创者的机会留给别人的同时也把踩地雷和培育市场的机会留给了别人。以降低企业风险为最高准则，不沽名钓誉（这一点与联想、腾讯的做法异曲同工）。

在产品方面，舍得大笔投入，在功能外观质量方面都做得比较好，产品外观时尚并引领市场潮流，功能比较领先，批量产品的质量比较稳定，从而能赢得较高的消费者满意度，产品获利能力也比较强。

在渠道建设方面，大胆引进代理制，权力全部下放给代理商，合理分配利润，游戏规则明晰而公平，使代理商有着极高的忠诚度和执行能力（段永平堪称代理制在中国市场的播种者）。

在品牌推广方面更是胜人一筹。高薪聘请形象代言人，舍得投入广告，重视公关策划、卖点提炼、事件营销、整合传播等品牌运作，善于借用外脑更尊重培养内脑。创造了中国品牌打造史上的众多精彩之笔。

正是这些基本原则，使步步高及之前的小霸王，以及掌握了这些原则的金正、金立很轻易就能在进入的市场里玩得风生水起，甚至独步天下。

向步步高学什么

今天的步步高早已进入品牌成熟期，其实力和根基已非一般企业所能比，简单模仿显然不可能，但其经营智慧仍有很多可以借鉴的地方，归纳起来，有以下几点：

系统经营理念：经营企业就是经营产品（服务）和经营团队，步步高相信胜者为王，追求健康、长久经营，持续进取。思路决定出路，这种心态和思路使步步高能系统理解企业体系，不急躁、不犹豫，在产权结构、产品研发、品牌推广、营销运作、管理运营等方面全面规划并打造健康的企业系统。

企业管理有三个层次：靠能人管理、靠制度管理、靠文化管理。

步步高创立至今不过十多年，其创始人段永平早在2003年即已离开一线经营，即使是新成立的OPPO，段也不插手经营。步步高公司及旗下各个产业公司领导已顺利过渡到第二代甚至第三代（尽管拥有众多产业，步步高仍未自称集团，这一点与世界很多大公司、著名大学一样）。当很多国内知名企业领导人忙得分身无术时，段永平却在悠闲地打着高尔夫；当很多国内企业还在为多元化还是专业化、本土化还是国际化以及接班人问题忙得焦头烂额的时候，步步高的内部管理已顺利过渡到文化管理的阶段，接近或达到了企业经营者向往的基业长青的境界，这些令不少老辈经营者惊羡不已。

是什么使步步高做到了这些，或许，我们从步步高的文化中可以窥出一些端倪，步步高网站的“企业文化”部分清晰地写道：

1. 愿景

成为更健康、更长久的世界一流企业。

2. 使命

对消费者，提供高品质的产品和服务；

对员工，营造和谐、相互尊重的工作氛围；

对商业伙伴，提供公平合理、对等互利的合作平台；

对股东，使其投入的股本有高于社会平均收益的回报。

3. 核心价值观

（1）本分。

保持平常心，坚持做正确的事，并力求把事情做正确。

本分规范了与人合作的态度——我不占人便宜。

本分是当出现问题时，首先求责于己的态度。

（2）诚信。

诚，即诚实、无欺，内诚于心。

信，即守承诺、讲信用，说到做到，取信于人，即使遭遇挫折、付出代价也要坚守。

诚信是一种责任、准则和资源。

（3）团队。

没有团队的成功，就没有个人的成功。

相互信任，坦诚沟通，将个人融入团队，以共同愿景为最高目标。

尊重每一位员工的价值，我们相信，员工和公司共同成长，这是我们的责任和骄傲。

（4）品质。

品质是精益求精的一种追求，是必须满足顾客的需求并且高于对竞争对手的满意度。

品质是设计出来的，是全员关心和环环相扣的一个系统工程。

不断提升产品品质，这不仅是我们的价值，更是我们的尊严。

(5) 持续学习。

步步高必须成为学习型公司，“持续学习”永远是对公司与员工的鞭策。

积极主动地学习、借鉴和引进世界一流企业已经进行或正在进行的最佳实践，改进和优化我们的管理和运营系统。

头脑清醒，永不自满，保持开放的思维。

(6) 消费者导向。

从消费者的角度来设计产品、提供服务，避免做貌似消费者喜欢的东西。

通过科学、严谨的市场调查，充分研究消费者的需求，一切工作须以消费者的真实需求为原点而展开。

在公司内部的日常工作中，要坚持内部客户导向的原则。

4. 品质方针

不懈进取，步步登高，为用户提供完全满意的产品和服务，我们的“步步高”品牌，必须是高品质的象征。

5. EHS 方针

遵守法律法规，持续减废节能，保护员工健康安全，共同建设绿色家园。

其中的“本分和诚信”：内心求圣，屏蔽了外界的影响，将企业的资源极大地凝聚到做正确的事情和把事情做正确上来；而“消费者导向”则真正解决了企业经营的方向问题：赚钱是次要的，把握客户需求并提供让客户更满意的产品自然能赚到大钱；竞争是次要的、最大的敌人是自己。

企业文化几乎每家企业都有，不同的是，是不是每家企业都真正意识到其重要性，真正理解其作用，并知道自己需要什么样的文化以及怎么打造和践行这种文化?

“一切以人为本，而人的一切行为都源于文化”。正因为此，文化竞争力是最高层次的竞争力，在此基础上，衍生出步步高商道的相关策略：

产品策略：追求产品品质满足客户需求的程度高于竞争对手，在功能、外观、品质等方面精益求精，确保批量产品的品质稳定，从而为赢得客户满意度和获得较高的产品溢价能力奠定基础。

渠道策略：合理分配利润，严格保护渠道商，严格控制价格，严格控制货物走向，让代理商没有后顾之忧，全身心往前冲；市场推广、品牌运作支持有力，厂商分工关系界定清晰。厂商真正做到“肝胆相照、互利共赢”。

推广策略：推广策略则紧跟潮流、因时而变，比如因为步步高品牌渐趋老化，有鉴于苹果等公司的兴起以及时尚的风向转变，步步高推出了 OPPO 品牌，借韩风之势，通过韩国明星代言成功实现错觉营销。

人和：万事以人为本。让消费者满意；让员工看到前途和希望（步步高不上市、不募资，人人参与分享公司的经营成果，即使层级低如生产一线的员工，也能享受到平等的尊重和工资收入之外的股份收入，所以忠诚度非常高）；让合作伙伴充满信任；让股东获取较高的回报；步步高打造了一个多方共赢的健康的生态链条，真正实现了员工满意、顾客满意、股东满意、社会满意，将内耗和合作成本降到了最低。

案例分析

超越步步高——学习的目的是为了提高自己甚至超越对方，步步高式商道（更准确点说是段式商道）堪称中国企业经营史上品牌经营的奇葩，它树立了一个可供借鉴和学习的标杆，它所奉行和崇尚的一些原则接近了传说中的商道真谛，每个企业的状况和所处的阶段都不同，但掌握这些原则无疑可以少走很多弯路。

“商战之道，守正出奇”，在变幻莫测的手机市场中生存下来，总有一些规律可循，不变的即是所谓“正”，变化的即是所谓“奇”，步步高之商道，并非步步高一家之商道，所提供的正奇启迪，同行甚至其他行业经营者完全可以学而用之。是否可用，远的小霸王、金正不说，近的金立就在眼前，能否会用，是否能建立企业的共同愿景，则看各自的悟性了。

讨论题

1. 步步高是如何取得成功的？它的共同愿景包括哪几个部分？
2. 请你设想超越步步高的高见。

思考与练习

1. 在中国，怎样的组织才算是成功的？
2. 什么是共同愿景？共同愿景有什么效用？
3. 举实例证明“万事以人为本”是正确的。

第二节　成功组织构建（建立共同愿景）的方式途径

对于现代组织的成功而言，共同愿景具有重要的地位，因为它具有一种内在的张力，能使组织成员具有神圣的使命感和为组织愿景奉献的持续动力。那么具体应该如何创建自己良好的共同愿景呢？

一、构建共同愿景的基本原则

（一）宏伟

一个愿景要能够激动人心，首先就不能是普通和平凡的，而必须具有神奇色彩。要能够超越人们所设想的“常态”水准，体现出一定的英雄主义精神。大多数人是为了一种意义而活着，并追求自我实现。远大的组织愿景一旦实现，便意味着组织中个人的一种自我实现。因此，愿景规划的真正意义在于，通过确立一种组织自我实现的愿景，将它转化为组织中每个人自我实现的愿景。而要达到自我实现，愿景必须宏伟。

（二）振奋

表达愿景的语言必须振奋、热烈，能够感染人。人是有感情的动物，只有用热烈的语言才能激发起人们的情感力量。它应当鼓舞人心。共同愿景越令人振奋，就越能激励员工，影响他们的行为。愿景规划给人鼓励，它为人们满足重要需求、实现梦想增添了希望。

（三）清晰

愿景还必须清晰、逼真、生动。愿景是一种生动的景象描述，如果不清晰，就无法在人们心目中建立一种直觉形象，鼓舞和引导的作用也难以发挥。

例如，亨利·福特的“使汽车大众化”，就非常形象生动。福特还进一步表达了他的愿景：“我要为大众生产一种汽车，它的价格如此之低，不会有人因为薪水不高而无法拥有它，人们可以和家人一起在上帝赐予的广阔无垠的大自然里陶醉于快乐的时光。”

（四）可实现

愿景“宏伟”的原则并不意味着愿景的规划必须十分夸张。相反，只有可实现的“宏伟”才有意义。因为愿景不是单纯为了激发想象力，而是激发坚定的信念，愿景如果不能被认为是可实现的，就不可能有坚定信念的产生。

二、构建共同愿景的基本方式

共同愿景构建的基本方式是指推动共同愿景形成的一般方面，这些方面有一定的联系，又有一定的独立性。

（一）从个人愿景到共同愿景

有意建立共同愿景的组织必须持续不断地鼓励成员发展自己的个人愿景。同时，共同愿景又应该高于个人愿景，共同愿景的实现过程同时也是个人愿景实现的过程。组织在建立共同愿景时应该容纳那些与组织共同愿景无利害冲突的个人愿景，并能够给予其一定的实现空间。在鼓励形成个人愿景时把组织共同愿景容纳于其中，使共同愿景成为个人愿景的一部分，这是从个人愿景到共同愿景的根本所在。

（二）把握方向、塑造整体图像

组织在构建自己的共同愿景时要考虑到组织未来究竟向何处去，要达到什么样的状态。显然，这些方向如果比较明确的话，共同愿景中的景象也就比较鲜明了，可以明白地让成员知道组织的未来，从而起到应有的内在激励作用。

在方向明确的前提下，结合个人愿景来塑造整体图像就是一件重要的工作。首先，我们在塑造组织共同愿景这一整体图像时应明白，这一整体图像能够全方位地展示组织未来的景象，当组织的成员在分享组织的某部分的景象时，在他的脑海中就会显现出一个最完整的组织景象，进而使每个组织成员尽管在自己的具体岗位上工作，也还知道他在为组织整体尽责，而不是仅关注小团体的利益。其次，应该将每个人的愿景分解成一些小片断，在这些片断中寻找出能够反映组织方向、整体利益的东西，然后在此基础上进行提炼加工，保留个人愿景中闪光的东西，使个人愿景中不够清晰的图像明晰起来，使成员们真正感觉到这个愿景是我的，也是你的，我们都有责任为之奋斗。

（三）使命宣言与使命感

所谓使命宣言是指把组织与成员们拥有的使命用一些简单、明了、生动的文字加以表述，形成格言等。使命宣言应当使每个成员想起或读起时就能产生一种神圣的使命感。

（四）发展核心价值观，融入组织理念

共同愿景中含有组织价值观，价值观不同，组织的共同愿景也会有所不同。一个组织若没有自己清晰的价值取向，谈不出什么是核心价值，那么构建共同愿景就是一句空话。

三、构建共同愿景的基本途径

构建共同愿景的基本途径主要由培养共同语言、开展团队学习 、进行深度会谈以及实现自我超越等步骤构成。

（一）培养共同语言

共同语言是指组织成员们一致使用的语言，共同语言如果存在的话，就会反映出这个组织的共同点，如共同价值观和使命等。管理者与被管理者之间也应该知道双方在想什么说什么，这样才可能有一个共同的发展愿景。一般而言，共同语言的形成可以有几种方法：一是注意将组织中与组织价值观相符的小团体的共同语言引申为整个组织的共同语言；二是将组织制定的官方语言强制地灌输给全体成员，这样久而久之就会影响他们的思想和行动。

（二）开展团队学习

团队是由若干人组成的为完成某一特定目标的小团体，团队学习对建立共同愿景很重要。如果是团队在学习，团队就变成了整个组织学习的一个小单位，他们可将所学的

东西化为行动，进而向别的团队推广，从而建立起整个组织的一种风气。事实上，只有群体在一起学习时，才更容易产生共同语言。

（三）进行深度会谈

深度会谈可以敞开每个参与会谈的人的内心，从而挖掘个人愿景的闪光点，进而为建立共同愿景奠定基础。深度会谈的主要目的是要挖掘每个谈话者的内心，是要超越个人的见解，而非赢得对话，这是深度会谈与讨论不同的根本点。如果深度会谈得当，则人人都是赢家，人人均可获得个人无法达到的见解。深度会谈时，大家可以以多样的观点探讨复杂的难题，敞开自己的心扉，每个人呈现出心中的假设，并自由地交换各自的想法。在一种无拘无束的环境探索中，人人将自己内心的想法表露出来，从而超越各自的想法。

（四）实现自我超越

自我超越是指不断突破自己的成就、目标、愿望，而能够给自己以新目标并力求实现。这种人首先要有自己的目标，然而还必须有不满足于现状的动力，只有这样，这种人才具有自我超越的前提，只有组织的成员都具有一种不断自我超越的欲望，产生于个人愿景中的共同愿景才有了激励动力；相反，如果成员们都安于现状，则不但不可能构建共同愿景，即使有也将失去它巨大的激发力量。

四、构建共同愿景的基础及步骤

现代组织共同愿景构建的基础是该组织的文化，有了良好的组织文化才谈得上产生或构建组织的共同愿景，才可能有具体构建的步骤。构建共同愿景虽然是从个人愿景出发，但组织愿景仍然不同于每个成员个人的愿景，因此在构建共同愿景的过程中，不可缺少的部分是每个组织成员再创造的过程，这一过程可以分为五个具体步骤。

(一) 告知

所谓告知是指共同愿景一旦形成之后就需要告知组织所有的成员。告知带有官方的使命式色彩，带有一定的激发力量，这样一种激发通常是强迫的。有效的告知必须掌握以下几条原则：①有效的告知必须能直接而一致地把共同愿景传达给组织的每个成员，同时陈述这种愿景的理由。②必须将有关组织的真实现状告诉给每一个成员，让他们知道组织的处境。③必须告知广大组织成员共同愿景的某些方面可以再改进，但某些方面，如任务价值观等，唯有坚定不移地落实。④愿景中要有某些具体的可很快实现的东西，只有这样成员们才会有兴趣努力，从而首先实现可以达到的部分愿景。

(二) 推销

所谓推销是指组织领导人努力将组织共同愿景推至组织成员心中，为推动他们实现共同愿景而全心奉献。推销共同愿景主要有以下途径：①设立沟通渠道，随时听取员工的反应，同时也在不同渠道中随时反复宣传共同愿景。②强化说明愿景的好处。③推销时切忌以组织的代表自居，应说明共同愿景对你我都非常重要。④推销者一定要重视与成员的关系，让他们明白你不会强迫他们做真正不愿做的事。

(三) 测试

所谓测试是指让成员们敞开心扉，表明组织共同愿景的哪些部分打动了他们。了解了这个情况，组织才有可能用这个部分来精炼和重新构建共同的愿景。测试的过程应该是成员们共同参与的过程，组织询问他们的真实想法，表明组织确实在认真考虑成员的愿景，使成员感到一种被重视的关怀。有效的测试包括：①可采取问卷回答及面谈的测试方法，尤其是无记名的问答，更能得到一些表达内心意愿的话。②提供尽量多的信息，让成员们全面了解组织共同愿景的一切，以便他们可以认真完整地思考，从而提出正确的见解。③测试的组织应尽可能向效益和可能存在的方面靠拢，以便集思广益。当采纳了某个成员的意见时，应给予赞扬和激励。

(四) 咨询

向成员咨询，是构建共同愿景中非常重要的一个环节。咨询可以在共同愿景构建之前进行，也可以在已有了一个初步的共同愿景时进行。咨询不同于测试，咨询希望征求方方面面的想法和见解。但是咨询又不能丧失自己正确的主张，不能使得共同愿景成为一个面面俱到的折中方案。有效的咨询依赖于良好的咨询方式，使得参加者能够开放思想，大胆研讨。

(五) 共同创造

从下而上的共同愿景创造过程开始于每个成员建立自己的个人愿景，并用组织的价值观加以引导就成为大家创造的共同愿景。在实现共同愿景时，要使大家容忍一定程度的分歧，使大家做到休戚与共，齐心协力，应该有一个过渡的愿景，分阶段让大家实施，而这些过渡的愿景具有内在的逻辑性，可以逐步逼近组织的共同愿景，进而成功实现组织构建。

五、构建共同愿景应注意的问题

企业愿景的设计与建立，是一个密不可分的过程，需注意以下方面：

第一，按照自下而上的顺序；

第二，反复酝酿，不断提炼和充实。无论愿景是谁提出来的，都应使之成为一个企业上下反复酝酿、不断提炼的分享过程；

第三，为了更好地运用共同愿景，应当使它具备以下主要特征：①它应当简单易懂。员工在知道共同愿景后，应当能够很快地领会它的意思，并且不用十分费力就能回忆起主要内容。这一点对在许许多多不同环境中运用愿景规划帮助组织实行变革十分重要。②它应当有吸引力。员工在读到或听到愿景规划后，应当会这样对自己说："听上去还不错。我喜欢它，要是我们真像那样就好了。"愿景规划如果缺乏吸引力还不如不作任何规划。③它应当有助于建立一整套标准。员工应当能够根据某项决定、选择方案或行为是否符合愿景规划来对它们进行评估。共同愿景的一大好处是它能促使员工不断为一个共同的目标而努力。④它应当具有可操作性。员工应当能够运用共同愿景提出有助于实现设想的提案和计划。通过认清当前的现实，找出现实和共同愿景之间的差距，组织领导人可以制定改革策略，使公司走上成功之路。

◇ 经典案例

案例一：共同愿景例析

联想的共同愿景

未来的联想应该是：高科技的联想、服务的联想、国际化的联想。

1. "高科技的联想"

在研究开发上的投入逐年增加；

研发人员在公司人员的比重逐渐提高；

产品中自主创新技术的含量不断提升；

研发领域不断加宽、加深，尤其是要逐渐从产品技术、应用技术向核心技术领域渗透；

技术将不仅仅是为联想产品增值，使其更有特色，也同时将成为联想利润的直接来源，使联想成为全球领先的高科技公司之一。

2. "服务的联想"

服务是DNA：服务成为融入联想每名员工血液的DNA，服务客户的文化根深蒂固；

服务是竞争力：服务要成为产品业务的核心竞争力，成为带动营业额、利润增长的重要因素；

服务是新业务：服务业务包括服务外包、运营服务、系统集成、管理咨询等，服务业务将成为联想业务（尤其是利润）的支柱之一。

3. "国际化的联想"

10年以后，公司20%以上的收入来自于国际市场；公司具有国际化发展的视野和与之相对应的人才、文化等；公司的管理水准达到国际一流。

上安电厂的战略愿景

华能国际电力股份有限公司是一个建设和运营电厂的独立发电公司，它成立于1985年，目前拥有12 800MW容量的发电设备，是亚洲最大的独立发电公司，是一个在纽约、香港、上海三地上市的股份公司。华能所属的电厂几乎都是新建的，定员是按照电力行业新厂新办法配置的千瓦容量0.3~0.4人。上安电厂是华能国际电力股份有限公司旗下的电厂之一，拥有1 300MW发电容量，1994年荣获电力部安全文明生产双达标称号，1998年4机组荣获国家电力公司基建投产达标机组称号，2001年荣获国家电力公司一流火电厂的称号。

上安电厂的战略愿景与华能国际的战略愿景保持一致，就是将电厂创办成具有一流水平的“三色”电厂，即要把电厂办成始终坚定地按照党和国家的政策方针办事，坚持走中国特色社会主义道路，为国家的兴旺发达贡献力量的“红色”电厂；要把电厂办成注重环境保护，注重资源优化配置，注重可持续发展，注重技术领先的“绿色”电厂；要把电厂办成立足国内，对外开放，不断创新，不断拓展，不断学习外国先进企业经验，国际信誉良好的“蓝色”电厂。

常州供电公司的共同愿景

常州供电公司是国家大型一档供电企业，担负着常州地区5区2市的供电任务，并承担着西电东输工程中华东地区500千伏直流输电工程，在华东电网中处于十分重要的位置。

供电系统作为资金、技术、人才密集型的社会基础性行业和服务性行业，是城市中不可或缺的组成部门。常州市提出要建设学习型城市，常州供电公司也相应提出建设学习型企业。

共同愿景是一个组织中各个成员发自内心的共同目标，它告诉员工“我们将成为什么”，是对员工的一种宏伟的承诺，使人们期待实现目标后的收益。常州供电公司根据自身定位，确立了“创建国际一流供电企业”这样的共同愿景，把“同行领先、国际水平、江苏特色、人才高地”作为奋斗目标，从一流的人才、一流的服务、一流的管理、一流的效益、一流的技术、一流的电网六个方面进行描述。

昆明供电局的共同愿景——四九供电，五九可见

1. 创建篇

共同愿景对创建学习型组织是至关重要的，因为它为学习、工作提供了能量和目标。在缺少愿景的情形下，充其量只会产生“适应型学习”；只有当人们致力于实现某种他们深深关切的事情时，才会产生与工作相适应的“创造型学习”。

在愿景建立的探索中，昆明供电局员工从一开始就清醒地认识到：昆明供电局的共同愿景所反映的是企业发展的愿景和个人愿景交织的整合，是所有“昆供人”真心地学习、工作、创新之追求。“昆供人”只有在建立愿景的过程中真正地把电网建设好、经营好、服务好，并且代表最广大员工的利益，切实回答供电企业“所追寻的是什么”、“为何而追寻”和“如何去追寻”的问题，才能使共同愿景成为昆明供电局在一定时期内为之奋斗的目标，进一步团结员工、激励员工为之奋斗，产生巨大创造性的张

力，为企业的发展衍生出不断创新和持续蜕变超越的不竭动力。

昆明供电局把愿景的建立分成三个实施阶段：第一阶段是宣传、教育阶段，充分利用供电局现有的各种宣传手段，向全局员工广泛进行有关愿景建设的宣传教育，通过在全员培训中加入云南电力集团公司二次创业纲要的学习，让“做大做强云电集团”、“使越来越多的人乐于享受云电的光和热”等云电人共同的愿景日益深入人心，为供电局的愿景建立做好氛围渲染和理论铺垫。第二阶段是愿景建立阶段，在二次创业战略纲要、企业文化发展战略和公司价值观指导下，构建与供电局的理念群一脉相承的共同愿景，并指导员工建立与公司、团队愿景相一致的个人愿景，建立起个人、团队、公司三个层次的愿景体系。供电局鼓励个人愿景构建，在《昆明供电》报上开设了愿景专栏，在引导员工个人愿景与团队愿景、全局愿景相吻合的同时，又鼓励员工通过座右铭、人生格言、个人价值观等形式建立具有个性化的个人愿景。基层团队愿景的建立要融入企业理念，结合实际，精心提炼，成为全局愿景的补充和支撑。而作为愿景体系的主体部分——全局愿景的构建，供电局在广泛征集的基础上，充分倾听广大员工的意见，通过对个人愿景的融会和整合，反复上下磋商。他们认为企业存在和发展要走的就是“客户满意，昆供兴旺；昆供兴旺，员工满意”的螺旋式上升的道路，把这两个满意和兴旺结合电力企业的实际进一步量化，并做出具体的测算：当供电局的供电可靠率不断提高，那么售电量也会随之攀升，实现电网效益最大化。经过多次的测算、论证，并报局党政联席会讨论，最终确定为：“9999 供电，99999 可见（四九供电，五九可见）”。第三阶段是愿景体系建立后，再进行大力宣传，采取多种形式进行上下互动，使愿景渗透到员工的意识中，同时制定出实施措施确保愿景在一定时期内实现，让愿景可望更可即，真正成为凝聚全体员工的力量源泉和推动学习型企业创建的坚实基础。

2. 诠释篇

“四九供电，五九可见”是昆明供电局全体员工的理想和宏愿，是所有“昆供人”的共同使命和共同追求。仅仅八个字，却蕴涵了丰富的内涵和外延。

“四九供电”传递出衡量一个供电企业供电服务质量水平的重要指标，即供电可靠率要达到99.99%，即全年昆明市中心城区每个客户的停电时间不超过0.876 个工作日。揭示出昆明供电局作为一个先进的、充满社会责任感的供电服务企业，视供电为天职，视追求永不间断的持续供电为矢志不渝的梦想，秉诚“昆明供电，用心奉献”的核心理念，永远以更先进、更可靠的供电服务于国家和社会，服务于千家万户的热切诉求，矢志要建成世界一流的卓越电网经营企业。

同时“四九供电”也揭示了昆明供电局致力于全面提高企业管理水平的决心。供电可靠率作为一个衡量供电企业水平的重要指标之一，与企业的各项管理有着千丝万缕的关系，要实现99.99%的供电可靠率，必须以建设完善的电网结构为基础，以提高设备的装备水平为保证，以培养高素质的员工队伍为支撑，以科学的管理为手段，以用心做好每一天的优质服务为平台，在集团公司的领导和支持下，聚全局之力打造这一系统工程。

“五九可见”向供电局展示了在一定时期内“昆供人”的收入预期，即全局员工人均年收入差一元达到十万元。它揭示了昆明供电局“关注每一度电”的分厘必争的营销策略，电网的扩张和电费的回收是效益实现的根本保证，这就要求供电局要力求技术的进步和优质真诚的服务，最大限度地赢得客户。

“五九可见”揭示了昆明供电局做大做强的雄心壮志，昆明供电局要走多元化发展的道路，为企业寻找新的利润增长点，形成核心业务和多元化业务之间的相互支撑和促进的良好局面，全面提高企业的经济效益。“五九可见”不是一种简单的数字堆砌，而是蕴涵着昆明供电局将以改善员工的生活质量为己任，致力建设以云电核心价值观和昆供理念群为具体内容的企业文化体系，全力打造“昆明供电”的文化品牌，以获得社会公众的认同，提升企业形象，实现企业“两个文明”的协调发展，共同建设昆供人的美好家园的良好愿望。

综上所述，“四九供电，五九可见”这其中“四九供电”寓意着在集团公司的领导下昆明供电局建设卓越电网经营企业的信心和决心，把绿色的电力传送到千家万户，并用金子一样的心去诚信服务。“五九可见”寓意着在集团公司的领导下昆明供电将矢志不渝地抓物质文明、政治文明和精神文明建设，坚持以人为本的方针，把企业与员工的发展紧密相连，充分体现“三个代表”重要思想的内涵。“四九供电，五九可见”，“四九五九”正好“九九”，进一步地昭示了昆明供电局在集团公司的领导下兴旺发展，幸福长久。

案例分析

共同愿景最简单的说法是“我们想要创造什么？”正如个人愿景是人们心中所持有的意象或景象，共同愿景也是组织中人们所共同持有的意象或景象，它创造出众人是一体的感觉，并遍布到组织全面的活动，而使各种不同的活动融会起来。

讨论题

1. 各大成功企业的共同愿景分别是什么，有什么作用？
2. 选择两个世界著名企业（世界前100强），分析其共同愿景有什么异同？

案例二：通用公司的组织结构变革

当杜邦公司刚取得对通用汽车公司的控制权的时候，通用公司只不过是一个由生产小轿车、卡车、零部件和附件的众多厂商组成的“大杂烩”。这时的通用汽车公司由于不能达到投资人的期望而濒临困境，为了使这一处于上升时期的产业为它的投资人带来应有的利益，公司在当时的董事长和总经理皮埃尔·杜邦以及他的继任者艾尔弗雷德·斯隆的主持下进行了组织结构的重组，形成了后来为大多数美国公司和世界上著名的跨国公司所采用的多部门结构。

在通用公司新形成的组织结构中，原来独自经营的各工厂，依然保持各自独立的地位，总公司根据它们服务的市场来确定其各自的活动。这些部门均由企业的领导，即中层经理们来管理，它们通过下设的职能部门来协调从供应者到生产者的流动，即继续担负着生产和分配产品的任务。这些公司的中低管理层执行总公司的经营方针、价格政策和命令，遵守统一的会计和统计制度，并且掌握这个生产部门的生产经营管理权。最主要的变化表现在公司高层上，公司设立了执行委员会，并把高层管理的决策权集中在公司总裁一个人身上。执行委员会的时间完全用于研究公司的总方针和制定公司的总政策，而把管理和执行命令的负担留给生产部门、职能部门和财务部门。同时在总裁和执行委员会之下设立了财务部和咨询部两大职能部门，分别由一位副总裁负责。财务部担负着统计、会计、成本分析、审计、税务等与公司财务有关的各项职能；咨询部负责管理和安排除生产和销售之外的公司其他事务，如技术、开发、广告、人事、法律、公共关系等。职能部门根据各生产部门提供的旬报表、月报表、季报表和年报表等，与下属各企业的中层经理一起，为该生产部门制定出“部门指标”，并负责协调和评估各部门的日常生产和经营活动。同时，根据国民经济和市场需求的变化，不时地对全公司的投入—产出作出预测，并及时调整公司的各项资源分配。

公司高层管理职能部门的设立，不仅使高层决策机构——执行委员会的成员们摆脱了日常经营管理工作的沉重负担，而且也使得执行委员会可以通过这些职能部门对整个公司及其下属各工厂的生产和经营活动进行有效的控制，保证公司战略得到彻底和正确的实施。这些庞大的高层管理职能机构构成了总公司的办事机构，也成为现代大公司的基本特征。

另外，在实践过程中，为了协调职能机构、生产部门及高级主管三者之间的关系和联系，艾尔弗雷德·斯隆在生产部门间建立了一些由三者中的有关人员组成的关系委员会，加强了高层管理机构与负责经营的生产部门之间广泛而有效的接触。实际上这些措施进一步加强了公司高层管理人员对企业整体活动的控制。

案例分析

组织机构是任何一个单位存在的客观框架，组织构建的类型有多种，不同的类型适用于各自不同特点的企业、公司、单位和部门。深刻领会分析本单位的人员构成和岗位要求，合理搭建各级各类部门是顺利开展工作、营造优秀企业文化氛围的前提和必需条件。本案例中的通用公司结合自己的特点，通过艾尔弗雷德·斯隆的切实努力，使公司组织结构焕然一新，极大地促进了通用公司在人员管理和业务精进方面的提升。（案例选自王凤杉、朱克强编著《管理学案例精选》，复旦大学出版社 2003 年版。李辉评析）

讨论题

1. 成功组织构建的基本条件是什么？

2. 你认为成功组织构建的共同愿景是什么样的？设想为你所在的组织构建一个共同愿景。

思考与练习

1. 如何构建共同愿景？应注意什么问题？
2. 共同愿景的构建目的是什么？
3. 组织凝聚力的表现是什么？
4. 请评析下列案例。

惠普两任CEO与矩阵管理结构

2005年之前的惠普CEO菲奥莉纳任期内，惠普业绩的起伏非常明显，有时其销售或利润超出了投资者的预期，有时却距预期相差甚远。许多分析师为此感到很头痛。这种情况根源自菲奥莉纳急于从里到外彻底改造惠普的野心。以惠普与康柏合并为标志，菲奥莉纳极力在战略层面推动惠普的变革。然而，业绩的滞后及变革造成的混乱结束了菲奥莉纳职业生涯的辉煌。

或许正是菲奥莉纳天马行空式战略改造的失败，促使惠普董事会最终选择了在管理风格上朴实无华的赫德，以期使惠普从高空梦想回落到更加现实的地面。赫德上任后没有像菲奥莉纳那样急于率领惠普的千军万马去追逐看似宏大的战略计划，而是以其惯有的冷静冷却了惠普的躁动与混乱。他说："我们不要抱有这样的想法——这家公司必须每15分钟就发生一件惊天动地的大事。"

赫德的想法在公司中引起了共鸣。惠普执行副总裁安·利弗摩尔一针见血地指出："领导们往往想改变现状，问题就在于我们必须保持足够长的稳定期使人们能够理解和适应。"赫德在是否保留PC业务问题上表现出的冷静，正顺应了惠普人心思稳的大势。

矩阵管理宣布失败。了解赫德的人都知道他的实在，而他所希望塑造的惠普也是实实在在的惠普，是一个言必信行必果的、高效的惠普。在他看来，正是这种重责任的文化铸就了惠普昔日的辉煌，惠普今天遇到的最大问题出在它自身。

其中一个大问题是菲奥莉纳留下来的矩阵管理结构。矩阵式结构由专门从事某项工作的工作小组形式发展而来。矩阵管理结构中的人员分别来自不同的部门，有着不同技能、不同知识和不同背景，大家为了某个特定的任务（项目）而共同工作。这种结构有很多好处，比如提高各部门协同作战的能力，但也有几大缺陷，包括多重领导造成职责不清、责任相互推诿等。

赫德毫不掩饰他对这种管理结构的反对。他认为，由于公司中有许多人都会涉及拍板决定，所以不适合采取矩阵管理结构。他说："我赋予你的责任越重大，你就越容易脱颖而出。我用的矩阵越多，就越容易迁罪于别人。"

菲奥莉纳的矩阵结构存在的问题突出表现在销售方面。她设立了一个集中化的销售部门——客户解决方案事业部，以协调对不同客户的销售。由于它与业务部门之间的关系是割裂的，因此不仅不利于迅速决策，而且导致各业务部门之间为获取销售资源而互相争斗，此外还会造成销售部门和业务部门之间的责任推诿。

矩阵管理对惠普的客户关系产生了消极影响。由于销售人员实际上受到营销部门和业务部门的双重指挥，其拍板权受到很大限制。一些客户向赫德反映，和惠普做生意很难，因为他们难于找到能够拍板的人，交易速度无法令人满意，而且有的销售员责任心不强。赫德也认为，惠普在技术研发方面有很强的实力，但受内部过于复杂的指挥结构的影响，其销售工作是有问题的。

为解决这个问题，赫德解散了原来集中了惠普销售职能的客户解决方案事业部，将1万名销售员重新分配到3个大的事业部。此举大大增加了业务单位领导对公司资源的控制权力，使他们对与其业务相关的成本的控制比例由原来的30%上升到大约70%。这不仅是一种授权，而且也有利于厘清责任，增强其责任心，避免他们在业绩不佳时以“无法控制”为借口推脱责任，也避免了打错板子。

有的管理专家甚至认为，赫德的所为标志着矩阵管理结构的终结。在20世纪70年代和80年代，矩阵管理结构曾被视为管理复杂公司的最佳方式。除了惠普，AT&T和IBM等公司也都采用过这种结构，IBM甚至声称这是其赖以生存的组织模型。不过，它们也都受过其害。一些管理专家表示，废除矩阵管理结构不仅对惠普是有益的，甚至对于惠普的生存都是至关重要的，因为实行新的管理结构后，员工会更加注重结果和业绩。

通过组织结构的调整，赫德希望传达出一个清晰的信息：让惠普更加高效、灵活地运作。同时，他也希望在惠普重新构建一种重执行和责任的文化。他说：“一旦表示要做什么之后，我们就要全力以赴履行诺言。”

一诺千金不仅使赫德赢得了员工的普遍赞赏，也赢得了惠普的生意伙伴和投资者的掌声。

参考文献

[1]［美］斯蒂芬·P. 罗宾斯. 管理学（第7版）. 黄卫伟等译. 北京：中国人民大学出版社，2005

[2]［美］丹尼尔·A. 雷恩. 管理思想的演变. 孔令济译. 北京：中国社会科学出版社，1996

[3]［加］亨利·明茨伯格. 明茨伯格论管理. 北京：机械工业出版社，2007

[4] 毛国涛，余俊. 管理学概论. 北京：经济管理出版社，2006

[5] 杨佳陆，袁蔚，林东华. 管理学教程. 上海：复旦大学出版社，2008

[6]［美］彼得·圣吉. 第五项修炼. 上海：三联书店，1998

[7] 刘汴生. 管理学. 北京：科学出版社，2006

[8]［美］哈罗德·孔茨，海因茨·韦里克. 管理学. 北京：经济科学出版社，1998

[9] 芮明杰. 管理学——现代的观点（第2版）. 上海：上海人民出版社，2001

[10] 周三多. 管理学（第2版）. 北京：高等教育出版社，2005

[11] 金润圭. 管理学. 上海：华东师范大学出版社，2008

[12] 王志永. 管理学教程. 北京：中国民航出版社，2006

[13] 戴淑芬. 管理学教程. 北京：北京大学出版社，2005

[14] 曾旗，何继新. 管理学. 北京：北京大学出版社，中国农业大学出版社，2008

[15] 罗昌宏，喻红阳，彭彬. 管理学. 上海：上海财经大学出版社，2006

[16] 陈传明，周小虎. 管理学原理. 北京：机械工业出版社，2007

[17] 吴亚平，谢勇. 管理学原理教程. 武汉：华中科技大学出版社，2007

[18] Gareth R. Jones，Jennifer M. George. *Contemporary Management*. McGraw-Hill/lrwin，2003

[19] Joseph M. Putti，Heinz Weihrich，Harold Koontz. *Essential of Management—An Asian Perspective*. McGraw-Hill Book，Singapore，1998

[20] Leslie W. Rue，Lloyd L. Byars. *Management*：*Skills And Applications*. Irwin Professional Publishing ，1995

[21] Richard L. Daft . *Management*. 北京：机械工业出版社，2002

[22] 郑晓明 . 现代企业人力资源管理导论 . 北京：机械工业出版社，2002

[23] 郭克沙 . MBA课程全新读本——人力资源 . 北京：商务印书馆，2003

[24] 陈荣秋 . 生产与运作管理 . 北京：高等教育出版社，1999

[25] 杨锡怀 . 企业战略管理（理论与案例）. 北京：高等教育出版社，1999

[26] 宋维明 . 管理学概论 . 北京：中国林业出版社，1999

［27］董速建，董群惠．现代企业管理．北京：经济管理出版社，2002
［28］宋远方，成栋．管理信息系统．北京：中国人民大学出版社，2000
［29］罗锐韧．哈佛管理全集．北京：企业管理出版社，1999
［30］刘金胜．薪酬管理实务手册．北京：机械工业出版社，2002
［31］刘文军，宋宏涛．500 强成功在中国．北京：兵器工业出版社，1999
［32］周祖城．管理与伦理．北京：清华大学出版社，2000
［33］蔡树堂．企业战略管理．北京：石油工业出版社，2001
［34］张一弛．人力资源管理教程．北京：北京大学出版社，1999
［35］王世良．生产与运作管理教程——理论、方法、案例．杭州：浙江大学出版社，2002
［36］芮明杰．管理学原理．上海：格致出版社，2008
［37］杨斌．成功企业的九个奥秘．世界经理人，2010（3）
［38］孙永波．管理学．徐州：中国矿业大学出版社，2005
［38］杨想生．管理学原理．北京：科学出版社，2004
［40］宋永高．服装品牌文化的三种来源．中国营销传播网，2003－11－12
［41］［美］E. 麦克纳，N. 比奇．人力资源管理．丁凡译．北京：中信出版社，1998
［42］［美］哈罗德·孔茨，海因茨·韦里克等．管理学．北京：中国人民大学出版社，2002
［43］［美］史蒂文森著，克鲁克香克整理．以预见创造未来——企业生存之道．北京：中国人民大学出版社，2000
［44］［美］S. P. 罗宾斯．管理学．孙健敏等译．北京：中国人民大学出版社，2004
［45］毛泽东选集（合订本）．北京：人民出版社，1967
［46］马克思恩格斯全集（第 25 卷）．北京：人民出版社，1974